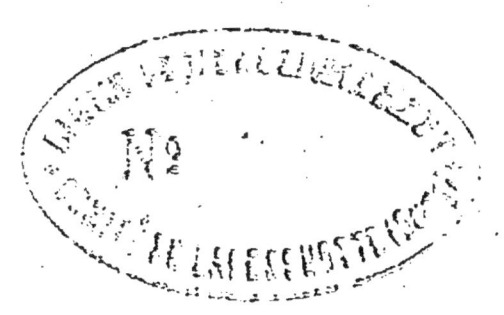

LETTRES D'UN MARSEILLAIS

SUR

L'EXPOSITION UNIVERSELLE DE 1867

A PARIS

IMPRIMERIE GÉNÉRALE DE CH. LAHURE
Rue de Fleurus, 9, à Paris

A. CHIRAC

LETTRES D'UN MARSEILLAIS

SUR

L'EXPOSITION UNIVERSELLE DE 1867

A PARIS

OUVRAGE ORNÉ DE GRAVURES

Paris et la Province
Bouches-du-Rhône
Vaucluse, Var, Gard, Hérault
Alpes-Maritimes.

PARIS

LIBRAIRIE INTERNATIONALE

15, boulevard Montmartre

A. LACROIX VERBOECKHOVEN ET CIE, ÉDITEURS

A BRUXELLES, A LEIPZIG ET A LIVOURNE

1868

Monsieur[1],

Je regrette de n'avoir pu faire qu'une lecture trop rapide des épreuves que vous m'avez fait l'honneur de me communiquer.

Je voudrais vous adresser des observations et des éloges plus réfléchis sur l'importante étude que vous avez faite à l'Exposition universelle, des diverses questions industrielles et des enseignements que suscitent la concurrence et la comparaison des productions de toutes les nations groupées dans une

---

1. Lettre adressée à l'auteur par M. Berryer, avocat, député des Bouches-du-Rhône.

même enceinte sous les yeux d'un observateur éclairé.

Les nombreux industriels de nos provinces du Midi, et particulièrement de la ville de Marseille, recueilleront certainement d'heureux fruits de votre patriotique labeur.

Veuillez, Monsieur, agréer mes sincères félicitations et me croire votre tout obéissant serviteur.

Signé: B<small>ERRYER</small>.

29 janvier 1868.

Après les événements, survivent et sont debout des questions qu'il faut s'occuper de résoudre, à la solution desquelles il faut se préparer.

BERRYER.

(*Discours du 22 juillet 1867.*)

PRÉAMBULE

INDISPENSABLE A LIRE.

Un écrivain célèbre et quelque peu persécuté a dit : « Le plus grand crime de l'honnête homme qui pense est de ne pas divulguer sa pensée. »

Or, l'Exposition universelle étant un de ces événements qui deviennent séculaires par leur immensité, ne pouvait manquer de susciter une foule de réflexions, une foule de pensées, une foule d'études.

En outre, si l'on se souvient que le Champ de Mars a recélé, pendant sept mois, la pratique de toutes les théories, qu'elles soient politiques, économiques, sociales, ou scientifiques, industrielles, artistiques, c'est-à-dire le total de ce qui compose un État, de ce qui constitue la vie, de ce qui fait les sociétés; comment rester impassible, silencieux, muet, devant des questions qui touchent à nos intérêts les plus chers, les plus directs, les plus sacrés!

Rapprochez ceci de cela, lecteur, et vous aurez la cause de ce livre. Bien mieux, vous aurez son but; car si l'Exposition universelle a été *la morale en action* de la constitution civile des peuples, c'est un devoir de s'emparer de cette morale pour en tirer un enseignement.

Je me trouvais un jour en compagnie de quelques visiteurs accourus de la province pour explorer l'Exposition. L'un d'eux, après avoir parcouru pendant deux heures les mille dédales du Palais de fer, essoufflé, ahuri, se laissa choir sur un banc en s'écriant : « Je vous demande un peu à quoi il a servi de déranger, de leurs résidences ordinaires, tous ces braves travailleurs, pour les bloquer dans un bazar et les montrer pour un franc comme des bêtes curieuses! et encore, je dis bazar : je me trompe, c'est à peine si l'on peut faire un achat. »

Cette exclamation a été celle de bien d'autres curieux — je ne dis pas visiteurs — qui ont jugé l'Exposition exclusivement au point de vue grossier et matériel.

Plus avisés, d'autres ont dit : « Mais la France tient la moitié du Palais et Paris tient la moitié de la France; ce n'était pas la peine, en vérité, d'appeler cela une Exposition internationale ! »

Ce dernier reproche est exagéré, mais il a quelque apparence de raison.

Quoi qu'il en soit, dans le but d'éclairer les uns aussi bien que les autres, et de renseigner tout le monde, j'ai étudié à un point de vue spécial l'Exposition de 1867. C'est le résultat de cette étude que je donne aujourd'hui.

Laissant à d'autres, plus capables et plus compétents, le soin de comparer les divers peuples entre eux, je me suis borné à établir, pour la France, une comparaison entre la province et la capitale. Ne pouvant étudier toutes les villes, j'avais profité d'abord de mon titre de Marseillais, pour me renfermer dans l'examen de Marseille. C'était en effet dans ce but que j'annonçais le 18 juin 1867, au rédacteur en chef de l'un des organes les plus estimés de la presse marseillaise[1], mon intention de lui envoyer une série de lettres sur Marseille, à propos de l'Exposition.

L'offre, agréée avec le plus bienveillant empressement, était ainsi motivée :

« Ne vous semble-t-il pas que la réunion des représentants d'une ville est, dans un concours aussi important, une espèce de thermomètre de sa prospérité industrielle et commerciale ?

« La physionomie des villes de l'Empire se présente là sous son véritable jour ; leur caractère s'y développe, leurs tendances s'y manifestent clairement : aussi, à mon avis, un ouvrage général sur l'industrie européenne doit-il être, pour la science positive, ce que l'œuvre de la Bruyère fut pour la science morale, une sorte de miroir intelligent, réfléchissant et expliquant toutes les images.

« Or, comme chacun doit y trouver son chapitre, Marseille est une trop grande ville pour ne pas y trouver le sien. »

Mais bientôt des réclamations se produisirent parmi les villes voisines, et je dus étendre mes études plus sommairement, il est vrai, au département des Bouches-du-Rhône tout entier, puis à ceux du Gard, de l'Hérault, de Vaucluse, du Var et des Alpes-Maritimes.

Si le cadre a été agrandi, le programme n'a pas

---

1. La *Gazette du Midi*.

été changé. Les *Lettres d'un Marseillais* restent une étude où *les questions techniques, provoquées par les industries exposantes, sont constamment appuyées des critiques économiques qu'elles soulèvent, accompagnées de nombreux renseignements statistiques et éclairées, le plus souvent, par des gravures.*

Sur les sept lettres qui divisent cet ouvrage, la première est consacrée aux critiques générales, les cinq suivantes, aux départements déjà cités, et la dernière, sous le titre : *Au précepte, l'exemple*, à l'examen comparé de quelques industries non méridionales, les plus capables de servir à notre instruction.

Pratique et théorique en même temps, ce volume contient des renseignements dont le grand nombre n'a pas permis l'établissement de sommaires par chapitres; mais le lecteur trouvera, à la fin, une sorte de table analytique facilitant les recherches et résumant les diverses questions qui ont été traitées.

Ces questions, on peut les caractériser d'un mot : c'est la défense impartiale des intérêts de la province, absorbés par la capitale. C'est donc un plaidoyer pour le pays tout entier; car si Paris occupait au Champ de Mars la moitié de la France, il n'occupe sur la carte géographique qu'un point microscopique.

L'expansion de Paris à l'Exposition est le symbole, sinon l'indice, d'une centralisation despotique; or, le despotisme a fait son temps.

A. CHIRAC.

Paris, 28 janvier 1868.

LETTRE PREMIÈRE.

CRITIQUES GÉNÉRALES.

I

LES RÉCOMPENSES.

Je commence précisément par où l'Exposition aurait dû finir : Les récompenses.

Mais comme je n'entreprends pas une revue méthodique de l'Exposition tout entière, j'ai le droit, en suivant mes inspirations, de débuter par les questions générales qui, une fois traitées, ne reviendront plus dans le cours de cet ouvrage.

Je laisse donc de côté toute description du palais et du parc, je laisse reposer, pour le moment, le système de classification, que j'aurai à prendre souvent à partie dans un grand nombre de ses divisions, et je m'arrête sur la grosse question, la question décisive des expositions universelles : les jurys et les récompenses.

Là, tout a été contrastes.

Pendant que vous célébriez avec pompe, à Marseille, l'octave de la Fête-Dieu par ces processions où se montre, dans toute sa spontanéité, la foi catholique des Marseillais, pendant qu'au loin s'accomplissaient de terribles drames dont la nouvelle faisait succéder le deuil à la joie, pendant qu'à Rome se réunissait le congrès religieux du monde entier, nous célébrions, nous, à Paris, la fête industrielle, si imposante par le côté intellectuel, de la distribution des récompenses.

Le spectacle était magnifique, la cérémonie majestueuse, et pourtant, par une mesure maladroite, on lui a enlevé une grande partie de son caractère.

Que diriez-vous si le Ministre de l'instruction publique, ce réformateur si controversé, publiait une circulaire ordonnant de n'admettre désormais, au jour de la distribution solennelle des prix de nos colléges, que des étrangers, et d'en bannir sévèrement les élèves, à l'exception des titulaires des premiers prix?

C'est pourtant là ce qui est arrivé.

Le zèle de la Commission impériale, trop pénétrée de sa qualité de *gérant* du capital de garantie, l'a conduite à *vendre* les places qu'elle devait *donner* aux exposants. C'est une faute; cela détruit l'influence émulatrice que doit avoir le spectacle des récompenses décernées au talent et au travail.

En dehors de ce reproche, le cérémonial a été admirablement conduit : le discours de l'Empereur, impatiemment attendu, a été reçu, par les assistants, comme l'annonce d'une ère nouvelle où l'on ne verrait d'autres combats, d'autres luttes, que celles des intelligences et du travail contre les obstacles qui s'opposent à la prospérité générale des nations. Il est à désirer que cette appréciation se réalise.

Souhaitons que Marseille spécialement effectue de nouveaux progrès et concoure, elle aussi, par l'agrandissement de son industrie, à établir ce régime du travail dont on nous prédit l'avénement, et qui est un véritable gage de paix et de bien-être.

En attendant, la paix des exposants n'a pas été bien durable.

A la surexcitation qui a précédé le jour de la distribution solennelle, a succédé tout d'abord un repos et un calme que je qualifierais volontiers, — en me servant d'une expression qui a eu son retentissement au Corps législatif, — que je qualifierais, dis-je, « de calme effrayant. »

Tout à coup, les mécontentements ont éclaté avec une vigueur surprenante, et la physionomie de l'Exposition est maintenant marquée par des protestations silencieuses qui sont loin de manquer d'énergie.

D'où naît ce mouvement ?

Assurément le jury a agi trop rapidement peut-être, mais avec bonne foi.

Or, l'expression réelle des récompenses décernées peut se traduire ainsi : le jury a récompensé plutôt l'importance industrielle que le mérite de la fabrication. C'est là une erreur comme je vais le démontrer.

Depuis la création des récompenses industrielles, on s'est toujours trompé, non-seulement sur leur valeur intrinsèque, mais encore sur la cause de leur attribution particulière.

Il est bien vrai que les grandes usines et les grandes industries sont des bases très-sérieuses de la prospérité économique d'une nation. Il est également vrai que les grandes manufactures sont seules capables d'aider une production à bon marché.

Mais, l'Exposition de 1867 a voulu mieux agir que ses devancières, et quand elle a inventé le nouvel ordre de récompenses dont on a fait si grand bruit, elle a oublié que l'importance industrielle et la fabrication à bas prix qui s'appuient l'une sur l'autre, sont des personnalités économiques, si je puis m'exprimer ainsi, et que l'Exposition n'est nullement composée d'*exposants* mais bien d'*objets exposés*.

Sur l'objet doit s'exercer l'examen ; à l'objet doit être décernée la récompense ; et ce n'est absolument que forcé par la nécessité de mettre un nom sur un brevet, que l'on doit rechercher le nom des exposants.

A l'Exposition, je n'admets pas d'appréciation pour les tentatives, à moins que ces tentatives ne soient représentées par l'objet qui en est le résultat. Les jurys ont eu malheureusement pour objectif de leur décision l'importance et la valeur plus ou moins grande des industriels plutôt que des produits.

Avec de telles dispositions, la partialité devient souvent instinctive; cela est fâcheux, on aurait pu facilement y remédier. Pour le moment, un point subsiste seul vis-à-vis des jurys, c'est que la valeur des réclamations contre leur verdict a été, paraît-il, jugée assez sérieuse pour qu'une commission de révision ait été nommée.

Cette satisfaction donnée à l'opinion publique n'empêche pas certaines autres manifestations qui, malgré l'infériorité relative de leur cercle d'action, n'en ont pas moins un caractère imposant.

Il existe une classe dont les exposants se sont réunis et ont voté à l'unanimité une médaille d'or fournie par leurs propres deniers à celui d'entre eux qu'ils reconnaissaient tous comme le premier par le mérite du travail, dans leur propre industrie.

Voilà certainement une protestation qui a une valeur réelle, et l'industriel à qui la médaille d'or est décernée par ce jury compétent, aura le droit d'être plus fier de sa récompense qu'un grand nombre d'autres de la leur.

On voit fréquemment dans les vitrines de l'Exposition deux ou trois mots de protestation tels que ceux-ci : non récompensé, — J'en appelle à l'opinion de mes concurrents, etc. La Commission impériale a-t-elle raison de s'appuyer sur la lettre même des règlements auxquels les exposants ont dû se soumettre pour être admis, et fait-elle bien d'élever des conflits en recouvrant d'une toile les *vitrines protestantes?*

La Commission impériale est chez elle, mais l'intérieur des vitrines est aux exposants; et si nul, pas même la Commission impériale, ne peut empêcher une protestation faite par la voie des journaux, ce qui est de droit commun, de quel nom appeler sa colère quand elle dérobe aux regards une protestation modestement placée derrière une vitre, et qui n'a d'autres commentaires que la présence même des produits soumis à l'examen ?

Je l'ai dit plus haut, il existait un moyen bien simple de parer à ces inconvénients, c'était de faire sortir du suffrage de tous les exposants de chaque classe, le jury qui devait les juger. Et puisqu'on était en veine d'instituer de nouveaux ordres de récompenses, il fallait, après avoir, comme par le passé, nombré les médailles et les mentions à attribuer, ne poser au jury d'autres questions, pour la répartition des récompenses, que celles de la valeur de l'œuvre exposée, au point de vue de l'exécution manuelle, de la conception et du prix de revient, et alors établir deux autres genres de récompenses : l'une décernée aux chefs d'industrie pour l'importance et la direction de leurs usines, l'autre, comme le dit le règlement de l'Exposition, pour les lieux où règne à un degré éminent l'harmonie sociale et le bien-être des populations.

Pour résumer mes observations sur les récompenses, je dois dire, d'après la manière dont ont fonctionné les jurys, que l'importance relative des médailles accordées, a été, à de très-rares exceptions près, basée sur le nombre d'ouvriers occupés par les industriels exposants ; une pareille théorie nous conduirait à cette conclusion bouffonne, que cinq cents ouvriers fabriquant très-mal un même produit, obtiendraient une récompense, qu'un seul fabricant produisant lui-même à un degré supérieur de perfection ne recevrait pas.

Puisque j'en suis à soulever le voile qui dérobe les abus à nos yeux, et comme j'ai commencé par critiquer les *examinateurs*, je dois à mon impartialité de révéler certaines particularités concernant les *examinés*.

Les juges imposés en matière d'industrie, sont souvent juges et parties en même temps, malgré certaines mises hors concours. Or, savez-vous ce qui en advient à l'origine même des admissions ?

Un marchand qui veut exposer, parce que cela

lui sert de réclame, rencontre son fabricant qui veut exposer, lui, — non pas les capitaux qui lui permettent d'acquérir, avec plus ou moins de goût, certaines œuvres, — mais son travail, ses capacités, ses veilles, son intelligence; or, le marchand tient au fabricant ce langage :

« Ah! vous voulez exposer? fort bien, je ne vous ferai plus travailler. »

Je connais cent producteurs à Paris, qui sont dans ce cas depuis trois expositions universelles; le marchand a tenu parole, mais le mérite s'est fait jour, mais il a fallu à ces producteurs une énergie qu'il n'est pas possible à tout le monde de déployer pour affronter cette espèce de blocus industriel.

Heureux encore est le fabricant, lorsque, comme cela est arrivé cette année en plusieurs classes, il ne voit pas récompenser chez son acquéreur des produits qu'il lui a vendus, et qui ne sont pas récompensés chez lui.

II

LES ENTRÉES.

La question des récompenses qui dépendait bien un peu de la commission impériale, comme organisation et comme réglementation, n'a satisfait presque personne; mais ce qui a satisfait bien moins encore, c'est le régime peu libéral qui a présidé aux concessions et aux droits d'entrée *fiscalisés* à outrance.

Les avis n'ont cependant pas fait défaut, car dans sa séance de clôture, le Corps législatif a été conduit à discuter la question déjà très-controversée, des entrées à l'Exposition universelle.

M. Garnier-Pagès sollicitait du gouvernement la réduction des prix d'entrée à certains jours, notamment le dimanche, afin de permettre aux ouvriers qui sont les plus directement intéressés à l'étude des questions industrielles dont le Champ de Mars contient les applications, un accès plus facile et aussi plus favorable à leur instruction.

Le gouvernement a répondu, par l'organe de M. Rouher, qu'il n'était pas compétent pour imposer à la société de l'Exposition un abaissement de son tarif. Sur ce premier point il y avait à répondre que l'État fait réellement partie de la société de l'Exposition dans laquelle il est engagé pour un tiers environ, en vertu de la subvention de six millions que le Corps législatif a votée, et que par conséquent il a tous les droits d'un co-intéressé. C'est donc une erreur que de décliner toute influence propre à obtenir des modifications dans l'économie du système financier qui régit l'Exposition.

Le Ministre d'État et des finances est également dans l'erreur quand il appuie son abstention sur la crainte que l'abaissement du tarif ne produise la diminution des recettes; il n'existe entre les deux points aucune solidarité.

M. Jules Simon a su parfaitement répondre que la question agitée était la même que celle qui fut si vivement discutée lors de l'établissement du tarif uniforme des ports de lettres et des dépêches télégraphiques. Dans ces circonstances, une augmentation de recettes a toujours accompagné la diminution du tarif, et si l'on consulte la statistique des entrées du public à tous les tourniquets payants depuis l'établissement des Expositions, on verra que les recettes croissent dans une proportion double et en raison inverse de la réduction par moitié des tarifs établis.

Dans ces dernières années des Expositions fréquentes ont été ouvertes au Palais de l'Industrie; je les ai suivies attentivement et de fort près, et je constate que l'expérience donne complétement raison aux propositions de MM. Garnier-Pagès et Jules Simon.

Je pourrais même citer des chiffres pour une Exposition qui a eu lieu en 1864 et que j'ai été appelé à diriger.

Les entrées étaient fixées à vingt-cinq centimes le dimanche, et cinquante centimes les autres jours, le vendredi excepté qui était coté à un franc.

On a tenté l'expérience vers la fin de l'Exposition, en prenant pour motif les frais de chauffage devenus nécessaires en décembre au Palais de l'Industrie, et on a doublé les différents prix d'entrée. Il en est advenu que le minimum des dimanches à vingt-cinq centimes de la première période, était au minimum des dimanches à cinquante centimes de la seconde période, comme cent est à vingt-sept.

Il résulte de ces considérations que le maintien des prix d'entrée à l'Exposition tels qu'ils sont établis, est non-seulement une mesure défavorable à la diffusion de l'instruction industrielle chez les ouvriers qui en ont le plus grand besoin, mais encore une mesure préjudiciable aux intérêts de la société de l'Exposition.

Les craintes exprimées par M. le Ministre d'État me paraissent exagérées, et il n'est pas possible d'admettre qu'une réduction de prix puisse être la route aboutissant à une gratuité complète, et, comme le dit M. Rouher lui-même, à la ruine de l'entreprise.

Le résumé des dépenses et des recettes que M. le Ministre d'État a effleurées devant la Chambre tout en ne faisant pressentir aucune perte, reste cependant complétement silencieux sur les sommes produites par les différentes concessions qui ont été accordées.

Ce silence est regrettable, et il eût été fort intéressant de pouvoir apprécier dans quelle mesure une compagnie en partie nationale, en partie municipale et en partie privée, agissant comme une société financière, a pu, par le système des concessions, enrichir l'œuvre européenne de l'Exposition universelle.

Bien plus, si comme le fait prévoir M. le Ministre, le tiers des bénéfices aléatoires doit être consacré par la compagnie à la création d'un établissement public utile à l'Industrie, il est d'une bonne administration, le principe financier qui lui sert de base étant admis, d'augmenter le plus possible ce tiers qui devrait bien être un entier.

Tout alors serait bénéfice ; bénéfice pour le public, bénéfice pour les ouvriers, bénéfice pour la Commission impériale qui aurait ainsi une magnifique occasion de faire oublier certains côtés défectueux qui sont les compagnons inséparables de toute œuvre humaine et par conséquent faillible[1].

---

1. La liquidation des comptes a présenté plusieurs millions de bénéfices.

Voilà des bénéfices acquis en grande partie aux dépens de l'instruction des ouvriers, qui n'ont pu entrer gratuitement à l'Exposition qu'en nombre très-restreint et en se pliant à des formalités trop longues pour que la plupart aient eu la velléité de les accomplir.

LETTRE DEUXIÈME.

LE DÉPARTEMENT DES BOUCHES-DU-RHÔNE.

I

MARSEILLE.

EXPOSANTS RÉCOMPENSÉS.

Grand prix.

La Société anonyme des forges et chantiers de la Méditerranée.

Médailles d'or.

MM. Roulet et Chaponnières, savons et huiles. — H. Arnavon, savon. — C. Roux fils, savons. — Jullien, maroquins. — Brunet, collection de semoules.

Médailles d'argent.

MM. Santi, compas de route et appareils propres à les régler. — Four et compagnie, allumettes-bougies. — Mme Vallagnosc, chapeaux. — MM. Roulet et Chaponnières, huiles. — Estrangin de Roberty, huiles de sésame.

et d'arachide. — F. Fournier, bougies. — Daniel et compagnie, industrie soudière et produits divers. — Gayet et Gourjon, industrie soudière et produits divers. — Renard et Boude, industrie soudière, produits divers et soufre. — Estrangin de Roberty, savons. — E. Hessé, presse hydraulique. — D. Michel et compagnie, ciments. — J. A. Brunet, pâtes et farines.

Médailles de bronze.

MM. Caussemille jeune, allumettes-bougies. — Artaud, contre-maître chez M. Caussemille. — Maria, huile d'olive. — Landré, Gras et compagnie, huiles minérales. — Imer, Fraissinet et Baux, huiles minérales. — A. Ranque, Paul fils aîné et compagnie, savons. — Milliau jeune et compagnie, savons. — Fremier fils, maroquins. — Fraissinet père et fils, machine à fabriquer les torons de chanvre. — Carvin fils, chaux et ciments. — J. Corradi, treuil à vapeur. — Melchion fils et Chappaz, liqueurs. — M. Fraissinet père et fils, machine à vapeur. — Chambre de Commerce de Marseille, pour son École de mousses, travaux d'élèves.

Mentions honorables.

MM. Fontaine, gravures héliographiques. — Wallery, portraits. — Galinier, marbre. — S. Merentié, ouvriers chez M. Caussemille. — Régis, malachites importées d'Afrique. — Désiré Michel, lignite. — Cauvet et compagnie, étain en feuilles et capsules. — Lion, huiles. — Régis aîné, garance. — Bellon-Balme, savons. — Espirat, filtre. — J. Dalmas, appareils de salubrité. — A. Delafond et Corradi, surchauffeur. — Jourdan-Brive, conserves diverses.

Cette liste témoigne, à première inspection, de

l'importance des industries marseillaises dont les représentants ont été distingués par le jury.

Aussi dois-je constater, pour ce qui concerne notre ville, que, par la nature même des industries qui font sa richesse, elle se trouve presque entièrement en dehors des abus que j'ai signalés plus haut; pour Marseille, il reste un fait acquis, c'est que le nombre des récompenses attribuées à ses industries, malgré le petit nombre de ses exposants, en comprend plus de la moitié, puisque soixante-quatorze exposants ont obtenu quarante-huit récompenses.

Je viens de dire qu'il y avait environ soixante-quatorze exposants marseillais. Mais ce renseignement ne signifierait pas grand'chose sans l'indication de leur répartition dans les différents groupes du classement général.

Vous n'ignorez pas que le classement a été divisé en dix groupes, répondant chacun à des parties plus ou moins importantes de l'industrie ou des connaissances humaines. Or, dans le courant de mon étude sur Marseille, quelles que soient les absences que je constaterai dans certaines industries, je n'en inscrirai pas moins, en tête de mes chapitres, le nom de chaque groupe.

Avant de pénétrer dans les détails, je dois commencer par le dénombrement suivant, en réservant mes commentaires pour un autre moment.

Nous n'avons que quatre représentants pour

le premier groupe qui a pour titre : *OEuvres d'art*.

Pour le deuxième groupe, où l'on a centralisé le *matériel et l'application des arts libéraux*, nous avons encore cinq représentants.

Dans le troisième groupe, où l'on a réuni les meubles et les autres objets destinés à *l'habitation*, nous avons trois représentants, qui touchent de bien loin à cette grande subdivision.

Voici maintenant le groupe quatrième : *Le vêtement* et autres objets portés par la personne ; deux représentants.

Dans le groupe cinquième, *produit des industries extractives*, Marseille a envoyé vingt représentants, parmi lesquels on remarque plusieurs compagnies anonymes et un grand nombre de sociétés en nom collectif.

Les instruments et procédés des arts usuels qui composent le groupe sixième, ont réuni vingt-trois exposants ; nous verrons aussi que les objets de leur exposition sont bien ceux qui trouvent à Marseille les débouchés les plus larges.

Quant au groupe septième, qui contient les *aliments frais ou conservés* à divers degrés de préparation, ses représentants sont, à Marseille, au nombre de sept.

Le groupe huit, spécialement composé des *produits vivants et des spécimens de l'agriculture*, n'a qu'un seul exposant marseillais, et encore, comme nous le verrons plus tard, cet exposant du groupe huit se trouve également dans d'autres groupes du classement.

Le neuvième groupe, où se résument *les produits vivants et les spécimens d'établissements de l'horticulture*, n'a aucun représentant marseillais; mais, en revanche, le dixième groupe, dans lequel quelques gens bien pensants de la Commission impériale ont réuni les objets spécialement exposés en vue d'améliorer la condition physique et morale de la population, compte parmi les Marseillais cinq représentants.

Il y aurait beaucoup à dire sur le simple énoncé de ces chiffres, mais j'aurai largement l'occasion, dans le cours de mon étude, de spécialiser les réflexions que je ne pourrais faire ici qu'en thèse générale.

Je me borne donc à faire la remarque suivante : C'est que Marseille, la première ville commerciale de France, occupe un rang bien secondaire dans l'industrie, et si je compare le nombre des exposants de Lyon, qui est de trois cent quatre, avec celui des exposants de Marseille, qui est de soixante-quatorze au maximum, je constaterai que, sans diminuer en rien sa supériorité commerciale, Marseille doit lui adjoindre une supériorité industrielle.

Notre ville natale a le tort d'avoir été une ule d'Athènes, ce qui rend aujourd'hui le critique plus difficile quand il se rappelle ses antécédents.

Elle a, en effet, toutes les qualités qui concourent à former les grands centres; elle a, au plus haut degré, le génie commercial, elle possède certains genres d'industrie qu'elle a poussés plus haut que n'importe quelle autre ville industrielle; elle est, il est vrai, un peu arriérée pour certaines parties des arts manufacturiers et des beaux-arts proprement dits; mais quand elle se met à l'œuvre, ses élèves ne tardent pas à s'emparer du premier rang et à porter au loin la gloire du nom marseillais.

Aussi, rendant compte de ses produits avec franchise, sans indulgence comme sans flatterie, je chercherai pourquoi, dès qu'il s'agit des œuvres de l'esprit ou des arts libéraux, le Marseillais fuit son berceau et va demander ailleurs une renommée toujours difficile à acquérir.

Et cependant, quand on est éloigné de cette cité florissante où l'on a vu le jour, on en garde dans le cœur comme une image perpétuelle, un souvenir toujours vivant.

Il y a, dans le sentiment qu'on éprouve, comme un battement de cœur analogue à celui de l'émotion filiale; on en parle comme d'une mère. On la veut supérieure à toutes, quand même, et il faut je ne sais quelle énergie d'indépendance dans le jugement, quelle sévérité d'étude dans l'apprécia-

.tion, pour ne pas faillir devant ses défauts et ne pas chercher à les pallier avec une ardeur jalouse.

Dans le nombre des exposants qui la représentent au Champ de Mars, il n'y a que des louanges plus ou moins absolues à distribuer ; mais les absences que j'ai remarquées, soit parmi les noms, soit parmi les industries qui devraient fleurir chez nous, ont involontairement attristé mon amour-propre de Marseillais. Quand j'ai admiré tout près de là ces chefs-d'œuvre du génie humain, que certaines villes du centre et du nord offrent à nos yeux étonnés, je me suis écrié : Marseille ne devrait manquer d'aucune des perfections ; elle réunit la vivacité de l'intelligence, la chaleur de l'imagination, à la sagesse du calculateur et à la profondeur de l'économiste ; pourquoi de tous ces éléments ne forme-t-elle pas ce faisceau triomphant qui lui siérait si bien ?

GROUPE I. — Œuvres d'art.

Je suivrai le catalogue dans tous les détails du système de classement, — ce fameux système — si beau en théorie, et que la pratique a cicatrisé de coups de canif : cette classification à l'aide de laquelle on ne peut rien trouver, et qui est plutôt faite pour égarer que pour conduire.

Or, ce vice m'importe peu ; le classement n'en restera pas moins la table des matières de ce grand livre du travail, et m'aidera à retrouver plus facilement ce qui manque à l'industrie marseillaise.

Le premier groupe nous met en face des œuvres d'art; certes, il est fécond en classes ou sous-divisions, depuis la peinture à l'huile, les aquarelles, la sculpture et la gravure, jusqu'à l'architecture et la lithographie; cependant nous n'avons que quatre représentants absolument circonscrits dans la peinture à l'huile. Il est bien entendu que pour cette classe j'ai consulté le lieu de naissance de préférence au domicile; car, si j'avais consulté ce dernier, je me serais borné à ne citer qu'un seul exposant domicilié à Marseille.

Depuis quelques jours, on travaille à transporter au Champ de Mars un certain nombre de tableaux qui formaient le salon annuel du Palais de l'Industrie; il est possible que, là encore, il se trouve des Marseillais. Je me ferai un devoir de les rechercher et de les signaler.

Les quatre peintres dont je vais étudier les œuvres appartiennent réellement à Marseille. Trois sont élèves de M. Loubon, dont le nom est bien connu, et ont produit des œuvres fort remarquables.

J'ai annoncé que je suivrais le catalogue; suivons-le donc, quelque mal fait qu'il soit.

Le premier Marseillais qui s'offre à nos yeux est M. Joseph Beaume, élève de Gros. Le tableau qui est exposé par cet artiste représente *un épisode de la Retraite de Russie*; il a figuré au Salon de 1864 et se trouve au musée de Marseille.

Ce tableau est peint avec émotion et énergie. Il y a, au premier plan, un groupe d'une vérité déchirante, pressé, grelottant, autour d'un feu à demi éteint; une femme est près de mourir, sa figure lutte de blancheur avec la neige qui la couvre; un ciel de plomb pèse sur cette scène; au loin le combat, ce triste combat dans lequel l'arrière-garde commandée par les maréchaux Ney et Maison, arrêtée dans sa marche, met en déroute les cosaques de Platow.

Deux tableaux de M. Fabius Brest, élève de M. Loubon, ont pour titre : Les *Bords du Bosphore à Béicos* (Asie Mineure) et un *Caravansérail à Trébizonde* (Asie Mineure).

Sans m'expliquer davantage le choix du sujet, ce choix qui est cependant pour moi d'une grande importance artistique, je passe à l'examen de l'œuvre elle-même; M. Brest a au service de son pinceau toutes les effluves lumineuses du ciel oriental. Il y a dans son tableau une intelligence méridionale, une main sûre et ardente, tenant avec un grand talent un pinceau trempé dans des couleurs faites de soleil et de sable. Il y a des eaux brillantes, calmes et bleues comme celles de la Méditerranée; la chaleur rayonne, et la fraîcheur des ondes, d'aspect si vrai, semble compenser pour le regard les ardeurs du climat.

En résumé, c'est une jolie œuvre et je trouve qu'on a calomnié affreusement cette pauvre mer *Noire*, puisqu'à sa porte même, le Bosphore roule des eaux si limpides et si délicieusement bleues.

Le *Caravansérail à Trébizonde*, du même auteur, me paraît moins heureux que le tableau précédent; les costumes multicolores, les murs bariolés, et les ornements polychrômes ajoutés aux habitations donnent bien l'apparence générale des hôtelleries de ces régions lointaines; mais il nous a paru que les tons bleus du ciel étaient trop poussés à la nuance compacte, et nous ne croyons pas, malgré les ombres portées du soleil, qu'on ait bien chaud sous une voûte pareille.

On se demande volontiers si le peintre n'a pas voulu indiquer, par la vivacité de ses bleus, l'heure matinale où le soleil n'est pas encore monté à l'horizon. Malheureusement l'ombre des murailles, presque perpendiculaire, constitue un véritable cadran solaire, démentant et renversant d'avance toutes les suppositions.

Arrivons à un sujet qui est bien d'un véritable enfant de Marseille, et (c'est encore un signe) le seul de ses représentants qui y soit domicilié. Il se nomme Raphaël Ponson, et il expose une *Vue prise de l'Attaque*.

Je dois avouer que je savais déjà à quoi m'en tenir avant d'avoir vu ce tableau; et quand, pour en rendre compte je l'ai recherché dans les nombreux salons de l'Exposition universelle, je n'ai pas eu besoin de recourir à mes notes pour distinguer la délicieuse reproduction de ce cite charmant qu'on nomme l'Attaque. On y voit des eaux bleues à crête argentée, au sein desquelles se dressent, en les ombrant, trois gigantesques rochers que la main puissante de la nature y a jetés capricieusement.

C'est le matin; le soleil n'a pas encore dissipé les nuages qui, pendant la nuit, avaient envahi son domaine, ce beau ciel bleu dont la Provence est jalouse. Un vieux et un jeune pêcheur avancent timidement leurs pieds dans les premières couches plates des ondes, s'étalant sur un tapis de sable doux et uni; ils se dirigent vers ces rochers pour y découvrir les coquillages; ils vont s'y installer ensuite comme une sentinelle avancée, pour y jeter silencieusement l'hameçon aux aventureux poissons de ces parages.

A joli site joli peintre, et à vrai talent justice rendue.

Un tableau représentant des femmes de Capri, par M. *François Reynaud*, vient clore la liste si courte de nos peintres marseillais à l'Exposition universelle. On relève dans ce tableau quelques erreurs de ton : on le croirait tout d'abord peint à la manière antique, et si les chairs sont d'une grande vérité, il y a dans les horizons et dans la voûte céleste quelques exagérations.

Le sujet est poétique : deux femmes, au teint basané, sont occupées à filer ; l'une, la plus remarquable, debout, est vue de trois-quarts ; elle tient ses deux bras tendus et fait passer au-dessus de sa tête les fils que tordent les deux doigts de sa main gauche, avant de les enrouler autour du fuseau. Cette position un peu gênée ne s'expliquerait pas sans un petit enfant qui, grimpé sur un pan de mur, arrive à la hauteur du sein maternel et y puise sa nourriture.

L'autre femme de Capri a beaucoup moins sujet d'exposer ses deux bras à la fatigue ; elle n'a pas d'enfant et elle fume — c'est une négresse ; — mais il paraît, d'après M. Reynaud, que telle est l'habitude du pays : en conséquence elle tend aussi ses bras comme sa compagne la fileuse.

Ainsi que je l'ai dit, sauf quelques teintes un peu criardes, ce tableau est peint avec vérité et avec une fermeté de modelé fort remarquables.

Voilà donc tout ce que nous offre le groupe premier ; eh bien ! franchement, ce n'est pas la peine d'avoir eu parmi nos glorieux artistes, Pierre Puget, pour n'avoir, au dix-neuvième siècle, que si peu de représentants des arts qui ont fait l'honneur de notre ville.

L'on me répondra, je le sais, que Paris tire tout à lui et que l'on ne fait rien sans la consécration de sa renommée.

A mon tour, je répondrai que les fortunes marseillaises sont au service de gens qui, pour la plupart, ont du goût, et qu'elles devraient encourager plus sérieusement les beaux-arts par des *prix* et des *expositions* de Marseillais faites à Marseille même, et surtout que l'on visiterait, car ce qui manque, en général, aux expositions de notre bonne cité, c'est le visiteur ; cela décourage. Et pourtant le beau parle de lui-même à nos intelligences méridionales.

Donnez à vos récompenses la forme commerciale qu'il vous plaira de choisir, mais récompensez; achetez les tableaux jugés les meilleurs, et vous verrez que le niveau de votre art marseillais s'élèvera.

Mais vous n'encouragez pas les artistes, et, quand il s'agit de construire un grand monument, vous allez quérir l'aide des architectes de la capitale ; quand il s'agit de graver une médaille d'inauguration de la bourse de Marseille, vous en confiez le soin au talent reconnu, c'est vrai, mais étranger à Marseille de *M. Oudiné*, sans même tenter l'épreuve d'un concours.

Il y a là peut-être en cause aussi bien une mauvaise organisation de l'école des beaux-arts de notre ville, qu'une sorte d'insouciance instinctive, une habitude prise d'en appeler à Paris, pour tous les travaux officiels. Cela est blâmable.

Oui ! si des concours avaient démontré l'infériorité marseillaise, cela aurait piqué l'amour-propre de nos artistes et ils auraient réparé cet échec dans l'avenir. Mais rien ; et voyez à quel point de léthargie vous êtes tombés, successeurs des Phocéens ! vous n'avez pas même eu l'idée de protester par l'Exposition universelle.

Cela est malheureux, et je sonnerai, sur ce chapitre-là, la cloche d'alarme; je crierai que Catilina est à vos portes, si vous délibérez davantage et si vous hésitez à réparer ce fâcheux précédent.

GROUPE II. — Matériel et application des arts libéraux.

Voici un groupe qui contient huit divisions très-importantes.

La classe six, comprenant les produits d'imprimerie et de librairie.

La classe sept, qui comprend les objets de papeterie, la reliure, le matériel des arts de la peinture et du dessin.

La classe huit qui comprend les applications du dessin et de la plastique aux arts usuels.

La classe neuf qui comprend les épreuves et appareils de photographie.

La classe dix, qui comprend les instruments de musique.

La classe onze qui comprend les appareils et instruments de l'art médical; les ambulances civiles et militaires.

La classe douze, qui comprend les instruments

de précision et le matériel de l'enseignement des sciences.

La classe treize, qui comprend les cartes et les appareils de géographie et de cosmographie.

Or, si dans le groupe précédent, j'ai dû constater l'absence des sculpteurs, des lithographes et des architectes, de ces derniers surtout qui, dans la transformation de Marseille, devraient tenir une place importante, je dois constater également dans celui-ci l'absence des typographes, des libraires et des imprimeurs.

Cependant la septième classe, qui contient les objets de papeterie, la reliure, la matériel de la peinture, des arts et du dessin, nous fournit un exposant. Mais c'est par un effort de classification qu'on y a fait figurer l'importante fabrication de M. Ludovic Chancel, dont l'exposition comprend des papiers unicolores et bicolores de toutes qualités pour le pliage des sucres et des bougies.

Il y a une logique parfaite dans les représentants que l'industrie marseillaise a délégués à l'Exposition universelle.

Les bougies et les sucres forment une branche très-importante du commerce marseillais. Aussi l'industrie qui s'appuie spécialement sur ce commerce prospère-t-elle. Mais si, en suivant cette voie, une grande partie du commerce marseillais fécondait à Marseille même les industries qui en sont la source, celles-ci trouveraient davantage matière à s'y exercer, et, comme je le souhaite, doteraient notre ville d'une nouvelle supériorité.

On ne se souvient pas assez de cette vérité économique, *que ceux qui créent les produits et non ceux qui en font le trafic ouvrent un débouché pour d'autres produits*.

Il est également vrai qu'une production locale trouvant ses débouchés dans le lieu même où elle s'exerce, évite les frais de transport qui incombent toujours aux producteurs et augmentent le prix de l'échange.

La fabrication de M. Chancel est une de celles qui tout en étant favorisées par l'exportation, trouvent leur débouché à Marseille même.

La rapidité des opérations commerciales oblige les fabricants à posséder de véritables dosages pour les produits accessoires qui servent à l'emballage de leurs marchandises. Être certain du poids des papiers dont on enveloppe les sucres et les bougies est une condition importante. Une fabrication consciencieuse peut seule donner cette garantie. Aussi M. Chancel a-t-il exposé : 1° Des papiers bleus pour le sucre, pesant dix kilogrammes par cent feuilles de pliage y compris la demi-feuille pour le capuchon; 2° Du papier jaune dans les mêmes conditions et pour le même objet, pesant quatorze kilogrammes; 3° Du papier bleu-violet, pesant onze kilogrammes ; 4° Du papier

bleu doublé, pesant trente kilogrammes; et 5°
enfin, pour les bougies, une grande variété de feuilles, pesant de trente-huit à quarante grammes chacune.

J'aurais désiré qu'à ces indications on eût joint celle des prix. C'est là une des lacunes regrettables que nous constatons fréquemment dans les vitrines de l'Exposition universelle.

Cela est fâcheux parce qu'il n'est pas malaisé de produire, même d'une façon supérieure, mais il est souvent difficile d'établir des prix qui favorisent les transactions commerciales.

Dans une autre classe, la neuvième, contenant les épreuves et les appareils de photographie, je m'attendais à un plus grand nombre d'exposants marseillais.

J'en ai découvert deux : M. Fontaine et M. Wallery.

M. Fontaine a exposé un procédé pour graver la photographie sur métal; plusieurs spécimens en indiquent les applications.

Il est peu de sciences qui aient plus ému les chercheurs que la science héliographique; aussi ses exhibitions sont-elles nombreuses.

J'ai remarqué dans l'exposition de M. Fontaine une épreuve très-fine qui me paraît être sans retouches; ses planches se présentent sous l'aspect d'une très-belle taille-douce. La morsure en est profonde; mais j'aurais souhaité voir moins de reproductions de gravures, et plus d'essais directs de photographies prises sur nature.

J'aurais voulu aussi un perfectionnement plus avancé dans les grains artificiels qui forment le fond de la planche.

Cependant, je rends justice aux essais de M. Fontaine ; il a exposé une allégorie de l'été admirablement réussie, et il est du nombre de ceux qui aideront le plus au progrès de cet art difficile.

M. Wallery a exposé dix portraits, grandeur plaque entière, et un certain nombre de cartes de visites. Le tirage en est généralement fin, la pose assez bien étudiée, et la lumière assez bien ménagée ; seulement les fonds sont uniformément trop sombres, et les virages d'une nuance marron qui n'est pas toujours agréable. Il est certain, cependant, que M. Wallery tient une place avantageuse dans la photographie, et que, en dehors de ma critique toute scientifique, ses travaux peuvent rivaliser avec ceux d'un grand nombre de nos meilleurs photographes parisiens.

M. Boisselot, qui appartient à la classe dix, *instruments de musique*, et dont la vieille réputation est bien connue, me paraît avoir exposé ses pianos plutôt pour l'acquit de sa conscience de fabricant que pour concourir au grand tournoi international.

M. Boisselot est bien placé. Il pourrait, s'il le voulait, à l'exemple de ses confrères, faire toucher une heure par jour ses pianos par un artiste. Le jeu en révélerait la beauté des sons. Je parle de M. Boisselot parce que je connais particulièrement ses mérites. Il se recommande, à l'égal de nos meilleurs facteurs parisiens, moins par la forme artistique des caisses que par la solidité de ses pianos, la pureté de ses notes basses, et parce qu'il sait éviter, dans les notes élevées, les tons criards qui sont si désagréables. Or, comme je l'ai dit, il ne suffit pas au visiteur de voir un piano hermétiquement fermé pour juger de ses qualités. Il est des facteurs qui n'offrent aux yeux que des caisses artistement sculptées; je n'hésite pas à conseiller à M. Boisselot de les imiter en ne négligeant pas le complément décoratif qui ne doit jamais faire défaut à tout meuble destiné à notre usage.

L'art de la forme ne nuit pas à la perfection des mécanismes intérieurs, mais la rehausse, au contraire, en l'entourant d'un charme nouveau, qui est à l'instrument mécanique ce que les agréments extérieurs du corps sont aux qualités de notre intelligence.

Voici, dans le groupe qui nous occupe, le dernier représentant marseillais qui figure à l'Exposition. Il appartient à la classe douze, *instruments de précision et matériel de l'enseignement des sciences.*

M. Santi, opticien, dont le nom est si connu à Marseille, a exposé spécialement des instruments de marine applicables aux navires en fer. Voilà bien une industrie de port de mer, voilà bien un produit dont l'origine appartient au grand mouvement causé dans les constructions navales par l'introduction du fer.

Et voilà qui justifie encore la réflexion économique émise plus haut : que la création de produits nouveaux est le meilleur moyen d'ouvrir de nouveaux débouchés.

M. Santi expose une boussole flottante, un axomètre de timonnerie; une boussole équatoriale, un paratonnerre de marine, et enfin des correcteurs magnétiques des déviations, pour les navires en fer.

Ce dernier appareil est très-ingénieux, et nul n'en contestera la nécessité, car on connaît l'influence délicate du voisinage du fer sur les aiguilles aimantées.

Les isoloirs en cuivre ne pouvaient suffire, et on n'ignore pas que l'aimantation pénètre, sans s'y attacher comme à l'acier, le plus grand nombre des autres métaux. Il y a donc un progrès dont il faut féliciter M. Santi.

Les instruments de précision forment une belle industrie qui est le triomphe de la science, car ils nous permettent de lire dans les espaces inconnus les vérités et les indications que Dieu y a semées, pour servir, selon les lois mathématiques, à guider l'homme dans les immensités de l'univers.

GROUPE III. — Le Mobilier.

J'ai eu quelquefois l'occasion de commencer une croisade contre l'oubli persistant dans lequel sont laissés à Marseille les arts industriels.

Aussi, en écrivant en tête de ce nouveau chapitre de mes lettres le mot *mobilier*, qui contient précisément la plus grande partie des industries dans lesquelles l'art est appelé à jouer un rôle important, ne puis-je m'empêcher de m'écrier : Comment, nous n'avons pas à Marseille d'ébénisterie de luxe! Comment, nous n'avons pas des tapissiers et des décorateurs! Comment, les cristaux, les verreries de luxe et les vitraux, les porcelaines, les faïences, les tapis et les tapisseries; les papiers peints, la coutellerie, l'orfévrerie, les bronzes d'art et les fontes d'art diverses; l'horlogerie, les appareils et procédés de chauffage et d'éclairage; la parfumerie, la maroquinerie, la tabletterie et la vannerie, qui composent les treize classes de ce groupe, n'ont réuni à Marseille que quatre représentants, et même assez indirects, il faut l'avouer!

C'est bien ici le cas de prêcher, au point de vue économique et artistique, la fameuse doctrine de la décentralisation....

Or, il y a trois choses dans l'application de cette

doctrine : il y a l'*administration*, il y a l'*économie*, il y a l'*art*.

Que l'on centralise jusqu'à un certain point l'administration politique, c'est affaire au gouvernement, c'est l'objet de la grande cohésion nationale; mais que l'on se rende volontairement tributaire des modèles industriels et artistiques métropolitains, voilà ce que je combattrais volontiers.

Quel inconvénient y aurait-il donc à ce que les différentes zones géographiques d'un État sachent se pourvoir elles-mêmes, suivant leur art original, des objets de l'ameublement? Pour moi, j'y vois surtout deux avantages : celui d'une production autochthone, et celui d'une variété plus grande dans les arts nationaux.

J'aurai souvent, dans le cours de cette étude, l'occasion de démontrer qu'être tributaire d'autrui pour ces sortes de produits, c'est non-seulement payer un impôt inutile, mais encore restreindre les aspirations de nos intelligences.

La centralisation industrielle et par conséquent commerciale me paraît une faute; développer les échanges intérieurs est, selon moi, conformément du reste à l'opinion d'Adam Smith, mille fois plus avantageux que développer les échanges du commerce extérieur; aussi, créer une originalité dans les produits départementaux, c'est appeler de nouveaux échanges, c'est donc multiplier les transactions commerciales intérieures.

Comme le dit M. Say, « le commerce intérieur d'un pays, quoique moins évident et moins frappant, outre qu'il est plus considérable, est aussi plus avantageux ; car les envois et les retours de ce commerce sont nécessairement des produits nationaux. Ils donnent le mouvement à une double production, et les profits n'en sont pas partagés avec l'étranger. »

Au risque de me répéter, je ne saurais trop conseiller à Marseille de favoriser les industries artistiques qui sont groupées dans la galerie III.

Les classes quatorze et quinze, qui contiennent les meubles de luxe, les ouvrages des tapissiers et des décorateurs dont les travaux étaient, il y a quelques années, l'un des monopoles de l'industrie parisienne, ont trouvé en 1867 de nombreux représentants à Bordeaux, Lyon, Nantes, et Saint-Quentin.

Marseille devrait suivre cet exemple et mettre sa richesse au service de ces industries qui sont le fondement du confort et du bien-être dans nos habitations.

Cependant les classes quatorze et quinze ont fourni un exposant — un seul — et j'ai même constaté, avec un certain étonnement, un mérite très-sérieux dans les objets qu'il a exposés à mes regards.

M. Galinier, sculpteur en marbre, a exposé deux cheminées extrêmement remarquables ; l'une conçue dans le style Louis XV, et l'autre dans le style Louis XVI.

Je ne chicanerai pas M. Galinier sur les styles qu'il a choisis, car je suis de ceux qui souhaitent toujours que le dix-neuvième siècle marque enfin sa place par un genre artistique qui le caractérise.

Quoi qu'il en soit, la cheminée Louis XVI, de M. Galinier, est du meilleur style de l'époque ; le marbre employé est le marbre blanc de statuaire. Sur le travers de cette cheminée et au centre, apparaît un médaillon de l'Impératrice, avec une chute de fleurs d'un très-joli effet ; les postes d'encadrement à deux modillons renferment des rosaces avec d'autres chutes de fleurs. L'exécution de ces fleurs est très-soignée, les détails très-bien fouillés, le travail général lui-même a été minutieusement conduit. Les fonds sévères des panneaux contribuent à faire merveilleusement ressortir le fini de la sculpture ; c'est, en résumé, une œuvre très-remarquable.

Je restreindrai mes éloges en ce qui concerne le foyer en marqueterie marbre levanto veiné de jaune et de blanc ; le ton en est un peu heurté, et le goût peu choisi. Quant à la cheminée Louis XV, elle a les mêmes mérites d'exécution, moins la préférence du style, dont la recherche se ressent toujours de l'afféterie outrée de la décadence italienne, mal servie par l'abus des rocailles.

M. Galinier a eu le soin d'apposer sur ses produits l'indication des prix ; aussi retirerai-je pour lui le reproche que j'ai déjà formulé.

J'ajoute que les prix de M. Galinier sont, en comparaison de ceux de ses concurrents et en tenant compte du mérite de son œuvre, extrêmement abordables.

En passant à la classe vingt-quatre, je remarque, dans celles que je suis obligé d'omettre, l'absence de nos poteries et de nos verreries.

La classe vingt-quatre contient les appareils de chauffage et d'éclairage. L'éclairage seul est représenté, fort indirectement, par deux industriels marseillais : MM. Roche et Caussemille. Tout le monde connaît les allumettes-bougies et les progrès effectués dans la modicité des prix. La maison Roche possède, à Marseille, une usine importante ; elle occupe de trois à quatre cents ouvriers, et donne aussi des travaux aux communautés et aux maisons centrales.

Sa fabrication, qui est remarquable par la blancheur de sa cire et le choix de son phosphore bleu, lui a valu une médaille d'argent. L'exportation constitue une des bases importantes de sa production.

J'ai remarqué chez M. Roche, aussi bien que chez M. Caussemille, son concurrent, une certaine recherche dans les boîtes de diverses formes, à ressorts aussi simples qu'ingénieux, qui sont ornées de lithographies remarquablement exécutées par un industriel-artiste marseillais, M. Canquoin.

Je saisis cette occasion pour déplorer l'absence de ce lithographe.

M. Caussemille, qui a obtenu une médaille de bronze, a placé dans sa vitrine une réduction de machine destinée à la fabrication des allumettes-bougies; cette machine est ingénieusement conçue et permet d'augmenter considérablement la vitesse de la production.

La parfumerie, qui fait l'objet de la classe vingt-cinq, n'a qu'un représentant, M. Jourdan-Brives.

Marseille est cependant une des villes qui, comme Grasse et Nice, sont à même de fournir une quantité considérable de ce genre de produits, et elle tient un rang important dans les exportations françaises, qui ne s'élèvent pas à moins de quinze millions de francs pour tout l'empire, alors que les importations, y compris une certaine quantité de matières premières, ne s'élèvent qu'à un million de francs. M. Jourdan-Brives expose aussi dans deux autres classes, et l'ordre suivi dans le catalogue me permettra de revenir sur la fabrication de cet exposant.

GROUPE IV. — Le Vêtement.

Après avoir réuni dans le groupe précédent les objets destinés à l'ornementation de nos habitations, les classificateurs de l'Exposition ont composé le groupe IV des objets portés par la personne.

Sept classes y sont réservées aux différentes sortes de tissus, dont la manufacture est centralisée plus spécialement dans le nord de la France.

Dans la suite de mon examen, j'aurai l'occasion de constater une tentative louable faite par un exposant marseillais, pour acclimater à Marseille certaines matières premières de la fabrication des tissus.

En attendant, la classe trente-cinq qui a pour titre : *Habillements des deux sexes*, est représentée à l'Exposition par Mme Vallagnosc, qui a disposé dans sa vitrine des chapeaux de feutre et des matières premières servant à leur fabrication.

Autant que j'ai pu en juger, les feutres de Mme Vallagnosc sont d'une grande finesse, les nuances en sont très-délicates et d'une grande régularité; les formes elles-mêmes présentent une grande variété, et la confection des chapeaux exposés est exécutée avec un soin très-consciencieux.

Le feutrage est une industrie aussi intéressante qu'importante, et puisque j'ai résolu d'élargir le cadre de mes lettres, j'aurai plus tard l'occasion de signaler une grande fabrique située à Aix, en Provence.

Il y aurait une question essentielle à soulever, à Marseille, pour l'introduction de l'industrie des tissus; placée avantageusement, munie de ports fréquentés, véritable maîtresse de la Méditerranée, et par Suez, de l'exportation asiatique, elle aurait un grand avantage à placer à côté de son transit une production qui augmentât son commerce. La question est grave, comme nous l'avons dit, et nous y reviendrons en temps et lieu. Il existe dans ce même groupe IV une petite classe dont le nom seul brille de tout l'éclat des millions qu'elle renferme, c'est la *bijouterie et la joaillerie*.

Certes, ce ne sont pas les matières premières qui rendent Marseille tributaire pour cette industrie; elle peut les avoir de première main, et le seul exposant marseillais qu'elle nous ait envoyé, témoigne de l'exactitude de cette réflexion. Ce sont les modèles qui constituent Marseille tributaire de Paris; et, comme tout s'enchaîne, si nos écoles de dessin entraient franchement dans la voie des études industrielles, elles nous fourniraient des dessinateurs en bijouterie.

Là encore se manifesterait une originalité, car les bijoux étrusques et romains dont le musée Campana nous a révélé les beautés, prouvent bien que, dans ces pays, Rome et Athènes ne jouaient pas absolument le rôle de notre capitale, et que la nécessité d'une décentralisation artistique n'y était même pas soupçonnée.

J'oserai même dire que l'inverse existait, et que les riches matrones romaines faisaient venir de toutes parts ces bijoux ciselés par quelque *Praxitèle* ou quelque *Myron* inconnus.

Il y a presque une année que je n'ai parcouru les rues de Marseille, mais je ne craindrai pas d'affirmer que j'y ai vu un assez grand nombre de marchands bijoutiers.

Puisque les débouchés alimentent suffisamment leur commerce, il me paraît évident que ces mêmes débouchés peuvent favoriser une production originaire. Dans cette industrie la forme fait tout, et le mérite qui distingue les ciseleurs parisiens, constitue, bien mieux que la provenance métropolitaine, la plus grande part de la vogue qui les accompagne.

M. Belladina, qui est le seul exposant marseillais, a placé dans sa vitrine de l'ambre et du corail avec leurs imitations ; il y a là des colliers, des bracelets, des baguiers, des coupes, des carafons, des bouquins de cigares et des pipes consciencieusement exécutés sans que l'art y domine. J'ai vu un carafon en ambre plus remarquable par son volume que par sa forme ; quelques boucles d'oreilles assez gracieuses ; un aiguiller à tricoter, ingénieusement assemblé. Les imitations d'ambre y sont plus heureuses que celles de corail ; car la couleur rouge y est pour ce dernier poussée à l'exagération.

Je termine, en félicitant le conseil général, le conseil municipal et la chambre de commerce d'avoir songé à envoyer à Paris une délégation ouvrière. Je suis certain que c'est là le meilleur moyen, et d'exciter à l'émulation des travailleurs qui se trouveront en face de leur propre spécialité, et de faire naître dans leur esprit l'idée d'exercer à Marseille les industries dont elle est dépourvue.

GROUPE V. — Matières premières.

Les matières premières sont réunies dans les sept classes qui divisent le cinquième groupe, et sont ainsi désignées : les produits de l'exploitation des mines et de la métallurgie ; ceux des exploitations et des industries forestières ; ceux de la chasse, de la pêche et des cueillettes ; les produits agricoles (non alimentaires) de facile conservation ; les produits chimiques et pharmaceutiques ; les spécimens des procédés chimiques ; de blanchiment de teintures, d'impressions et d'apprêts, et enfin les cuirs et les peaux.

Parmi ces classes, la première, la quatrième, la cinquième et la septième concourent à nous fournir ensemble vingt-trois exposants, c'est presque la section la plus importante de la série marseillaise.

CLASSE QUARANTE. — *Produits de l'exploitation des mines et de la métallurgie.*

Trois exposants représentent cette classe, et encore, comme nous le verrons, les métaux proprement dits, n'y ont qu'un seul représentant.

La production la plus importante est celle de deux sociétés : l'une exploitant les fontes, l'autre les mines de charbon.

M. Cauvet, dont la vitrine contient les seuls spécimens de métaux ouvrés que Marseille ait envoyés, expose des capsules d'étain pour bouchages, et une grande variété de feuilles de ce même métal.

Comme M. Cauvet est aussi rangé dans la classe quatre-vingt-onze, contenant les produits qui se distinguent par le bon marché, je renvoie mon étude à son sujet au chapitre qui traitera du dixième groupe, et je me bornerai, avant d'étudier la production, à signaler le produit que j'ai eu sous mes yeux.

Les feuilles d'étain et les paillons exposés par M. Cauvet sont de couleurs diverses, mais généralement peu brillantes ; elles sont battues de façon à pouvoir fournir un choix qui se tient dans une proportion de huit à seize feuilles au kilo. Les dessins qui sont frappés sur ces feuilles sont nombreux et d'aspect varié ; ils laissent entrevoir un grand choix de matrices, indice d'une production étendue. Il y a aussi dans la vitrine de M. Cauvet du plomb en feuilles, réservé aux usages du marbrier. J'aurais souhaité que M. Cauvet eût ajouté à son exhibition quelques spécimens des outils qui servent à la fabrication de ses produits.

Or, comme je l'ai dit plus haut, j'aurai l'occasion dans le groupe dix de m'arrêter sur les prix de revient de ce genre de produits dont l'usage est fort étendu, et qui, en raison des variations du prix des étains dans l'année 1866, présente un intérêt tout particulier.

La Société anonyme de l'éclairage au gaz des hauts fourneaux et fonderies de Marseille, figure à deux endroits dans la même classe quarante et porte deux numéros : l'un, le numéro trente-neuf, où figurent seulement les houilles et les cokes, l'autre où figurent les fontes ; je réunirai dans mon examen ces deux expositions, qui n'existent qu'au moyen d'une mention faite au catalogue sous deux adresses, l'une indiquant le siége social à Paris, et l'autre le centre de l'exploitation à Marseille.

La partie de l'exhibition de cette compagnie, qui contient des spécimens de charbons, représente les mines de Portes et de Sénéchas, qui appartiennent au département du Gard, mais le centre réel des exploitations dont je m'occupe est placé à Marseille.

Les charbons extraits des mines de Portes et de Sénéchas servent, en grande partie, à l'éclairage au gaz de la ville de Marseille, et les cokes qui en proviennent servent également, en grande partie, aux différentes fontes métalliques, aussi exploitées par cette société.

Trois hauts fourneaux établis aux environs de la ville de Marseille sont aptes à produire annuellement vingt-six mille tonnes de fonte; cette fabrication exige quarante mille tonnes de minerai environ, et trente-six mille tonnes de coke métallurgique.

Il y avait une certaine difficulté à lutter avec les fontes fines au charbon de bois des Pyrénées et de la Franche-Comté. Les procédés usités jusqu'à ce jour pour recueillir le coke au sortir des cornues, et les fourneaux de combustion eux-mêmes, ne permettaient pas d'employer ce combustible aux fontes des minerais, surtout dans le traitement de ceux qui proviennent du littoral de la Méditerranée, de l'Algérie, de l'Espagne et de l'Italie. Étendre les usages industriels du coke, c'est donner une plus-value à la houille, puisque c'est révéler un deuxième emploi d'une même matière; c'est donc un progrès dont je félicite la Société de l'éclairage au gaz.

Elle est en effet la première qui, avec les minerais précités, ait pu obtenir des fontes fines au *coke* pour forges, capable de lutter avec celles des Pyrénées et de la Franche-Comté.

Ces fontes, produisant d'excellents fers fins, fournissent avec succès différents types de fontes aciéreuses qui sont très-recherchées par les fabricants d'aciers, et notamment pour l'acier de Bessemer dont les applications s'étendent tous les jours.

Outre les fontes simples, la Société anonyme de l'éclairage au gaz et des hauts fourneaux de Marseille expose plusieurs fontes de moulage : les unes qui sont semblables aux fontes de Gartsherry que produit l'Angleterre ; d'autres qui se recommandent par une ténacité supérieure et qui s'emploient pour les pièces de machines, exigeant sous un petit volume une résistance considérable.

Cette dernière espèce de fonte a été essayée avec une enclume de l'artillerie du poids de huit cents kilogrammes, et elle a résisté au choc du boulet tombant de la hauteur d'un mètre.

J'ajoute que les industries importantes exploitées par la Société anonyme de l'éclairage au gaz, fournissent au commerce marseillais des éléments de prospérité très=sérieux, et que la direction qui y est imprimée par M. Briqueler, directeur de l'exploitation, a déjà donné des preuves de son utilité et de son mérite incontestables.

Continuons l'examen de l'exploitation de la houille, ce précieux combustible pour lequel j'ai souvent entendu craindre l'épuisement des mines, et qui fait en grande partie la richesse de la Belgique, où, du reste, se trouve le berceau de cette industrie.

Aussi, est-ce avec satisfaction que je constate l'existence à Marseille d'une seconde compagnie d'exploitation houillère, permettant un approvisionnement considérable des agents caloriques indispensables depuis l'extension des applications de la vapeur.

La *Compagnie des mines de charbon des Alpes* est concessionnaire de gisements extrêmement riches; l'un d'eux a cinq mètres d'épaisseur et peut fournir à lui seul une production annuelle de cent mille tonnes pendant plus de trente années; elle a aussi le bassin à lignite dit de *Dauphin*, qui contient près de cinq millions de tonnes de charbon, d'une facile extraction.

Le lignite est, de tous les charbons, le plus riche en hydrogène, en oxygène et en azote; il a une grande analogie avec les houilles sèches à longue flamme; il est un peu moins riche en carbone que les autres variétés de charbons, mais il rachète ce léger défaut par des qualités dont on peut tirer le parti le plus avantageux.

Voici, du reste, d'après M. Regnault, la composition générale des lignites :

Carbone................................	70	49
Hydrogène.............................	5	59
Oxygène et Azote....................	18	93
Cendres.................................	4	99

Selon la construction des fourneaux employés, il sert très-avantageusement à chauffer et à évaporer les liquides, à cuire la chaux et les poteries, et même à opérer la fonte dans les hauts fourneaux.

Les matières bitumineuses et volatiles qu'il dégage, à l'air libre, sont dans la proportion de cinquante à soixante-dix pour cent. Il y a donc, à plusieurs points de vue, un très-grand parti à tirer du bassin de *Dauphin*.

Les échantillons qui sont à l'Exposition sont d'un aspect plus brillant que ne l'est celui du lignite ordinaire, et, d'après les renseignements que j'ai pris, son pouvoir calorifique est à peu près égal à celui du charbon de Fuveau (Bouches-du-Rhône).

L'exploitation des concessions de la *Compagnie des usines de charbon des Alpes* est aujourd'hui à son début. La consommation locale en emploie vingt-cinq à trente tonnes par jour; mais on compte qu'après l'achèvement du chemin de fer de Marseille à Gap, en voie d'exécution, et qui passe à Volx, à une distance de deux kilomètres des mines, la place de Marseille offrira de grands débouchés à ce combustible.

Une photographie, représentant l'entrée de la galerie principale d'exploitation, indique qu'elle est située à niveau de la route de Forcalquier à Volx. Un cours d'eau longeant la vallée favorisera l'installation d'une foule d'industries ayant besoin de combustibles à bas prix.

Actuellement les prix de transport sont de vingt francs la tonne de mille kilogrammes, ce qui élève le prix du charbon à vingt-sept francs; plus tard, lorsque les chemins de fer seront établis, la même tonne pourra être livrée à seize ou dix-sept francs.

M. Désiré Michel, qui a exposé comme administrateur de la Compagnie générale des mines de charbon des Alpes, a également, dans le groupe VI, une vitrine contenant des échantillons de ciment; je m'occuperai de cette dernière série de produits, lorsque je commencerai l'étude du groupe VI.

Au moment de clore mon analyse des exposants marseillais de la classe quarante, je consulte le compte rendu de la situation commerciale et industrielle de la circonscription de Marseille, publié par la chambre de commerce; on y constate que la consommation de Marseille, dans le rayon de l'octroi, qui avait été, pour le charbon, de deux cent seize mille tonnes en 1865, ne s'est élevée, en 1866, qu'à cent quatre-vingt-douze mille tonnes.

Cette diminution de vingt-quatre mille tonnes est due aux taxes locales qui pèsent lourdement sur les industries marseillaises, et qui forcent un grand nombre d'entre elles à s'éloigner de cette ville, pour éviter ces taxes.

Aux portes des villes comme aux portes des États, les taxes et les prohibitions sont des entraves apportées au travail, entraves très-imparfaitement compensées pour l'État par des recettes dont une portion très-considérable est absorbée par la perception elle-même.

Le système des taxes est, en outre, un véritable non-sens en face d'une Exposition universelle. A quoi sert de convier tous les peuples à montrer leurs produits ; à quoi sert de récompenser ces produits ; à quoi sert de proclamer bien haut l'union commerciale des peuples dans des discours retentissants! si au doigt du jury qui a désigné un produit à l'attention publique, succède le doigt de la taxe qui le marque d'une croix noire et semble dire au public : Regardez, mais n'y touchez pas !

Au point de vue purement économique, quel bénéfice y a-t-il à taxer deux fois un produit français, sinon à entraver deux fois les transactions commerciales dont ce produit est l'objet ?

Les impôts sur la consommation ont un inconvénient grave, aussi vrai quand il s'agit des industries que lorsqu'il s'agit des individus; en effet, les besoins personnels des hommes et leurs consommations matérielles varient beaucoup moins que leur capital ou leurs revenus. L'ouvrier, par exemple, s'il ne consomme pas autant de pain, de viande, de thé, de café, de sucre, de coton, de laine que le millionnaire, consacre cependant à l'achat de ces articles la plus grande portion de son revenu; tandis que le capitaliste ne dépense, en proportion, qu'une minime partie de son revenu, même quand il veut se procurer une quantité bien plus grande de ces mêmes objets.

Sur le charbon s'accumulent aussi bien les inconvénients des droits qui le touchent directement, que ceux des droits qui chargent d'autres matières à la fabrication desquelles il est indispensable. De là l'éloignement des industries surchargées par les droits d'octroi, de là la diminution des transactions commerciales.

Le déplacement des usines hors des rayons de l'octroi pourrait avoir, un jour, des conséquences singulières : ou bien de créer de nouveaux centres, ce qui, avec le système actuel, aboutirait infailliblement à créer de nouveaux octrois et ne changerait presque rien à la chose; ou bien de disséminer tellement les usines que les frais de transport finiraient par remplacer, avantageusement peut-être, les prélèvements fiscaux sans bénéfice pour l'État, et sans profit pour le commerce.

Je sais bien qu'il existe actuellement un système administratif qui semble favoriser le maintien des taxes. Ce système est celui qui est mis en pratique depuis longtemps par le préfet de la Seine et qui tend à éloigner des grandes villes, des grands centres commerciaux, par conséquent, toute la fabrication usinière; tantôt sous prétexte de salubrité, tantôt sous prétexte que sa présence nuit à l'aspect grandiose des cités; tantôt enfin, et surtout parce que les grands centres industriels qui sont déjà des grands centres de consommation et de plaisirs, concourent au dépeuplement des campagnes.

Le motif a une certaine valeur, mais les moyens sont mauvais, en ce sens qu'ils grèvent les habitants des villes sans résultat efficace pour les habitants des campagnes qui émigrent sans cesse, nonobstant les barrières fiscales qu'on leur oppose.

Ce système a été cependant en quelque sorte désavoué par le Ministre d'État au Corps législatif : « Les différentes législations qui ont régi Paris, dit-il, n'ont jamais eu pour but d'éliminer de Paris telle ou telle classe de citoyens, et l'on ne trouvera rien de pareil en particulier dans toute l'histoire des octrois [1]. »

On n'a qu'à rapprocher un édit d'Henri IV des opinions administratives de Napoléon Ier, pour reconnaître, dans les actes de l'administration contemporaine, cette même tendance à l'élimination, au moyen des taxes municipales qui a préoccupé de tout temps les gouvernements français et les administrateurs de Paris.

« Quelle sotte et plate pensée, disait l'Empereur, ainsi que le rapporte le comte Frochot, ont eu vos magistrats révolutionnaires que de chercher à faire de Paris une cité ouvrière ! — Paris ne doit être ni une grande usine ni un vaste comptoir.... Les objets de consommation doivent être à plus haut prix dans une capitale, précisé-

---

1. Séance du 20 juillet 1867.

ment parce que le gain y est plus élevé. Si la nourriture est à meilleur marché à Paris, les artisans et cultivateurs de la province fondront sur la capitale, et votre ville de luxe deviendra une cité ouvrière. Dans un siècle vous aurez une classe nécessiteuse d'un million d'hommes; mêlez-y une centaine d'intrigants et d'ambitieux, et la couronne de France sera sur le Vésuve. — Gare l'explosion! »

Écoutons maintenant ce que, quelques siècles plus tôt, François Myron disait à Henri IV en combattant Sully :

« Monseigneur de Sully veut faire de Paris une ville de commerce et d'industrie, une ruche d'artisans; moi, Sire, j'estime qu'il vaut mieux que Paris soit la cité des beaux-arts, la capitale du luxe et de la richesse. Avec un populaire dominant par le nombre, la royauté est constamment en péril! Avec une ville de luxe, de plaisirs et de richesses, vous tenez la France dans la main ferme et serrée, et votre couronne est solide sur votre tête! »

Aussi l'édit du 4 mai 1607 prescrivit-il de ne laisser entrer dans Paris aucun individu ne pouvant prouver ses moyens d'existence.

Or, il y a d'autres moyens que ceux que fournissent les taxes, pour conserver aux grandes villes leur grande physionomie, pour sauvegarder les règlements de salubrité.

Veut-on retenir dans les campagnes et dans les provinces les citoyens et les industries qui émigrent vers les grands centres ou vers Paris? Qu'on les favorise en dotant les campagnes des institutions qui leur manquent, et en affranchissant les provinces des taxes municipales. Paris est le centre du gouvernement : comme tel, il est une exception en France, et il n'est au pouvoir de personne d'anéantir cette exception; eh bien! voilà un excellent motif pour régir Paris autrement que les villes de province qui ne possèdent pas ses attraits, et ce serait établir un sage équilibre que de supprimer leurs charges, en compensation des avantages personnels qui appartiennent à la capitale.

Ceci reviendrait absolument à appliquer aux municipalités la fameuse doctrine du self-government.

Mais la suppression complète des octrois n'est pas en ce moment une chose facile. Toutes, ou du moins presque toutes les villes ont escompté d'avance leurs ressources de plusieurs années, et il n'est plus temps de rechercher si c'est à tort ou à raison.

Dans le cas cependant où l'on se déciderait à supprimer les droits sur les matières premières, une préoccupation naîtrait sur-le-champ : par quelle ressource immédiate arriverait-on à combler le déficit que cette mesure pourrait produire?

A ce sujet, combien de systèmes ont été proposés ! Les uns n'en voient qu'un seul : la diminution des dépenses afférentes à certains budgets, celui de la guerre par exemple. D'autres, augmenteraient certains impôts déjà existants, mais qui n'atteignent que le luxe, et à défaut en créeraient de nouveaux pour les besoins de la circonstance.

Le luxe, en effet, est, disent ces derniers, la seule consommation équitablement imposable ; elle représente le superflu des capitaux et n'enlève rien à la production.

Permettez-moi de ne pas entrer dans cette discussion qui m'éloigne de mon sujet ; mais ce que j'ai été amené forcément à constater, c'est que la situation de l'industrie rend nécessaire une modification de la législation des octrois, même à Paris, au moins en ce qui concerne les *matières premières ;* il serait à désirer qu'on les dégrevât de tous droits et par matières premières, je voudrais qu'on entendît tout objet *d'usage fondamental*, d'utilité générale, et même certaines matières ouvrées, pourvu qu'elles se présentassent dans les conditions d'usage fondamental et général.

Il y a là toute une étude à entreprendre.

Or, beaucoup d'industries marseillaises sont intéressées à cette modification, et les savonniers, dont j'aurai l'occasion de parler bientôt, ne sont pas les seuls dont la situation réclame impérieusement une solution prompte et favorable.

Classes quarante et un et quarante-deux.

Les produits des exploitations et des industries forestières, ainsi que les produits de la chasse, de la pêche et des cueillettes, occupent ces deux classes. Si ces industries n'ont aucun représentant à Marseille, cela tient surtout à la nature même du pays dans lequel elle est située. Cependant le liége, le charbon de bois, l'écorce à tan, les résines, la vannerie et la tonnellerie, qui sont des subdivisions de la classe quarante et un ; les pelleteries, les fourrures, les éponges, les animaux d'histoire naturelle, qui sont également la subdivision de la classe quarante-deux, ont une importance considérable, et sont la base d'une foule de travaux que l'on pourrait effectuer à Marseille comme partout ailleurs. Je ne vois donc pas, en définitive, pourquoi ces précieux éléments de commerce y sont laissés dans un pareil oubli.

Classe quarante-trois. — *Produits agricoles (non alimentaires) de facile conservation.*

En entreprenant l'étude de cette classe je me trouve tout d'abord en face d'une tentative pleine d'intérêt, faite par un exposant marseillais dont le nom est bien connu, M. le docteur *Adrien Sicard*.

Des résultats pratiques ont été atteints par ce savant chercheur, qui a dirigé ses travaux sur l'acclimatation de la culture du coton, dans le midi de la France.

Je n'ai pas besoin de faire ressortir quels seraient les avantages économiques résultant du succès de cette acclimatation, car toutes les fois que de la culture de la terre on fait sortir un produit nouveau, c'est d'une nouvelle source de richesse que l'on dote son pays.

Certains produits ne sont inconnus aux latitudes des différentes contrées, que faute d'avoir demandé à la science des lois relatives à leur naturalisation.

La vitrine de M. le docteur Sicard contient différents spécimens de produits agricoles, cultivés sans arrosage dans le département des Bouches-du-Rhône, notamment du coton et de la garance.

L'histoire de la garance est déjà bien connue; mais celle du coton est toute nouvelle, dès qu'il s'agit de l'introduction de sa culture dans les Bouches-du-Rhône, et les travaux effectués par M. le docteur Sicard établissent d'une façon incontestable la possibilité d'enrichir la Provence de cette culture féconde en richesses.

Lors de la guerre d'Amérique, qui produisit une si grande crise parmi les cotonniers, combien de familles n'eussent pas été privées de leurs ressources, si la culture du coton avait été en plein exercice dans le midi de la France ! M. le docteur Sicard a fait mieux que de prouver, dans un intéressant ouvrage sur la culture du coton, que son introduction était possible dans le midi de la France, et lucrative en la dirigeant avec intelligence; son livre est aujourd'hui corroboré par sa vitrine à l'Exposition. Les faits ont suivi les assertions, et nous voyons figurer à l'Exposition universelle des cotons de très-belle qualité cultivés sans arrosage dans le département des Bouches-du-Rhône. Dans les essais qui furent tentés, ce département fut celui que l'on reconnut comme le plus propice à la culture du cotonnier. Mais il existe des variétés de cotons qui y donnent des résultats supérieurs : en première ligne le coton de Géorgie à longue soie, ensuite le coton de Siam nankin et blanc, le coton Louisiane long et le coton Louisiane blanc, et enfin le coton nankin de Chine et nankin de Malte.

On ne saurait trop encourager la culture du coton, et il serait à souhaiter que le gouvernement, qui promet de prendre l'initiative de tout progrès en agriculture, eût un peu plus à cœur d'encourager d'une façon toute spéciale cette branche d'industrie qui nous rend tributaires des autres nations.

Toutes les fois qu'il s'agit de progrès industriels et économiques, nous sommes fatalement entraînés à tourner les yeux du côté de l'Angleterre. En 1851, on y constatait que des essais persévérants et *encouragés* y étaient faits pour naturaliser les principales variétés de coton américain. Il ne pouvait en être autrement, puisque le coton des États-Unis entre pour quatre-vingts centièmes dans la consommation annuelle des fabriques de la Grande-Bretagne.

Les préoccupations de l'Angleterre ne sont-elles pas aussi les nôtres à cet égard? Et puisque nous jouissons d'un climat plus doux, plus propre à la culture du cotonnier, pourquoi ne lui accorderions-nous pas une attention toute spéciale?

M. le docteur Sicard a également exposé dans sa vitrine diverses plantes à la culture desquelles il s'est perticulièrement livré; les unes, telles que l'*eucalyptus globulus*, dont on extrait une eau distillée, doivent entrer dans la pharmacie; d'autres, comme le *cath-sé* qui produit une huile abondante; le *sorgho sucré* qui produit un excellent fourrage et dont les capsules servent à la teinture, peuvent entrer dans l'industrie et rendre de grands services.

La garance est spécialement représentée à l'Exposition par M. *Régis aîné*, qui est un des principaux producteurs du midi de la France. Comme je l'ai dit plus haut, je ne m'étendrai pas sur l'histoire de ce produit, dont la culture est dans une excellente situation, et dont on n'a plus aujourd'hui qu'à extraire, de la façon la plus économique, l'*alizarine*, la *purpurine*, la *garancine*, qui servent à l'industrie tinctoriale; c'est au reste à nos chimistes à s'occuper de ces perfectionnements.

J'apprends seulement, par le catalogue des récompenses, que M. Régis a obtenu, dans la classe quarante, une mention honorable pour les malachites qu'il a importés d'Afrique.

Le catalogue de l'Exposition ne contenant aucune désignation à ce sujet, je n'ai pu, ni voir la vitrine de M. Régis, ni même soupçonner son existence.

La classe quarante-trois nous fournit encore trois exposants qui représentent l'industrie des huiles. Ce petit nombre m'a surpris; il provient, sans doute, de ce que Marseille n'est que l'entrepôt des producteurs d'huiles dont les fabriques sont disséminées dans le département tout entier, et dans les départements limitrophes, et cela à cause des droits qui, pesant sur ce genre de produit, éloignent de plus en plus des grandes villes les dépôts des huiles qui ne sont pas immédiatement employées par les diverses industries usinières.

Or, en relevant sur le catalogue le nom des exposants, je ne me suis occupé que de ceux dont on indiquait le domicile à Marseille.

Parmi ceux-là se trouvent MM. *Estrangin de Roberty*, *Maria* et *Lion*.

M. *Estrangin de Roberty* qui expose dans plusieurs classes, figure dans celle-ci pour ses huiles de sésame et d'arachide et pour ses tourteaux. La fabrication de M. Estrangin représente une production annuelle de trois millions quatre cent mille kilogrammes de graines oléagineuses qui se répartissent en trois sections : la section des graines de sésame du Levant, essentiellement propres à la production de l'huile comestible, qui entre pour un million six cent mille kilogrammes dans le chiffre total que j'ai indiqué plus haut; la section des graines de l'Inde dont la première pression produit l'huile comestible de seconde qualité, et les autres pressions l'huile de fabrique et qui entre pour un million de kilogrammes dans le chiffre déjà indiqué; enfin, la section des graines d'arachide qui entre pour huit cent mille kilogrammes dans la même production totale.

Les résultats de cette production se divisent en huile exprimée, s'élevant à un million cinq cent trente mille kilogrammes, et en résidus qui, sous forme de tourteaux, servent d'engrais et de nourriture aux animaux, représentant un million huit cent soixante-dix mille kilogrammes.

Notons en passant que la production des tourteaux est une des plus considérables du département des Bouches-du-Rhône, et qu'elle mérite, surtout dans son emploi comme engrais, toute l'attention des administrateurs de ce département.

M. *Maria*, qui expose des huiles de Nice de toutes qualités, ne figure au catalogue pas plus pour les huiles d'industrie que pour les huiles comestibles.

Cependant il fabrique spécialement les huiles

d'olives. Son usine, qui est située à Nice, est une des plus considérables.

Il apporte à la confection de ses produits un soin tout particulier, notamment pour les huiles d'olives fines dont il faut soigner minutieusement la préparation pour leur conserver cet arome délicat qui est si prisé des gourmets. Certains détails, tels que le choix des olives, leur séjour dans un appartement disposé ad hoc et dont les fenêtres doivent être ouvertes pendant que la porte est fermée afin d'éviter l'entrée de certains animaux ou l'invasion de la fumée, témoignent des soins extrêmes qu'il faut apporter à cette fabrication.

Les qualités toutes spéciales à l'huile d'olives rendent sa sophistication bien commune, et la science n'offre que des moyens imparfaits pour la découvrir.

Aux connaisseurs, il suffit de l'odeur qu'elle dégage lorsqu'une goutte est versée sur la main et ensuite étendue au moyen d'un frottement vigoureux. Mais combien peu sont aptes à découvrir la fraude par ce moyen seulement abordable aux hommes du métier. Aussi n'ai-je jamais pu à Paris mettre la main sur de véritables huiles d'olives, car tout ce qu'on pare pompeusement de ce nom est le plus souvent un affreux mélange sans saveur et sans goût; heureux encore quand à l'absence de toute saveur ne se substitue pas un goût rance et abominablement fort.

Imputerai-je cela à la mauvaise foi des commerçants? Mon Dieu non, mais aux droits énormes qui surchargent ce délicieux produit et qui poussent les producteurs, étrangers aux lieux que l'olivier décore de sa pâle verdure, à rétablir par des mélanges, l'équilibre financier que détruit la perception fiscale.

M. *Lion* est spécialement épurateur d'huiles. Cette industrie est du nombre de celles qui réclament des soins considérables et consciencieux.

Aussi, quand dans les procédés employés on n'est pas à même d'agir sur une grande échelle, la question de prix arrête-t-elle souvent des producteurs malgré leurs connaissances professionnelles.

M. Lion est dans la situation la plus favorable pour la production économique, précisément parce que son système d'épuration est établi dans une vaste proportion.

L'huile d'olives qui est celle qui résiste le mieux à l'action de l'air sans devenir visqueuse, a cependant besoin d'une épuration pour servir aux délicats usages de l'horlogerie.

Les procédés d'épuration pour les huiles d'éclairage ordinaires, et spécialement pour l'huile de colza, consistent à les débarrasser de leur mucilage par une précipitation assez compliquée, dans laquelle on se sert de l'acide sulfurique; or, quoique la craie qu'on emploie pour désacidifier l'huile donne d'excellents résultats, il est toujours à craindre que celle-ci ne conserve quelques traces d'acide capables, à la longue, de la décomposer. Aussi les horlogers sont-ils obligés, même pour l'huile d'olives qui ne s'épure que par le repos, de l'exposer aux rayons du soleil dans une bouteille hermétiquement fermée, contenant une lame de plomb, et de la laisser ensuite reposer pendant un certain temps.

L'huile dont on se sert en mécanique devant être très-bien épurée, il est important de pouvoir compter sur la supériorité d'un épurateur; et une des preuves du mérite de M. Lion, c'est que l'administration des lignes télégraphiques se fournit spécialement chez lui.

Je terminerai l'étude de cette classe en soulevant, à l'occasion des tourteaux dont j'ai signalé plus haut l'importance, une très-sérieuse question de tarif pour le transport par les chemins de fer, question qui a été étudiée par la chambre de commerce de Marseille, ainsi que je le constate en lisant son compte rendu.

Les tarifs différentiels ne peuvent pas contenter toutes les situations commerciales, précisément parce qu'ils sont presque toujours établis en vue d'un débouché particulier. Or, lorsque sur la demande des fabricants de tourteaux, la Compagnie de Paris à Lyon et à la Méditerranée consentit à réduire le prix de ses transports, cet abaissement ne put produire, par suite des conditions auxquelles il fut soumis, tous les avantages qu'on en pouvait espérer; il en résulta que ce tarif est beaucoup plus favorable aux usines de la Bourgogne qu'à celles de Marseille, ce qui touche le département de Vaucluse, centre de consommation le plus considérable de ce produit.

En effet, les usines de Bourgogne peuvent expédier leurs tourteaux aux prix les plus réduits de quatre centimes par tonne et par kilomètre, tandis que Marseille ne peut bénéficier de ce tarif à cause de la faible distance de cent vingt kilomètres qui la séparent d'Avignon.

Il faut espérer que l'on arrivera à établir un tarif uniforme de quatre centimes, quelle que soit la distance à parcourir.

CLASSE QUARANTE-QUATRE. — *Produits chimiques et pharmaceutiques.*

Cette classe est représentée par douze exposants marseillais.

La production à laquelle les industries qui y sont groupées donnent naissance, n'est pas moindre, pour la France entière, de douze cents millions de francs par an.

A elles seules, les fabrications de l'acide sulfurique, des soudes, du savon, du caoutchouc et des bougies stéariques, mettent en mouvement près de la moitié de ce chiffre total.

A l'Exposition, l'industrie stéarique marseillaise n'est représentée que par l'usine de M. Fournier; il est regrettable que les autres se soient abstenues; cette usine est la doyenne de toutes les usines européennes, en exceptant seulement celle de M. de Milly de Paris.

Sa fondation remonte à 1836, époque à laquelle l'acide stéarique vint opérer une révolution complète dans l'industrie des bougies.

Qui croirait que la découverte de la stéarine est née d'un simple travail d'assainissement de Paris, qui amena, en 1786, des fouilles dans l'ancien cimetière des Innocents? Ce fut là que l'on remarqua, pour la première fois, une substance blanchâtre, un peu molle et flexible, objet d'un rapport de Fourcroy à l'Académie des sciences en 1789, et à laquelle on donna le nom d'adipocire.

M. Chevreul, dont les expériences dominent la véritable découverte de la stéarine, examina de nouveau cette matière en 1812, et en isola l'acide stéarique.

A partir de ce jour, l'éclairage aux bougies, aussi antique que luxueux à cause du prix élevé de la cire, devint accessible à tout le monde, et une industrie très-féconde s'établit sur les principes chimiques découverts par M. Chevreul.

Voici le résumé des quatre opérations fondamentales de la fabrication des bougies stéariques:

Saponification du suif à l'aide de la chaux; décomposition du savon calcaire ; séparation des acides gras, et enfin coulage dans les moules.

Quant au polissage des bougies, il s'accomplit par une légère immersion dans une solution faible de carbonate de soude, suivie d'un frottement avec du drap sur la surface de la bougie.

Il existe aussi une autre sorte de bougie, inférieure comme qualité, et qui emploie avantageusement une foule de matières grasses presque sans utilité en dehors de leur application à cette fabrication.

Cette sorte de bougie stéarique est fort au-dessus de l'infecte chandelle, et ne revient pas à un prix trop élevé.

L'usine de M. Frédéric Fournier est aujourd'hui dirigée par le fils de cet honorable industriel, M. Félix Fournier, qui, jeune encore, possède une grande rectitude de jugement et une connaissance très-approfondie de son industrie. Il appartient à la jeune et puissante génération des hommes qui recherchent avec sagesse les progrès industriels, et il a déjà prouvé qu'il saura maintenir la vieille réputation de son père.

A la tête de deux cents ouvriers dont les salaires moyens sont, pour les hommes, de trois francs cinquante centimes par jour, et pour les femmes de deux francs, il dirige avec une rare sagacité une production annuelle de trois millions de francs environ.

Dans ce chiffre, le savon d'oléine et l'oléine du commerce représentent cinq cent mille francs environ.

Il est curieux de constater que les trois quarts de la fabrication de M. Fournier sont consacrés à l'exportation, et luttent sur les marchés étrangers avec un certain avantage contre les produits anglais, allemands et belges.

Certes, ce fait est surprenant, car on n'ignore pas dans quelles conditions plus économiques et plus favorisées se trouvent les industries étrangères au point de vue de l'impôt, du bon marché des houilles et du bas prix des transports.

Il ne faudrait pas induire de cette remarque que les souhaits ayant pour but l'abolition des taxes sur les matières premières soient ici moins urgents à satisfaire.

L'avantage qui s'attache aux produits de M. Fournier constitue un fait particulier, et si l'on consulte, pour la Belgique seulement, le mouvement des exportations de la bougie stéarique, on verra que ces exportations s'élèvent, pour l'année 1864, à un chiffre de neuf millions neuf cent soixante-seize mille francs, tandis que les importations n'atteignent pas en moyenne deux mille francs par an. Dans le chiffre des exportations belges, la France figurait, en 1864, pour cinq cent quatorze mille cinq cent dix-sept francs.

Tout minime qu'est ce chiffre en face du total

des importations en France, — car, il ne faut pas oublier qu'il ne s'agit que de la Belgique, — il est clair que cette industrie réclame aussi énergiquement pour sa part le bénéfice de l'abolition des taxes.

A ce sujet, et pour être juste, notons une loi déjà décrétée pour être mise en vigueur dans le délai d'une année.

Cette loi qui supprime le droit sur les corps gras importés sous pavillon étranger, et qui semblerait, en quelque sorte, renverser nos objections, appuie, au contraire, par son existence même, le besoin d'améliorations que nous avons constaté nous-même, et elle n'est certes pas encore le dernier mot du mieux commercial et industriel. En cela, je ne crois pas être contredit par MM. Daniel, Gayet et Gourjon, Renard et Boude qui représentent à l'Exposition : le premier, les soudes, les chlorures de chaux, les nitrates, les soufres sublimés, les huiles minérales ; les seconds, les sulfates de soude, les chlorures de chaux, l'acide sulfurique et l'acide chlorhydrique ; enfin les derniers, les soufres natifs et raffinés, l'acide sulfurique et les sulfates et carbonates de soude.

Ces trois maisons importantes ont obtenu une médaille d'argent.

Ici se place une réflexion : Pourquoi le jury a-t-il concentré les médailles d'or marseillaises, en ce qui concerne les produits chimiques, sur la fabrication savonnière ? Certes, je ne veux pas abaisser ceci pour élever cela. Mais il me semble que les industries que je viens de mentionner et qui sont elles-mêmes une des bases de la savonnerie, avaient des droits acquis à l'attention des jurys, quand ce ne serait que pour la crise terrible de cinq années qu'elles viennent de subir après le traité de commerce avec l'Angleterre.

On a attribué quarante et une médailles d'or aux produits chimiques, dont vingt-neuf pour la France.

Or, ce chiffre de vingt-neuf qui paraît énorme, se réduira de moitié, si l'on songe que les exposants français tiennent à eux seuls la moitié du palais du Champ de Mars. C'est donc, à nombre égal d'exposants, quatorze médailles d'or qui sont revenues à la France, et vingt-sept à l'étranger.

Que prouve ce chiffre? qu'a établi le jury, en récompensant ainsi les étrangers ? sinon, tout amour-propre national à part, que les produits chimiques sont en France dans une situation inférieure à celle de tous les autres pays. Cependant, ce ne sont ni les capacités, ni les hommes de talent qui nous manquent, et tout compte fait, nous sommes plutôt inférieurs au point de vue économique qu'au point de vue manufacturier.

Qu'on ne s'y trompe pas. Là est la véritable traduction des verdicts du jury, traduction dont lui-même ne se doute peut-être pas, mais qui résulte logiquement de la manière dont il a procédé, surtout pour les industries chez lesquelles l'échantillon exposé n'a qu'une signification très-secondaire, en face de la production qu'elle concourt à représenter.

En effet, l'étude des produits exposés par M. *Daniel*, par exemple, nous révèle des soudes d'excellentes qualités, des nitrates, des chlorures exceptionnels, et des huiles minérales d'une grande pureté.

L'étude des produits de MM. *Gayet* et *Gourjon* qui fabriquent annuellement cent dix-sept mille quintaux métriques de sels de soude et de chlorure de chaux, — et dans ce chiffre total les soudes pour la savonnerie entrent pour cent dix mille quintaux métriques, — nous révèle une fabrication consciencieuse, notamment pour le chlorure de chaux qui réunit toutes les conditions de haut titre (cent trente degrés), de blancheur et de siccité, pour les sulfates de soude qui sont d'une grande blancheur et d'une extrême pureté ; et enfin pour la louable initiative revenant à ces exposants qui sont les premiers introducteurs, dans la fabrication de l'acide sulfurique, du *brûlage* des pyrites de fer exploitées dans le département du Gard, à la place du soufre de Sicile dont nous étions les tributaires.

C'est, au reste, une amélioration notable à tous les points de vue et surtout à cause du débouché nouveau qu'elle ouvre à un produit français.

Enfin, l'étude des produits de MM. *Renard* et

Boude, outre une immense exploitation répartie en quatre usines différentes qui occupent trois cents ouvriers, et produisent chaque année dix-sept millions de kilogrammes de diverses matières, nous fait connaître aussi des soufres admirablement raffinés et d'une pureté complète, parfaitement propres aux usages de la viticulture qui s'en sert pour combattre l'oïdium ; des soudes diverses, dosées avec une grande précision et de l'acide sulfurique à cinquante-deux degrés réunissant toutes les qualités que souhaite l'industrie.

Donc, pas d'infériorité dans la fabrication elle-même ; il ne reste que la grave question de la situation économique, qui est plus que toute autre la cause de notre désavantage en face des étrangers et notamment de l'Angleterre.

Il y a en France trente et une usines de produits chimiques où se fabrique la soude, base elle-même de tant d'autres industries. Dix de ces usines étant dans le département des Bouches-du-Rhône, on comprend quelle importance acquièrent pour nous les questions économiques se rattachant à cette industrie.

Jamais notre grand fabuliste n'aurait plus justement dit ce vers :

« Est bien fou du cerveau,
« Qui prétend contenter tout le monde et son père, »

s'il eût connu le traité de commerce signé en 1860,

et s'il se fût occupé de commerce, — ce qui est douteux.

Ce fameux traité qui a soulevé des hourrahs d'enthousiasme, — en Angleterre surtout, — a créé des embarras nouveaux pour une foule d'industries françaises, et notamment pour celles qui m'occupent actuellement.

Un manque de logique perpétuel est le caractère des demi-moyens que renferment les dispositifs de nos prétendues améliorations industrielles et commerciales.

Avant ce fameux traité, l'industrie des produits chimiques vivait calme et paisible sous le régime de la protection. Ce régime n'avait qu'un seul défaut, c'était d'écraser le consommateur au profit du producteur.

On conclut le traité, et c'est le producteur qui s'écrie : « Mais on favorise le consommateur au préjudice du producteur ! »

Juste à ce moment arrive la guerre d'Amérique; le débouché qui y détournait avantageusement les produits anglais, manque tout à coup. La France est envahie par l'Angleterre, et les prohibitionistes et les protectionistes de s'écrier à leur tour : « Eh bien! vous voyez ? »

Or, voici ce qu'il faut voir :

Un produit français, le sel de soude par exemple à quatre-vingts degrés, coûte, pris à Dunkerque, trente francs cinquante centimes les cent kilogrammes tous frais compris; et le même produit anglais, pris au même lieu, coûte vingt-sept francs cinq centimes avec les mêmes frais, *plus et y compris* le droit d'entrée qui est de quatre francs dix centimes par cent kilogrammes.

N'est-il pas évident que l'on s'adressera quand même au produit anglais, puisque telle est la situation avec le nouveau traité de commerce? Faisons le décompte d'après un calcul très-clair dressé par M. Boude fils lui-même dans une très sérieuse brochure que j'ai sous les yeux :

Coût des sels de soude marseillais en fabrique : vingt-cinq francs les cent kilogrammes.

Coût des sels de soude anglais en fabrique : dix-sept francs quatre-vingts centimes les cent kilogrammes.

Arrêtons-nous, car voici déjà une différence; à quoi tient-elle?

Simplement et presque uniquement au bas prix des matières premières non taxées, non surchargées, et pour en citer une :

Le charbon coûtant à Marseille vingt-cinq francs la tonne, et en Angleterre six francs; est-ce que cette différence de dix-neuf francs en faveur de l'Angleterre n'est pas déjà écrasante? A quoi tient le haut prix de la houille en France? Aux taxes et aux tarifs différentiels pour les transports; or, j'ai prouvé dans un de mes derniers chapitres que, même en y comprenant les taxes, une exploitation houillère du Midi pourrait fournir du charbon à seize et dix-sept francs la tonne ; supprimez la taxe, et vous serez au niveau de l'Angleterre.

Il en est de même pour d'autres produits, le sel marin, par exemple, qui coûte vingt francs la tonne rendue à Marseille, et qui coûte dix-sept francs quarante centimes en Angleterre, dans l'établissement de la Tyne.

On va, sans doute, m'opposer la main-d'œuvre, qui est en Angleterre de un franc soixante-dix centimes où elle est de trois francs vingt-cinq centimes en France; et on ajoutera aussi : Y a-t-il des impôts sur la main-d'œuvre ?

Est-ce que le salaire ne représente pas les dépenses nécessaires de la vie? Et si vous supprimez les taxes sur les matières premières d'alimentation, entre autres, n'aurez-vous pas une diminution?

Or, cette diminution, je ne souhaite pas qu'elle porte sur le salaire.

Rétribuez bien vos collaborateurs, et faites agir le dégrèvement sur la base elle-même de la fabrication; vous aurez ainsi un bon travail, une aisance plus générale, et s'il faut absolument user de la forme des impôts, vous mettrez plus de gens à même de les payer, et par conséquent de participer aux charges de la communauté nationale, ce qui est le véritable but de l'impôt.

Je crois avoir suffisamment démontré que l'un

des défauts du traité de commerce de 1860, que je regarde comme un traité de transition, est d'avoir oublié d'équilibrer ses effets.

Or, l'équilibre, au moyen de nouvelles taxes — quasi-protectionistes — eût été en contradiction avec l'esprit qui semblait animer les auteurs du traité, et il eût été beaucoup plus simple de laisser les peuples échanger librement les matières premières qui leur sont propres, et qui constituent leur véritable richesse.

Quoi qu'il en soit de ces considérations, la Chambre de commerce de Marseille constate dans son compte rendu annuel, que la fabrication des produits chimiques tend à se développer de nouveau, non plus à Marseille, mais dans un département voisin.

Cette constatation excite, avec raison, les plaintes de la Chambre de commerce; elle déplore « le départ d'une industrie, dont l'existence était pour nos populations une source de vie et de prospérité. »

Voilà justement ce que je prévoyais plus haut en thèse générale; car, c'est au centre même des mines de pyrites et de charbon que la fabrication des produits chimiques est allée chercher la vie et le développement.

Cette situation ne réclame-t-elle pas d'une manière urgente l'abaissement des tarifs des chemins de fer sur les matières premières, et l'abolition des taxes des octrois ? Comme tout se traduit par des chiffres, le même compte rendu de la Chambre de commerce indique une diminution notable dans la consommation industrielle du sel marin en 1866, et révèle une situation peu prospère des établissements salicoles du Midi.

En attendant, les usines qui fonctionnent encore, sinon à Marseille, du moins dans le rayon de sa banlieue, s'installent comme elles veulent et de la façon la plus pittoresque du monde, au delà des cercles de fer des octrois et des taxes.

Hors de ce cordon — *non-sanitaire* de l'industrie, — elles sont vivantes, puissantes, amoncelées dans les rochers, à Montredon, par exemple, comme celle de MM. Gayet et Gourjon, représentée dans la gravure ci-jointe.

Près d'elles est la frontière de la grande ville. A la moindre expansion administrative, au premier sectaire des théories *Haussmaniennes*, adieu l'indépendance! Ces rochers grisâtres, vieillis par le souffle de la mer qu'ils avoisinent, ne seront plus des remparts, mais des barrières ; ces avant-poste de liberté se changeront en corps de garde de prison.

En dépit de ce danger, séparé, à l'heure qu'il est, par neuf kilomètres de l'usine de MM. Gayet et Gourjon, les industries des produits chimiques trouvent aux environs de Marseille les plus grandes commodités.

L'installation que je reproduis comme type des installations de nos fabriques méridionales est des plus parfaites au point de vue scientifique.

Cette cheminée, qui perce le ciel, surplombe les chambres où se brûlent les pyrites de fer. Là-dessous naît ce terrible corrosif, l'acide sulfurique; plus loin, se combinent ces ennemis des couleurs et des miasmes putrides, le chlorure de chaux et l'acide chlorhydrique.

Ce grand bâtiment renferme les soudes, ce saponificateur des corps gras, ce frère aîné du savon.

Et dans tout cet amas symétrique et pittoresque à la fois de toits, de cours, de hangars, s'agite, souffle, travaille, une armée de deux cents ouvriers.

Autour, se sont groupées une série d'industries accessoires. Consommation et production, la vie et la force.

Un centre s'élève dans ces collines; ce centre grandira. Un jour il ira côtoyer le grand centre voisin.

Que résultera-t-il du choc? Une fusion peut-être, un faubourg, puis un arrondissement et ce qui s'en suit.

Je ne veux pas prédire; je me borne à supposer. Mais les suppositions entraînent avec elles des conclusions impitoyables pour le système fiscal. Tout se réunit donc contre lui : le présent et l'avenir. — Résistera-t-il?

FABRIQUE DE PRODUITS CHIMIQUES. — Usine de MM. Gayet Gourjon, à Montredon, près Marseille.

Attendez ; voici venir la *savonnerie*. Elle aussi, va exhaler ses plaintes.

Avant de les écouter, poussons une reconnaissance sur le terrain de cette antique et puissante industrie.

« Dis-moi comment tu te laves, je te dirai qui tu es. »

C'est ainsi que Louis Reybaud résumait dans son excellent volume de l'*Industrie en Europe*, les réflexions de M. Liebig, sur l'immense portée civilisatrice de la fabrication du savon.

A mon tour, je suis arrivé, à travers la série de mes études sur l'Exposition universelle, à m'occuper de cette grande industrie, ma compatriote. Je ne renouvellerai pas ici les discussions historiques du savon. Tout le monde est aujourd'hui éclairé, et un fait surnage à toute polémique, c'est que Marseille a, dans cette spécialité, une réputation et une supériorité séculaires.

Une sorte de monopole s'était établi tout naturellement, et pendant longtemps notre ville a été la seule pourvoyeuse des savons français.

Il était impossible que cela durât dans un siècle où la vapeur a fait de la France une ville, et de ses grandes routes des rues. Aussi, voilà que des rivaux s'élèvent, et que les médailles d'or du jury semblent indiquer des productions supérieures aussi bien dans le nord de la France qu'en

Angleterre. Marseille n'a plus le premier rang dans l'ordre des récompenses.

Cela tient-il plutôt à une supériorité de fabrication, qu'à une situation économique meilleure ?

Il est facile de décider. Mais à coup sûr l'établissement des industries savonnières hors du midi de la France devint plus facile quand à la place de l'huile d'olive, on employa l'huile d'œillette, qui se récolte dans le nord de notre pays.

Or, l'huile d'œillette ne put être employée avec avantage qu'à la suite de la fameuse découverte de Leblanc, — la soude artificielle, — et ce qui avait été d'abord pour la savonnerie marseillaise un immense bienfait, favorisa bientôt la concurrence étrangère, désastreusement aggravée par les taxes qui frappent les matières premières, dont j'ai eu occasion de parler, et par les fraudes nombreuses dont je m'occuperai bientôt.

La fabrication marseillaise a cependant toujours son vieux prestige, à ce point que j'ai vu dans une vitrine de la galerie qui renferme les savons, un exposant se faire un titre de gloire d'avoir importé à Nantes l'industrie des savons. Aussi écrit-il en grosses lettres sur une plaque de cuivre à la place de son nom : *Industrie Marseillaise importée dans l'Ouest de la France en* 1844.

Certes, la concurrence moderne, pour user de moyens moins féroces que ceux qu'employa Gênes pour écraser Savone — en comblant pendant la nuit son port à l'aide de blocs de rochers, de débris de fonte et de fer, — n'en a pas moins à sa disposition la terrible ressource de la fraude.

Aussi fait-il beau voir comment l'antique probité marseillaise se révolte et dénonce au public les tromperies dont son innocence est victime.

Nos fabricants ont, en réalité, bien des vicissitudes avec les douanes, malgré les timides améliorations introduites, et avec les octrois, malgré leurs réclamations réitérées. Comme bien d'autres industriels, ils sont surabondamment grevés, et à tout cet échafaudage de barrières vient encore se joindre une concurrence plus ou moins régulière.

Chose étrange! l'Exposition, qui doit cependant être l'asile de tous les progrès, ne renferme en savonnerie aucun de ces fameux savons au talc, barytiques, etc....., dans lesquels une matière inerte, nuisible à mon avis, prétend, en remplaçant l'eau qui s'évapore, et en s'évaporant racornit le savon, remédier à un inconvénient déjà né d'une irrégularité, ce qui n'empêche pas ces innovateurs de crier qu'ils font du « Progrès. »

Demandez à MM. Roulet et Chaponnière, Arnavon, Ranque, Jules Roux et autres, ce qu'ils en pensent? Tous vous répondront : Nous repoussons ces procédés, et s'il y a des progrès à introduire dans la fabrication savonnière, c'est uniquement par l'emploi de la machine, et non dans l'usage de nouvelles manipulations chimiques, dénaturant un produit chimiquement défini, et n'étant en réalité ce qu'on le nomme qu'à la condition d'exister, non à l'état d'amalgame forcé et variable, mais à l'état de combinaison chimique, dosée, réglée, invariable.

Je vais tâcher, consommateur bénin, qui, dans vos achats journaliers, visez aux prix inférieurs, je vais tâcher, dis-je, de vous faire comprendre comment il se peut faire qu'en payant *un franc* un savon, vous pouvez faire un *mauvais marché*, en le préférant à son correspondant coté *un franc cinquante*.

C'est le même procédé que chez le marchand de vin; procédé qui fait fureur à ce qu'il paraît, et qui est vieux..., vieux comme Noé, le premier vigneron du monde.

Le savon, — le savon à qui seul revient ce nom, — doit contenir trente-trois pour cent d'eau, soixante-huit pour cent de corps gras et sept pour cent d'alcali.

Il est clair que si vous augmentez la proportion d'eau, vous diminuez la proportion des matières réellement utiles : les corps gras et l'alcali.

Mais l'eau a son inconvénient; elle s'évapore quand elle n'est pas à la dose nécessaire à la combinaison chimique, et son absence remarquée décèle bientôt la combinaison étrangère.

D'autre part, il est avantageux d'épargner des

corps gras et des alcalis qu'il faut acheter, sur lesquels il faut payer des droits, et de vendre ensuite au même prix, ou même à un prix moindre que le vrai savon, en réalisant des bénéfices considérables.

Or, le talc et le sulfate de baryte, matières insolubles, pesant beaucoup sous un petit volume, coûtent peu, ne payent pas de droits et ne s'évaporent pas. Donc, remplaçons l'ancien excès d'eau par ces produits, on ne s'en apercevra pas, et mettons moins d'alcali ou de matières grasses.

Jolie économie n'est-ce pas? — Comprenez-vous maintenant? Le savon mousse, s'use rapidement, ne blanchit pas et vous en achetez le double. Est-ce là votre économie, consommateur?

Et cependant les industriels habiles, qui ont usé, en secret d'abord, de ce procédé, se voyant révélés, ont dit : « C'est du progrès! » Le même progrès selon moi, je le répète, que de mettre de l'eau dans le vin.

Le vin baptisé changera-t-il de nom pour cela? non, pas plus que le savon ; et c'est là l'argument sur lequel on s'appuie.

L'ancienne législation avait un contrôle par le drawback ; mais depuis le dernier traité de commerce avec l'Angleterre on ne contrôle plus ; il n'y a plus de surveillance.

À ces considérations se joint une question de qualité, due à la nature des corps gras employés.

Le meilleur savon est certainement celui dans lequel on emploie l'huile d'olive, de sésame ou d'arachide, les autres corps gras font conserver au savon des odeurs qui trahissent leur origine, et qui se communiquent au linge, mais tout dépend de l'usage auquel on le destine et le consommateur sait, à ce sujet, à quoi s'en tenir.

Quoi qu'il en soit, l'industrie savonnière, sans être complètement florissante à Marseille, tend cependant à remonter à son ancien niveau. Le compte rendu annuel de la Chambre de commerce le constate.

Or, en 1830, cette production était annuellement de quarante millions de kilogrammes, et en 1862 elle s'est élevée à soixante millions de kilogrammes.

Quelle que soit la différence qui sépare les chiffres actuels des anciens chiffres, si l'on jette un coup d'œil sur les exportations du premier semestre de 1867, on verra que la France entière a exporté trois millions quatre cent trente-neuf mille six cent soixante-seize francs de savon, alors que Marseille en exportait en 1862, à elle seule, annuellement pour cinq millions trois cent mille francs environ. Or, les exportations sont un thermomètre assez exact de la production d'un pays.

Je sais bien qu'on ne peut évaluer une année entière par un semestre; le septième mois de 1867 augmentant à lui seul les exportations françaises d'un million : mais on peut toujours comparer ces chiffres avec ceux de 1866 entièrement connus, et supputer, par ce temps de points noirs qui court, ce que l'on peut espérer de l'avenir.

Si des fluctuations ont eu lieu en 1866, on peut en dire autant de 1867, et on peut également déduire des états publiés que, eu égard au chiffre annuel, la situation de 1867 se présente avec une diminution notable sur celle de 1866.

Toutes les catégories d'industries se ressentent de cette diminution, et celles de Marseille plus que les autres.

En effet, qu'aux résultats de ces calculs généraux pour la France, on ajoute ceux de la situation particulière de Marseille, avec ses chômages, ses entraves douanières, municipales, ainsi que de concurrence irrégulière, et on ne pourra conclure autrement qu'à un changement radical dans l'organisation économique actuelle.

Marseille ne pourra reprendre et dépasser son ancien niveau, qu'à la condition de voir seconder par des améliorations législatives la régularité et la supériorité de sa fabrication.

Ce n'est point un souhait qui touche la seule ville de Marseille que je formule ici ; je suis convaincu que les grands savonniers établis, grâce aux progrès de la science, sur les autres points de l'empire, émettent les mêmes vœux dans l'intérêt de tous, dans les intérêts du pays entier, par conséquent. Ces diverses questions importantes une fois élucidées, revenons à notre étude de l'Exposition de 1867.

Après la synthèse, l'analyse, après avoir parlé de l'industrie marseillaise, parlons de ses représentants au Champ de Mars.

MM. Roulet et Chaponnière concourent dans le total de la production marseillaise pour une somme annuelle de cinq millions de francs, correspondant à six millions de kilogrammes de savon. Onze chaudières, soixante-dix bassins et plusieurs citernes d'emmagasinage pour l'huile, contenant ensemble sept mille hectolitres, sont les instruments de cette production.

A la fabrication du savon proprement dite, MM. Roulet et Chaponnière ont ajouté une fabrication d'huile d'une importance annuelle de quatre millions de francs. La trituration des graines occupe six jeux de meules et trente-six presses hydrauliques. Le mouvement est communiqué aux diverses parties de cette usine par deux roues hydrauliques ayant ensemble une force de soixante chevaux et une machine à vapeur de quinze chevaux. Les huiles obtenues ne sont pas seulement employées à la fabrication du savon, il sort aussi de cette usine des huiles comestibles. Cette dernière espèce d'huile est exportée presque entièrement en Italie, en Suisse et en Allemagne. Un atelier d'épuration des huiles, produisant annuellement pour un million de francs, est également annexé aux deux autres fabrications de MM. Roulet et Chaponnière. Leur vaste usine est une sorte d'encyclopédie des corps gras saponifiables, dont une partie considérable, comme je l'ai dit plus haut, sort à l'état de ce savon renommé que Marseille excelle à fabriquer.

M. Arnavon expose des savons de toute qualité, de toute espèce, de tout usage, depuis le savon de teinture jusqu'au savon de parfumerie ; et, pour ce dernier, une chose m'a frappé, c'est qu'au rebours de tous les savons parfumés que j'ai vus exposés, aucune enveloppe, élégante ou non, n'entoure ces produits de toilette. Cette habitude d'envelopper coquettement les objets de parfumerie fine, commune à tous les fabricants, m'avait toujours paru une excellente précaution contre les détériorations provenant de l'air ou de la poussière ; mais il m'est revenu que certains savons rancissent, perdent la vivacité et la fraîcheur de leur nuance, et que, dès lors, il est assez prudent de voiler aux regards cette espèce de chlorose des mauvais savons.

Le costume primitif des savons de M. Arnavon défie par conséquent cet inconvénient, et annonce une fabrication qui a conscience d'elle-même.

On a souvent eu l'occasion de décrire les usines de M. Arnavon ; les renseignements les plus détaillés qui existent s'arrêtent à 1862 ; mais, depuis cette époque, cet exposant n'a cessé d'introduire des améliorations dans les ustensiles anciennement si pittoresques et si primitifs de la savonnerie.

Trois générateurs de trente chevaux répartissent dans deux fabriques une quantité de vapeur suffisant à chauffer quatorze chaudières produisant, chaque année, six millions de kilogrammes de savon. Une machine broie la soude, des pompes amènent la lessive dans les chaudières, et, dans l'annexe des savons parfumés, des broyeuses sont également mues par une transmission de la machine principale. Il y a donc là une lutte au moyen des forces mécaniques, moins coûteuses que la force humaine, contre les obstacles qui, comme nous l'avons déjà dit, entravent cette industrie. Ajoutons que M. Arnavon fabrique aussi des huiles spéciales à la saponification.

M. Charles Roux a placé dans sa vitrine des savons marbrés bleu pâle et bleu vif, d'une qualité supérieure. Ce que j'ai dit de l'esprit de progrès qui anime les fabricants de Marseille s'applique aussi bien à cet honorable exposant. Il est de ceux qui, dans un travail approfondi que j'ai sous les yeux, ont su combattre avec les armes de la science les irrégularités de fabrication que l'on décorait du titre de *progrès*. Je lui ai emprunté un grand nombre de mes meilleurs arguments, et je lui dénoncerai particulièrement une combinaison nouvelle, défiant jusqu'à présent l'analyse, qui m'a été révélée il y a peu de jours. A la place du sulfate de baryte ou du talc, qui sont insolubles, on a employé un silicate soluble, qui disparaît dans l'usure du savon, mais rend celui-ci beaucoup plus difficile à sécher. Cette singulière *amélioration* vient d'une fabrique d'Allemagne, qui ne se gêne pas pour faire proposer aux fabricants français l'adoption de son produit.

Où donc s'arrêteront les fraudes nées de la concurrence?

M. Estrangin de Roberty a exposé des savons marbrés bleu pâle et bleu vif, représentant une production annuelle de trois millions de kilogrammes; cette maison date de 1840, et s'est constamment distinguée.

Citons encore comme représentant la fabrication marseillaise, M. Milliau jeune, qui expose des savons blancs, et M. Milliau fils, qui fabrique spécialement le savon blanc pour la teinture des soies. M. Ranque, qui a exposé des savons roses, blancs et noirs; enfin, M. Bellon-Balme dont la maison date du 4 août 1863. Quoique jeune, en face des autres fabricants marseillais, cette usine a déjà fait ses preuves. Elle s'est appliquée à perfectionner la production du savon blanc de première et deuxième qualité, suivant le type conforme à l'ordonnance de douane de 1812. Récemment, une usine entièrement neuve lui a permis d'employer des machines à vapeur faisant fonctionner plusieurs pompes ; aussi la production de M. Bellon-Balme se chiffre-t-elle par quarante mille kil. de savon par semaine.

La classe quarante-quatre se termine, pour les Marseillais, par M. Landre-Gras qui a exposé des huiles minérales ainsi que leurs dérivés.

L'importance de cette industrie s'est considérablement augmentée dans ces derniers temps par l'exploitation des couleurs brillantes que la teinture a puisées dans certains produits de la distillation des huiles minérales.

Au point de vue commercial, on sait également quelle place occupe à Marseille le mouvement des pétroles, dont l'usage se propage tous les jours, et le compte rendu de la Chambre de commerce constate sur ce point une bonne situation.

Je ne veux pas terminer cette lettre sans émettre le vœu que les réclamations faites par les savonniers au conseil municipal puissent être bientôt prises en considération, sinon dans leur teneur, du moins dans leur esprit.

Je puise mon espoir dans les conclusions mêmes du rapporteur, M. Ailhaud, qui a repoussé ces réclamations plutôt au point de vue administratif, qu'au point de vue économique.

En effet, la traduction la plus sincère des idées de la commission municipale est à mes yeux celle-ci :

Nous devons beaucoup d'argent, — nous n'en avons pas, — et avant de penser à vous, nous avons bien d'autres progrès à effectuer, — que nous n'effectuons pas à cause de nos dettes.

Ou, en d'autres termes : l'amélioration sollicitée par la savonnerie serait une goutte d'eau imperceptible dans l'océan des réformes à faire, et ceci contredirait cela.

Donc, il faut attendre. Sera-ce bien longtemps ?

CLASSE QUARANTE-CINQ. — *Procédés chimiques de blanchiment, de teinture et d'apprêt.*

Pas d'exposant à Marseille, et je suis condamné à passer sous silence l'étude intéressante des industries que contient cette classe.

C'est logique : pas de filature, pas de tisserand; donc, pas de teinture, pas d'impression, pas d'apprêt !

Passons à la classe quarante-six.

CLASSE QUARANTE-SIX. — *Cuirs et peaux.*

Jusqu'ici les industries que j'ai défendues, avec une certaine chaleur, contre les réglementations maladroites qui leur rendent onéreuse l'acquisition des matières premières, ont vaillamment combattu elles mêmes, par leur présence à l'Exposition universelle.

Par là, elles ont montré qu'elles considéraient

avec raison une exposition comme une manifestation économique de la plus haute importance; et il eût été à désirer que tout le monde pensant ainsi, on pût en tirer des conséquences législatives, capables de corriger les défauts de l'imparfaite réforme économique de 1860.

Les tanneurs, mégissiers et corroyeurs de Marseille n'ont donc pas été de cet avis. Comment expliquer leur abstention? Car on ne peut donner un autre nom à la présence de deux exposants, pour une industrie qui possède à Marseille plus de soixante représentants, alors que la savonnerie, si rudement éprouvée, et qui compte environ quarante représentants, a fourni huit exposants.

— Quelle disproportion! Un cinquième de ceux-ci combattent alors qu'un trentième seulement de ceux-là se hasardent au Champ de Mars.

Il est difficile de placer sur le compte des comités d'admission un tel écart, et la mégisserie, la tannerie et la corroierie marseillaises sont assez vaillantes pour vaincre même une mauvaise volonté, si elle a existé de la part des comités. Il y a donc une autre raison. Laquelle? J'avoue ne la point deviner. Or, c'est un devoir pour une ville que de montrer hardiment ses richesses industrielles; c'est un devoir au même titre que pour le soldat de ne pas déserter son rang de bataille.

— Et pour trop se fier à sa réputation de reine du commerce méditerranéen, Marseille risquerait de se laisser battre par des rivaux qui ne la valent certainement pas. Ce que je dis à propos de la classe quarante-six s'applique aussi bien à d'autres classes, sur lesquelles j'ai déjà passé plus ou moins rapidement, et qui, en bonne conscience, ne se sont pas fait suffisamment représenter.

Qu'on se rappelle bien ceci : l'Exposition n'est pas pour les exposants un moyen de réclame, c'est une bataille pacifique, où tout bon Français doit être à son poste; c'est, comme je l'ai dit ailleurs, le thermomètre de la force industrielle d'une nation, d'une province, d'une ville; en un mot, une Exposition universelle est un immense cabinet de consultation, où des jurys viennent tâter le pouls aux peuples. Ces jurys seront ou ne seront pas de bons pathologistes; que vous importe? Faites acte de présence; il se trouvera d'autres appréciateurs dans le public qui sauront vous rendre justice, et vous-mêmes, vous serez mieux à portée d'étudier avec fruit le travail de vos rivaux rassemblés sous vos yeux, ce qui, sans l'Exposition, serait un travail impossible à faire.

Les cuirs et les peaux bruts représentent annuellement un mouvement de fonds, dans nos fabriques, de deux cent vingt millions de francs environ. La France les reçoit à l'état brut et les réexporte à l'état tanné et ouvré. En 1865, l'importation des peaux brutes se chiffrait par quatre-vingt-dix-sept millions cinq cent quatorze mille six cent cinquante francs, et l'exportation de peaux travaillées s'élevait à cent quarante-sept millions cent quatre-vingt-dix-huit mille cent six francs.

Dans cette production, Marseille, avec ses arrivages énormes et sa situation admirable, doit figurer pour un chiffre imposant. Depuis 1850 les importations ont doublé : au Havre comme à Marseille cette proportion a été observée. Mais, pour ce qui concerne Marseille, on remarque que la plus forte année d'importation a été 1857. A dater de ce moment elle a décliné jusqu'en 1862, pour se relever progressivement jusqu'en 1865; 1866 présente un léger abaissement sur l'année précédente, et son chiffre se rapproche considérablement de ce qu'il était en 1855. La progression se reproduirait-elle? Et comme en 1857, aurions-nous une hausse en 1868? C'est ce que l'avenir nous démontrera; en attendant, on peut constater que, dans le relevé de 1867, premier semestre, les exportations générales des peaux brutes et préparées, sont en retard de près de moitié sur les importations.

Ainsi l'importation s'élève, pour le premier semestre de l'année actuelle, à soixante-dix-huit millions neuf cent mille francs, et les exportations à quarante-trois millions neuf cent mille francs. Serait-ce un signe que nous recevons maintenant davantage de peaux préparées?

Le relevé que j'ai sous les yeux ne séparant pas les peaux brutes des peaux ouvrées, on ne peut se prononcer d'une façon précise.

Les deux industriels marseillais qui ont seuls paru à l'Exposition, représentent deux branches distinctes de la classe quarante-six : les peaux chagrinées et maroquinées, et les peaux simplement tannées.

M. Fremier a exposé des peaux de chèvre chagrinées et de couleur, et des peaux de mouton maroquinées. Les spécimens qui sont au Champ de Mars sont d'une fabrication extrêmement soignée. Elles sont généralement d'une teinte mate assez bien réussie, et forment un contraste frappant à côté des peaux glacées qui figurent dans les vitrines voisines.

La fabrication de M. Fremier, dont les exportations annuelles dépassent quarante mille douzaines de peaux, embrasse tous les genres : les chagrins blancs et noirs, les maroquins chagrinés et colorés, et les peaux de moutons chagrinées et colorées.

Les chagrins blancs, spécialement propres à la chaussure, sont extrêmement remarquables et sont généralement reconnus pour tels.

Je ne sais quel rôle joue, dans les peaux colorées, le nouvel agent de teinture, l'*aniline*, qui a donné déjà tant de beaux résultats ; mais je crois que son emploi dans la mégisserie serait un véritable progrès, surtout pour les peaux chagrinées et maroquinées, spécialement destinées à la chaussure, la reliure, les meubles et les objets de voyage.

Les procédés de tannage diffèrent peu entre eux; cependant, pour les maroquins on emploie le sumac au lieu de l'écorce de chêne.

Le sumac a été, l'année dernière, payé extrêmement cher, et cette cherté a influé sur la production maroquinière.

Il serait à souhaiter que lorsqu'un produit tel que le sumac prend une route nouvelle d'exportation, ou est l'objet d'un accaparement quelconque, nos chimistes cherchassent un moyen de le remplacer, afin que l'industrie pût tenir tête aux désertions imprévues causées par les mouvements commerciaux.

Peu de progrès sérieux ont été effectués dans cette voie, et ce n'est guère que par l'emploi des machines que des améliorations se sont introduites dans la tannerie proprement dite, en dehors des procédés de coloration qui touchent à la maroquinerie.

M. Jullien représente spécialement la tannerie des peaux de chèvres; il expose aussi des bourres de diverses qualités.

L'usine de cet industriel est considérable; elle renferme cinq moulins à écorce et à sumac, trois laveuses à bourre, plusieurs pompes, quatorze cardeuses faisant le travail de cinquante-six femmes. Ces différents appareils sont mis en mouvements par une machine de vingt chevaux; de plus, quatre cent vingt ouvriers, dont trois cent deux hommes et cent dix-huit femmes, concourent à une production qui est de deux mille douzaines de peaux par semaine.

Le combustible qu'il emploie pour ses chaudières, est de la tannée sèche, ce qui réalise une notable économie en supprimant le charbon.

Parmi d'autres perfectionnements particuliers à M. Jullien, citons celui-ci : on sait que la chaleur est une des conditions de rapidité pour le tannage des peaux; de tous les moyens chimiques recherchés peu ont donné de bons résultats pratiques; le meilleur, jusqu'à présent, est de produire économiquement la chaleur nécessaire.

C'est ce qu'a fait M. Jullien, en conduisant dans des ateliers où sont quatre cent trente-cinq cuves, un tuyau d'échappement de vapeur qui les traverse en les chauffant, et se dirige vers les séchoirs.

L'avantage produit est doublé; il favorise l'absorption toujours lente, en hiver surtout, du tannin par la peau, et protége l'ouvrier contre le froid qui se fait durement sentir, dans l'obligation où il est de tenir presque continuellement ses bras plongés dans l'eau.

Ajoutons, pour être complet, que M. Jullien a obtenu une médaille d'or sur quinze de cette valeur décernées à la classe quarante-six, dont onze sont revenues à notre pays.

Au reste, cette médaille d'or est la seule qui appartienne au midi de la France.

N'avais-je pas raison de regretter la négligence des exposants?

GROUPE VI. — Arts usuels.

Vingt classes composent ce groupe où l'on a réuni *le matériel et les procédés* d'exploitation de presque toutes les industries que j'ai passées en revue. Marseille n'y est représentée que dans huit classes et par vingt-trois exposants, mais elle y brille à un rang très-honorable.

Les groupes V et VI auront été par conséquent les plus cultivés par notre bonne cité phocéenne, aussi leur avons-nous consacré et leur consacrons-nous encore nos pages les plus importantes.

CLASSES QUARANTE-SEPT A QUARANTE-NEUF.

Forcé d'être complétement muet sur ces trois classes qui renferment le *matériel des exploitations des mines et de la métallurgie, des exploitations rurales et forestières, et des engins de chasse, de pêche et de cueillette*, je me bornerai à souhaiter que dans l'avenir, en ce qui concerne les houilles, des exploitations bien établies permettent à nos ateliers mécaniques, dont j'aurai à parler bientôt, de fabriquer, pour les besoins locaux, les engins nécessaires; cela diminuerait leurs prix auxquels se joignent les frais de transport et faciliterait singulièrement les travaux.

Quant aux exploitations rurales, leur développement dépend en grande partie de l'exécution des chemins vicinaux; attendons la réalisation de la promesse de l'empereur pour y souhaiter l'introduction des machines agricoles, dont l'Exposition nous révèle les merveilleuses dispositions et l'avantage immense qui proviendrait de leur mise en usage.

Assurément l'agriculture n'est que trop délaissée, et toutes les questions économiques qui s'y rattachent ont des liens trop intimes avec celles que j'ai eu l'occasion d'effleurer précédemment pour y revenir ici; il faut donc se borner à souhaiter que ce triste abandon des ressources les plus naturelles d'un pays soit réparé, et alors penser à réaliser des perfectionnements d'exploitation.

CLASSE CINQUANTE. — *Matériel et procédés d'usines agricoles et d'industries alimentaires.*

C'est sous cette rubrique générale qu'a été classée une partie de l'exposition d'un brasseur bien connu à Marseille, M. Velten, lequel a le mérite d'être en même temps un savant industriel et un industriel savant.

A Marseille, la fabrication de la bière est entourée de grandes difficultés; les eaux et le climat y sont des obstacles; il faut donc lutter contre la nature au moyen de toutes les ressources de la science. M. Velten a précisément exposé le dessin d'un appareil à conserver le houblon dans l'acide carbonique, et, plaçant l'application à côté du principe, il y a joint du houblon conservé par le susdit acide carbonique.

On sait que le houblon est une plante de la famille des *urticées*, produisant plusieurs sortes de sécrétions glanduleuses, dont le siége se trouve à la base des *bractées* de ses cônes. Deux de ces sécrétions sont utiles à la bière, l'une le principe amer, l'autre une huile aromatique qui parfume la bière et aide, jusqu'à un certain point, à sa conservation.

Il importe surtout, dans un pays où la température est élevée et variable, de fixer dans la plante son goût et son arome; tel est le but qu'est destiné à atteindre l'appareil de M. Velten, lequel est un perfectionnement très-remarquable des procédés de Sweeny et d'Appert.

Comme M. Velten a exposé, dans la classe soixante-treize, diverses sortes de bières, nous aurons à ce moment l'occasion de parler de sa fabrication. Je me bornerai à constater que cette portion de son exposition est extrêmement mal placée, et qu'il faut véritablement se munir d'une lorgnette pour distinguer quelques petits tableaux qui sont relégués à une hauteur de trois ou quatre mètres sur la deuxième paroi de la galerie des machines.

Il serait donc miraculeux que le jury eût poussé l'exactitude de son examen au point de se donner le torticolis, indispensable à quiconque veut regarder consciencieusement l'exposition de M. Velten.

A nous qui ne sommes pas le jury et qui avons parcouru l'Exposition dans tous les sens, il a fallu non-seulement de la persévérance, mais encore un grand désir de relever d'une façon complète les diverses exhibitions marseillaises, pour pouvoir dire que nous avons vu celle de M. Velten, avant de la consigner dans nos lettres.

CLASSES CINQUANTE ET UNE ET CINQUANTE-DEUX.

Marseille n'a point d'exposant dans la classe cinquante et une qui renferme le *matériel des arts chimiques, de la pharmacie et de la tannerie;* c'est-à-dire le matériel de toutes les industries dans lesquelles la chimie joue le rôle principal, ou devient un important auxiliaire de la mécanique.

Marseille, sans un laboratoire de chimie à l'Exposition, est une énormité, et la Faculté des sciences aurait bien dû imiter l'École normale supérieure qui a exposé de magnifiques appareils.

Je livre cette réflexion à notre savant doyen, M. Morren, persuadé qu'elle portera ses fruits dans l'avenir.

Notons, en passant, que c'est dans cette classe

que l'Angleterre a remporté un grand prix et que l'on voit figurer les plus belles découvertes du génie humain.

Il faut que Marseille répare cette lacune; elle a jadis fourni son contingent de grandes découvertes, il ne faut pas que le temps marche sans qu'elle renchérisse sur ses gloires passées. Jamais un lit de laurier ne fut un bon lit, car les lauriers se fanent et se réduisent en poussière sous le poids qu'ils supportent.

La classe cinquante-deux où sont placés les *moteurs et appareils mécaniques, spécialement affectés aux besoins de l'Exposition*, ne contient pas de Marseillais.

Or, c'est par les exposants de cette section qu'a été réalisé le magnifique système de transmission circulaire, dans une galerie, la galerie des machines, qui n'a pas moins de mille deux cents mètres de longueur sur une hauteur de vingt-cinq mètres et une largeur de trente-cinq mètres.

C'est aussi dans cette section que figurent les divers services hydrauliques du Champ de Mars et les services de ventilation et de manutention.

Peu de médailles ont été données dans cette classe, à cause du petit nombre des exposants, qui ne dépasse pas le chiffre de soixante-deux. Elles ont été partagées ainsi : une mise hors concours; un grand prix, quatre médailles d'or, quatre médailles d'argent, et deux de bronze pour la France;

le reste est réparti entre la Belgique et l'Angleterre. La Belgique seule a obtenu une médaille d'or. L'avantage est donc ici pour la France.

CLASSE CINQUANTE-TROIS. — *Machines et appareils de la mécanique générale.*

Nous retrouvons ici Marseille, dans un seul exposant; sa presse hydraulique avec machine motrice est spécialement destinée à la fabrication de l'huile, et on peut la voir fonctionner dans le hangar du boulevard du Nord.

L'exposant est M. Hessé; il a réalisé dans sa fabrication des progrès sérieux dont l'importance réclame quelques développements.

Le principe d'égalité de pression, découvert par Pascal, a été, pour la première fois, appliqué à Londres, par Bramah, en 1795, et a donné naissance aux presses hydrauliques. Leur construction s'est, depuis lors, pliée à tous les services réclamés successivement par le développement de l'industrie, et leur adaptation à l'extraction de l'huile contenue dans les graines oléagineuses, fut un bienfait immense constamment augmenté par de nombreux perfectionnements.

M. Hessé se présente au Champ de Mars, avec des améliorations notables qui, toutes, ont pour objet l'économie du temps et de la force humaine; économie dont la conséquence est une production plus parfaite, plus rapide, et, pour la consommation, dans de meilleures conditions que par le passé.

Ces améliorations sont de deux genres : celles qui touchent à la presse elle-même, et celles qui touchent aux pompes d'injection mues par la vapeur.

La résistance des presses de M. Hessé est de plus de deux cent cinquante atmosphères, et leur usage procure un rendement supérieur de deux pour cent à celui de deux presses ordinaires libres.

Le chargement et le déchargement de chaque pressée de cent kilogrammes de matières oléagineuses, se fait avec une grande rapidité; cinq minutes suffisent à l'ouvrier presseur pour les effectuer. En outre, la presse est établie de telle façon, que, sitôt la cage fermée à fond au moyen d'un tour de manivelle à crémaillère, un autre tour de la manivelle sur le sommier établit instantanément la communication avec le corps de pompe compresseur et l'ascension du piston commence.

Cette ascension elle-même est réglée de façon à se ralentir progressivement selon que l'équilibre entre les deux capacités tend à s'établir.

Quarante-cinq ou cinquante secondes après que la pression a commencé son effet, l'huile commence à s'écouler, et au bout de quarante-cinq minutes environ, la pression est complète; elle est, pour employer l'expression pittoresque dont se servent les ouvriers, *rendue à la goutte*.

A ce moment, l'ouvrier n'a qu'à imprimer à la manivelle les mouvements inverses de ceux que nous avons indiqués plus haut, pour que la presse se décharge, son piston redescende et qu'elle soit prête à recevoir une nouvelle pressée.

En vingt-quatre heures de ce travail régulier, on extrait toute l'huile contenue dans mille kilogrammes de graines oléagineuses avec le rendement déjà indiqué de deux pour cent. Le travail d'une presse libre ordinaire est, en moyenne, de quatre cent cinquante à cinq cents kilogrammes dans l'espace de vingt-quatre heures.

Les pompes à injection sont établies de façon à ce que la force vive se dépense, se modère, s'arrête, reprenne son action, se règle, en un mot, justement et exactement selon les résistances à vaincre.

Cela a lieu automatiquement, au moyen d'un cylindre compensateur, qui est traversé par un piston à diamètre différentiel et qui s'y meut verticalement et constamment. Le tout est disposé de manière à pourvoir aux dépenses de vingt-cinq à trente presses, quelles que soient les variations de leur débit d'eau injectée.

Les huit corps de pompes d'injection à double effet sont isolables du tuyau collecteur au moyen d'une soupape d'aspiration; ce qui, en cas de dérangement imprévu, empêche les chômages, en laissant fonctionner les autres parties du mécanisme.

En outre, multiplier les corps de pompes est d'une construction intelligente; on sait que plus le diamètre des pistons de pression est petit, par rapport à celui des pistons compresseurs, plus la force de ces derniers est grande. Mais d'autre part comme « *ce que l'on gagne en force on le perd en vitesse,* » si l'on multiplie l'action simultanée ou alternative des corps de pompe de pression, on obtiendra une vitesse de mouvement plus uniforme, toujours réglée par le cylindre compensateur, en même temps qu'une puissance plus considérable.

Le moteur à vapeur spécial à cette presse hydraulique est composé de deux cylindres de huit chevaux chacun, ce qui donne aux organes de cette machine conjuguée une force collective de seize chevaux.

Ajoutons en terminant qu'un seul ouvrier presseur suffit au service de dix presses d'extraction pendant son quart de travail, et que l'entretien et l'usure des escortins en crins sont réduits à trente pour cent de ce qu'ils sont habituellement.

Les ateliers de M. Hessé ont acquis une certaine importance; deux cents ouvriers y sont occupés et concourent à une production annuelle de cinq cent mille francs environ.

Rappelons enfin que M. Hessé a obtenu une médaille d'argent et que cette médaille est la seule qui ait été accordée pour la France aux presses hydrauliques; en dehors il n'en existe, en effet, que deux pour ce genre de machines : elles sont accordées l'une à la Prusse ; l'autre à la Suisse, et je doute qu'elles aient la spécialité de celle de M. Hessé.

Classe cinquante-quatre. — *Machines-outils.*

A mesure que nous avançons dans notre revue de l'Exposition universelle, avec l'industrie marseillaise pour objectif, nous constatons de nouvelles lacunes. Je ne veux ici rien blâmer, rien louer ; mais j'ai peine à croire que les ateliers mécaniques marseillais, quoique peu nombreux, n'aient pas imaginé pour leur service particulier quelques outils nouveaux ; si, oui, pourquoi ne pas les avoir exposés ?

Les machines-outils se divisent en quatre séries principales à l'Exposition ; celles qui servent au travail des métaux, celles qui servent au travail du bois, les outils de précision, et les outils compresseurs, broyeurs, malaxeurs, scieurs, polisseurs, constituant, non la fabrication directement industrielle, mais la production des engins de fabrication. C'est ainsi que l'on a voulu les distinguer au catalogue : je ne comprends guère au reste, en ce qui concerne cette division, la différence qui existe entre la classe cinquante-trois et la classe cinquante-quatre, puisque on a placé la presse hydraulique de M. Hessé et ses analogues dans la première de ces deux classes.

J'ajouterai même que le titre de *mécanique générale*, donné à la classe cinquante-trois, semblait exclure la presse hydraulique, *spéciale* à l'huile, pour la reporter parmi les machines-outils.

Quoi qu'il en soit, nous devons adopter les désignations imposées, et, puisque la commission du catalogue l'a ainsi voulu, placer la charrue avant les bœufs.

Cette réflexion me met dans un certain embarras; car j'aurais désiré savoir ce que l'on a voulu récompenser dans M. Hessé. Serait-ce le mécanisme de son compensateur et de ses huit corps de pompes? plutôt que la perfection de sa machine, au point de vue de son usage spécial et de ses avantages pour la fabrication des huiles? Mystère! C'est là, du reste, l'un des moindres inconvénients du classement adopté par la commission impériale; — passons.

Il n'y a guère en France que cent quinze exposants français; l'Angleterre et la Belgique sont mieux représentées que nous; de plus, c'est Manchester qui a remporté le grand prix, et les États-Unis, ceci me surprend, n'ont obtenu qu'une médaille d'or.

En France, ce genre de production avait peu d'importance il y a quelques années; actuellement on peut l'évaluer à douze millions de francs par an.

Ce n'est pas considérable, mais l'avenir nous

fera connaître, à cet égard, l'influence de l'Exposition universelle.

Je ne puis m'empêcher de relever cette constatation du comité de la classe cinquante-quatre :

« Bien que les matières premières aient subi
« une diminution notable, depuis la mise en vi-
« gueur des traités de commerce, les prix de vente
« sont restés à peu près stationnaires, en raison
« du renchérissement de la main-d'œuvre et de
« l'augmentation successive du poids des machi-
« nes, principalement de celui des bâtis, en vue
« de diminuer les vibrations et de simplifier l'é-
« tablissement des fondations. »

Le renchérissement de la main-d'œuvre! Avis à ceux qui prétendent que les machines abaissent les salaires. Elles abaissent le prix de revient de la production, en la rendant plus rapide, mais non pas le salaire. Que serait-ce donc si les matières premières étaient dégrevées !

La mécanique est, de toutes les branches d'industrie, celle qu'il faut le plus favoriser, parce qu'elle exige, de la part de l'ouvrier, plus d'instruction qu'il n'en faut pour un grand nombre d'autres industries.

CLASSE CINQUANTE-CINQ ET CINQUANTE-SIX. — *Matériel et procédés du filage, de la corderie et du tissage.*

On a réuni, sous cette rubrique, toutes les machines et les appareils destinés à transformer les matières textiles.

Bien entendu, le filage et le tissage n'ont aucun exposant marseillais; mais ici encore s'est révélé le caractère de notre cité, port de mer; et, seuls, MM. Fraissinet père et fils ont représenté au Champ de Mars notre corderie.

Certes, en examinant la machine de MM. Fraissinet, on est rejeté bien loin de ces pittoresques cordiers que je me rappelle avoir vus installés aux environs de la colline Bonaparte, avant qu'elle n'ait été transformée en square; autour de Saint-Victor, près du fort Saint-Nicolas, aux Catalans; où encore?... mais à la Corderie, parbleu! J'ai vu ces modestes et simples ouvriers, promener une main pleine de chanvre le long d'une immense corde attachée à une roue que tournait un enfant — un de ces petits zingaris que Gênes nous expédiait — puis revenir à leur point de départ et faire ce voyage pendant toute une journée, ce qui devait constituer le soir un certain nombre de kilomètres.

Espace, lenteur, travail pénible, rien ne manquait à ces pauvres ouvriers. M. Fraissinet les supprime — qu'ils ne se plaignent pas; comme toujours, la machine aura été un bienfait pour l'ouvrier; il ne faut qu'un peu de patience.

Avec sa machine, M. Fraissinet obtient des résultats supérieurs à ceux d'un autre engin connu sous le nom de *Chariot Hubert*.

En effet elle simplifie le travail et les frais d'installation, restreint l'espace nécessaire et n'en fabrique pas moins avec une extrême rapidité des petits torons mathématiquement réguliers, variant de sept millimètres de diamètre à quatorze millimètres.

Le travail de nuit, qui est souvent nécessaire, est admirablement favorisé en raison de l'espace restreint et facilement éclairé que la machine permet d'employer.

Deux pignons placés sur le devant de la machine, et qu'il suffit de changer pour passer d'un diamètre à un autre, produisent le mouvement rotatif entre l'ailette et le tambour. Ce mouvement enroule le toron sur le tambour, lequel tourne plus rapidement que l'ailette, ce qui produit du même coup la torsion et le tirage.

Cette machine que j'ai vue fonctionner est construite pour faire des longueurs de deux cent soixante-dix mètres avec trois couches superposées; en dix heures de temps on peut ainsi fabriquer quatre cents kilomètres de torons de huit millimètres de diamètre.

Inutile d'ajouter que cette machine est mue par la vapeur.

M. Fraissinet expose en outre, dans la classe 66, dont nous aurons bientôt à nous occuper.

CLASSE CINQUANTE-SEPT A SOIXANTE-DEUX.

On a groupé dans ces six classes :

1° *Le matériel de la couture et de la confection des vêtements* (classe cinquante-sept) offrant de nombreux progrès et favorisant la grande production. Les deux médailles d'or qui appartiennent à cette classe sont partagées entre la France et les États-Unis.

2° *Le matériel et les procédés de la confection des objets de mobilier et d'habitation* (classe cinquante-huit). — Ici encore de grands progrès ont été réalisés dans les outils à bois, les scies, les machines à graver et les tours à portraits.

Nous ne pouvons pas nous étendre sur cette série d'objets remarquables, mais nous nous bornerons à constater qu'à en croire les médailles d'or, au nombre de trois pour un chiffre total de cinquante exposants environ, c'est encore dans les États-Unis que la France rencontre ses plus rudes concurrents.

3° *Le matériel et les procédés de la papeterie, des teintures et des impressions* (classe cinquante-neuf). — Nous aurions à étudier à l'occasion de cette classe, si Marseille y avait eu des représentants, les industries intéressantes de la fabrication du papier et de l'impression, dans toutes les variétés de leur matériel mécanique. Obligé de passer outre, nous remarquons que, sur neuf médailles d'or attribuées à cette classe, sept sont revenues à la France et que les deux autres sont réparties entre la Bavière et le Wurtemberg.

4° *Les machines, instruments et procédés usités dans divers travaux* (Classe soixante).

Place a été réservée dans cette division à l'imprévu des inventions qu'on ne pouvait classer d'avance dans les différents groupes de l'Exposition. Cinquante Français ont répondu à l'appel. Mais la seule médaille d'or attribuée à cette classe, est revenue aux *États-Unis* pour une machine à dresser les formes d'imprimerie.

5° *La carrosserie et le charronnage.* — (Classe soixante et une.) — La France est de beaucoup au-dessus des autres nations pour ce genre de produits. La lutte avec l'Angleterre n'existe guère que pour les voitures de luxe, et l'avantage est certainement en faveur de la France, qui a obtenu trois médailles d'or contre une affectée à la Grande-Bretagne. C'est toujours le côté artistique de nos créations qui fait notre supériorité.

La production annuelle française est représentée par cinq mille voitures environ, et constitue une somme de quinze millions de francs. Si on ajoute à ce chiffre celui des réparations qui dépasse sensiblement celui de la fabrication neuve, on arrive à une somme annuelle de trente-six millions de francs.

L'exportation est en voie d'accroisssement. Elle

s'élève à un total annuel de quatre millions répartis surtout entre l'Espagne, la Russie, l'Égypte, le Portugal, l'Amérique, la Turquie, les colonies et même l'Angleterre. Marseille est complétement absente du Champ de Mars pour cette industrie; il y a pourtant plus de trente-trois carrossiers et selliers à Marseille; quel est donc le motif de leur abstention? Ce n'est qu'à la bataille qu'on juge les bons soldats. L'Exposition universelle leur fournissait une excellente occasion de s'instruire et de se perfectionner par la comparaison des œuvres rivales.

Nos carrossiers et selliers eussent-ils payé par un échec une tentative courageuse, ils devaient faire leur devoir en participant au concours international. A moins que tous nos selliers et nos carrossiers ne soient que les dépositaires des industriels de la capitale, ce que je ne crois pas, ils ont eu tort selon moi de s'abstenir.

6° *La bourrellerie et la sellerie.* (Classe soixante-deux.) — Je répéterai, au sujet de cette classe, ce que je viens de dire pour la carrosserie, car il y a environ trente-quatre bourreliers à Marseille. D'après les récompenses données, on peut conclure que la France a eu une supériorité marquée sur l'Angleterre, pour cette fabrication; notons, en passant, que sur deux médailles, l'une a été décernée à l'Espagne et l'autre à la France.

Cette série de classes est une de celles qui fournissent la plus grande lacune pour l'industrie marseillaise ; j'espère que, dans la suite de mes études, je n'en trouverai plus d'aussi prolongée.

CLASSE SOIXANTE-TROIS. — *Matériel des chemins de fer.*

Je m'attendais à mieux de la gare de Marseille ; mais les objets les plus remarquables de son exploitation auront, sans doute, été exposés sous le nom de la Compagnie du chemin de fer *de Paris à Lyon et à la Méditerranée* dont le siége est à Paris, et dont M. Talabot est le directeur célèbre et apprécié. Ce motif est-il bien suffisant?

Le siége social de la Compagnie des *Forges et chantiers de la Méditerranée*, dont j'aurai bientôt l'occasion de parler, est aussi à Paris, et cependant les objets exposés par elle ressortent tous de Marseille et de la Seyne. Serait-ce donc qu'il n'y a pas d'ateliers à la gare de Marseille ? Nous voyons cependant figurer sous le nom de M. *E. Gouin*, à la *gare de Marseille*, un petit modèle de locomotive, parfaitement exécuté du reste, mais qui a le double défaut de n'être qu'un échantillon, de très-petite dimension, et d'être entièrement construit en bois.

Sans altérer en rien le mérite de cette locomotive articulée à dix roues accouplées, avec faux essieu et bielle évidée, combinée dans le but d'assurer l'égalité des mouvements de rotation de tous les essieux quel que soit le rayon des courbes parcourues, nous ne pouvons nous empêcher de regretter d'avoir si peu de choses à constater, dans une exhibition que l'on place sous le nom de la gare de Marseille. Je ne veux point dire que les perfectionnements tentés par M. Gouin ne soient considérables en eux-mêmes ; mais il eût été à désirer qu'à l'essai d'un modèle on eût préféré la hardiesse de l'exécution.

Quoi qu'il en soit, expliquons en deux mots le but que s'est proposé M. Gouin.

Dans une voie ferrée où les courbes se multiplient d'une façon irrégulière, il arrive souvent que les roues portant sur le rail du plus petit arc de cercle formé par la courbe, exécutent sur leur essieu moins de tours que n'en exécute la roue portant sur le rail de la plus grande courbe.

Cette irrégularité produit une usure plus grande de l'extrémité des essieux où s'attache chaque roue, et à la longue une rupture devient possible. Or, les faux essieux et la bielle évidée de M. Gouin ont pour objet de paralyser cette inégalité, et si le projet est mis à exécution, on sera à même d'apprécier plus complétement les résultats.

Un coup d'œil sur les récompenses accordées à cette classe importante, nous fera juger de l'état actuel des progrès qui ont été réalisés.

Nous voyons figurer hors concours l'administration des postes anglaises, pour son système ingénieux d'échange de dépêches sans arrêter la marche des trains.

Un grand prix a été accordé à la France pour des appareils d'enclanchement destinés à relier les signaux aux aiguilles. Cette grave question des signaux est une de celles que les administrations de chemin de fer doivent le plus étudier en face des accidents que nous voyons se multiplier d'une manière regrettable.

Les médailles d'or nous signalent encore huit médailles pour la France et pour la Prusse, quatre pour la Belgique, une pour la Bavière, une pour le Wurtemberg, une pour les États-Unis et trois pour la Grande-Bretagne.

Il paraît résulter de cet aperçu que la Belgique est la rivale la plus redoutable de la France. Cela n'est nullement surprenant, si l'on considère l'incroyable fécondité de ce peuple, qui conquiert vaillamment dans le domaine de l'intelligence ce qui lui manque dans le domaine territorial; plus qu'en Angleterre, peut-être, nous devons donc puiser en Belgique l'exemple des institutions libérales et réellement progressistes, capables de favoriser notre organisation industrielle.

Nos compagnies françaises de chemin de fer sont presque toutes comprises dans les médailles d'or, et nous signalerons, suivant l'ordre adopté au catalogue des récompenses, la Compagnie du Nord, celle d'Orléans, celle de l'Est, celle du Midi et celle de la Méditerranée. Marseille devenant tête de ligne par les chemins de fer de Toulon, de Nice, et les autres lignes qui sont à l'étude, est appelée à posséder à son tour des ateliers dignes de son importance. Je suis assuré que le directeur général de la Compagnie de Paris à Lyon et à la Méditerranée, M. Talabot, portera sur ce point essentiel sa haute intelligence administrative.

CLASSE SOIXANTE-QUATRE. — *Matériel et procédés de la télégraphie.*

Voici le domaine de l'électricité. Pour la première fois, cet agent mystérieux et essentiellement moderne prend part, avec une certaine importance, à une Exposition universelle.

L'administration générale de la télégraphie française étant placée hors concours, c'est à la Compagnie du câble transatlantique qu'a été dévolu le grand prix, ainsi qu'à M. Hugues, de New-York, pour son télégraphe-imprimeur. Parmi les médailles d'or, nous voyons figurer la France avec quatre médailles contre une dévolue à la Grande-Bretagne.

Le télégraphe autographique de M. Caselli a obtenu la quatrième médaille d'or. Dois-je ajouter, en terminant cette courte analyse, qu'il n'existe, au Champ de Mars, aucune exposition placée sous le nom de l'administration du télégraphe de Marseille?

La centralisation de tous les services faite à Paris, est, sans doute, la cause de cette absence ; mais, d'autre part, plusieurs employés des diverses stations ont exposé des perfectionnements aux appareils existants ; je suis de ceux qui prennent en grande considération les travaux des hommes qui, étant appelés à manier journellement un appareil, sont plus à même d'en saisir les côtés faibles. Or, de pareils travaux exposés par des employés spéciaux, prouvent, en général, une sage direction de la part des chefs disséminés dans les principales villes de l'Empire, et il est à souhaiter que des encouragements soient donnés dans cette voie.

CLASSE SOIXANTE-CINQ. — *Matériel et procédés du génie civil des travaux publics et de l'architecture.*

Cette classe, qui comprend une immense variété de produits, et le nombre considérable de quatre cent trente et un exposants, renferme neuf Marseillais. Elle peut être divisée en quatre séries principales :

1° Les matériaux, pierres, briques, chaux, ciments, etc. ;

2° Les ouvrages en métal, la menuiserie et les parquets, ayant trait à la construction ;

3° La ferronnerie et la serrurerie pour les bâtiments et pour les meubles ;

4° Les appareils, machines et procédés servant

à l'exécution des travaux d'architecture et du génie civil.

Deux grands prix, attribués à cette classe, se partagent entre la France et la Prusse.

Le premier grand prix a été décerné à la Compagnie du canal maritime de Suez.

Un grand prix pour une grande œuvre !

Les médailles d'or sont au nombre de treize pour la France, deux pour l'Angleterre, une pour la Bavière, une pour la Prusse et une pour l'Autriche. Marseille est ici représentée, comme nous l'avons dit plus haut, par neuf exposants.

Voici d'abord la menuiserie et les parquets de MM. Maybon Baptiste et Cie. C'est à grand' peine qu'on peut découvrir les objets envoyés par ces exposants au Champ de Mars. Ils sont placés contre la deuxième paroi de la galerie des machines, et à une hauteur qui s'oppose presque à l'examen. On peut juger cependant par les grands chiffres que l'on découvre au moyen d'une lunette d'approche, que la production de M. Maybon se traduit par des prix très-modérés, ce que l'exécution très-soignée de ses parquets et de sa menuiserie ne semblerait pas faire supposer au premier abord.

M. Désiré Michel a exposé les ciments de la Méditerranée, qui ont déjà fait leurs preuves dans un grand nombre de travaux, et notamment des ponts pour les chemins de fer, des voûtes pour les docks et des blocs pour le service maritime. A côté des produits eux-mêmes, cet exposant a placé la photographie de son usine, où l'on distingue une rangée de fours, au nombre de douze, avec douze paires de meules, mues par des machines à vapeur de quarante chevaux chacune, permettant de fabriquer journellement cinquante à soixante tonnes de ciment.

La position exceptionnelle de cette usine, placée sur une exploitation de mine de charbon, lui permet d'obtenir du combustible à bon marché, et conséquemment de livrer des produits d'une bonne qualité sans exagérer les prix.

Il y a une dizaine d'années, les ciments de première qualité se vendaient huit à dix francs les cent kilogrammes; aujourd'hui ce prix est descendu entre quatre et cinq francs. Tout le bassin de la Méditerranée, l'Espagne, l'Italie, l'Afrique, l'Égypte et même l'Amérique, sont des contrées d'exportation du ciment, et constituent ainsi une des branches les plus importantes du commerce marseillais.

Diverses photographies, exposées par M. Michel, représentent les principaux travaux qu'il a effectués : des égouts, des bassins de radoub, des balises en mer, et diverses restaurations d'édifices. On voit en outre, dans la même exposition, la reproduction en relief, en carton-pierre, de la passerelle de Milan, exécutée par notre exposant.

L'examen de ce petit modèle donne une idée très-exacte de la légèreté, n'excluant en rien la solidité, qu'une savante construction peut donner aux ouvrages en ciment.

Un douloureux événement, récemment advenu à Marseille, donne à cette réflexion une portée toute spéciale.

L'industrie calcaire a encore un autre représentant marseillais, M. Carvin fils, qui a exposé des chaux grasses hydrauliques, des ciments et des plâtres.

Plusieurs usines importantes sont dirigées par cet exposant : l'usine de Vaufrège, produisant annuellement treize millions de kilogrammes de chaux grasses et hydrauliques, aux prix moyens de seize à vingt francs la tonne pour la chaux grasse, et douze francs pour la chaux hydraulique d'une densité moyenne de sept cent vingt-cinq à sept cent cinquante kilogrammes le mètre cube tassé; l'usine de la Bedoulle, comprenant les ciments de Roquefort et le ciment gris dit de Bedoulle, qui produit annuellement douze millions de kilogrammes; l'usine du pont de l'As, qui produit annuellement trois millions de kilogrammes de chaux : cette usine, placée dans le rayon de l'octroi de Toulon, fabrique à des prix plus élevés que les autres usines à cause des taxes qui la surchargent; l'usine de Joux, près Auriol, qui produit du plâtre rose et du plâtre blanc, tirés d'un magnifique gisement, découvert en cet endroit : sa production annuelle est de dix millions de kilogrammes.

Deux cent neuf ouvriers fonctionnent dans les diverses usines que nous venons de citer, et l'addition nous révèle une production totale de trente-huit millions de kilogrammes par an.

Il y a cette différence entre M. Michel et M. Carvin, que ce dernier se borne à fabriquer toutes les variétés de chaux, de plâtre et de ciment que réclame la construction, tandis que M. Michel emploie lui-même les produits de sa fabrication, sans exclure toutefois la vente pure et simple.

Parmi les industries diverses touchant de près aux constructions se trouve l'exposition de M. Dalmas, qui consiste en plusieurs appareils de salubrité, réunissant toutes les conditions désirables, résumées par le mot que je viens d'écrire. Il ne nous est guère possible d'entrer dans des développements au sujet de ces appareils; nous nous contenterons d'indiquer, en constatant leur supériorité réelle, que l'usage presque exclusif en a été adopté par les forges et chantiers de la Méditerranée et les messageries impériales, dans leurs magnifiques paquebots.

M. Coste se présente à nous avec un filtre d'un nouveau système. Certes, les filtres abondent au Champ de Mars; malgré les plaisanteries proverbiales dont on a assailli les eaux de Marseille,

Paris n'a rien à lui envier sous le rapport de leur impureté.

Nonobstant les travaux effectués à Marseille, il reste encore beaucoup à faire, et je ne voudrais pas que l'on se bornât à construire de petits appareils de filtrage pour l'usage des familles; il faudrait que l'on trouvât un moyen d'opérer le filtrage en grande quantité pour le service de la ville entière.

L'appareil multiplicateur des surfaces filtrantes, inventé par M. Coste, offre les conditions d'hygiène qui doivent être le caractère fondamental de ces appareils.

M. Coste se sert d'une pierre poreuse, agissant mécaniquement sur la vase contenue dans l'eau, et de deux réservoirs distincts permettant d'alimenter une maison entière. La prise d'eau est à la base de l'appareil à filtrer et doit former pression contre les parois de la pierre.

Cette pression, qui accélère le filtrage, a aussi pour effet d'élever l'eau à la hauteur normale des maisons. A leur sommet est un réservoir à eau filtrée, où aboutissent deux tuyaux : l'un amenant l'eau filtrée qui monte, l'autre distribuant celle qui descend. Quand on ouvre le robinet de consommation, un culbuteur, qui en dépend automatiquement, ouvre un orifice placé à la partie basse du réservoir à eau non filtrée; celle-ci s'écoule; de son côté l'eau filtrée qui est au sommet de la maison repasse, par son propre poids, à travers les pores de la pierre, la nettoie, et active la chute de la vase qui s'y est attachée et qui est ainsi entraînée d'une façon constante hors du filtre lui-même. Aussitôt que le robinet de consommation est fermé, la pression inférieure de la prise d'eau reprend son action, et le filtrage continue.

En résumé, cet appareil, qui fonctionne à l'Exposition, consiste essentiellement dans l'interposition d'un système filtrant entre la prise de l'eau amenée par les tuyaux de conduite souterraine et sa distribution dans les divers appartements.

Le système filtrant lui-même ne présente d'autres innovations que celle de la disposition particulière du cylindre de terre poreuse, qui remplit, dans son enveloppe de fonte, l'office d'un manchon que l'eau pénètre de dedans en dehors avant de se rendre dans son réservoir définitif.

L'étude du filtrage préoccupe sans doute nos inventeurs marseillais; car M. Coste a un concurrent, qui est M. Espirat.

Tous deux ont surtout cherché à obtenir un lavage automatique des pores de la matière filtrante. M. Espirat y parvient non par la simple pression, mais par l'expiration de l'eau filtrée repassant à travers les pores et les lavant ainsi d'une manière constante.

Son système très-ingénieux est un peu plus compliqué que celui de M. Coste; mais je ne le crois pas inférieur. Peut-être même le dégorgement automatique y est-il plus réglé, suivant le degré d'impureté des eaux, tandis que chez M. Coste ce dégorgement peut avoir lieu souvent d'une manière plutôt préventive que nécessaire. Trop de précaution ne nuit pas, et ce n'est pas moi qui en blâmerai le luxe, en matière d'hygiène.

Après le filtrage des eaux voici les perfectionnements des tuyaux de conduite, dans leur partie importante, surtout en face des pressions qu'ils peuvent subir, soit qu'ils contiennent de l'eau, du gaz ou de la vapeur. Je veux parler des joints, cet écueil si grave, partout où la soudure est impossible.

M. Dussart a exposé un instrument aussi simple qu'ingénieux pour la pose des joints en caoutchouc vulcanisé, dont l'ingénieur Petit a popularisé l'usage, et il a en même temps perfectionné les serre-joints jusqu'ici employés. Avec l'outil de M. Dussart, la rondelle de caoutchouc est rapidement posée, uniformément serrée, régulièrement maintenue, et il suffit pour toutes pièces de jonctions de deux anneaux en fer galvanisé, portant sur de simples tenons. Aussi le travail, très-simplifié, peut-il être effectué par tout ouvrier avec ce grand avantage : de ne pas ébranler les tuyaux sur lesquels on l'exécute.

Mais ce n'est pas seulement sur l'instrument de pose que l'attention doit être attirée, c'est aussi sur le joint lui-même, remarquablement perfectionné par M. Dussart.

La partie la plus délicate des conduites consiste dans le joint, c'est-à-dire dans le moyen de lier entre eux plusieurs tuyaux. Il faut rendre le point de jonction parfaitement étanche ; et cependant il faut maintenir une certaine souplesse dans la conduite entière ; il faut lui laisser l'élasticité nécessaire pour les dilatations et les contractions des métaux, pour les trépidations résultant du passage des voitures et des coups de pistons des pompes à vapeur, et enfin pour les affaissements des terres. Toutes ces causes sont de nature à amener la désorganisation du joint, par le glissement des broches qui sont coniques et par l'usure des vis et des écrous si promptement détruits par la rouille.

Dans le système de M. Dussart, une première amélioration consiste en ce que le serrage du caoutchouc n'est pas abandonné à l'appréciation de l'ouvrier : il est limité, et ne dépend pas de l'emploi de broches plus ou moins fortes, ou de l'inégalité du montage des vis.

En outre, il existe un bourrelet à l'un des bouts du tuyau, qui ne permet pas de comprimer le caoutchouc outre mesure, soit à droite soit à gauche, pour donner à la conduite une déviation trop exagérée. Le maximum de cette déviation est déterminé par la construction même du tuyau, et l'ouvrier ne peut pas le dépasser.

Dans les autres systèmes, il arrive que le caoutchouc est mis à découvert par un serrage défectueux, ou par une déviation trop forte de la ligne droite, ce qui rend les fuites possibles.

La seconde amélioration est encore plus importante pour la perfection du *joint*.

Le principe fondamental de toutes les dispositions du joint Dussart, dit *joint-parallèle*, a été d'obtenir un joint parfaitement régulier, c'est-à-dire pressé également et à la fois sur tous les points de sa circonférence, afin d'éviter qu'en commençant par une pression plus forte sur un point que sur les autres, le caoutchouc, ou toute autre matière le remplaçant, ne soit chassé dans la partie moins pressée au même moment, et que ce point ne présente, dans la partie pressée la première, un vide ou tout au moins une résistance insuffisante à la pression du liquide ou du gaz.

Tels étant les côtés faibles des systèmes anciens, M. Dussart a merveilleusement réussi à en écarter entièrement les nombreux inconvénients.

Un remarquable appareil pour élever l'eau automatiquement et sans transmission de mouvement mécanique ou manuel, a été inventé et exposé par M. Champsaur : la description technique ne pouvant en être claire, sans une figure à l'appui, je dois me contenter de dire que cet exposant a très-ingénieusement mis à profit la pression de l'air agissant, dans deux récipients superposés à distance, sur des soupapes munies de flotteurs, et qu'il obtient une élévation constante, uniforme et sans secousse, de l'eau amenée par un simple tuyau dans le récipient supérieur.

A l'aide d'une légère modification, le même appareil peut servir à élever la bière, les sirops, ainsi que d'autres liquides dont on se sert dans les distilleries, et rendre des services très-appréciés soit aux particuliers, soit aux industriels eux-mêmes.

En terminant l'étude de la classe soixante-cinq, je ne puis omettre de signaler des renseignements particuliers m'apprenant qu'un grand nombre d'exposants marseillais avaient fait des demandes d'admission dans cette classe et les suivantes et qu'ils ont été refusés faute de place.

Faute de place! N'y en a-t-il pas eu trop pour le théâtre qui a trois fois trompé l'attente du public? le cercle international et la salle des conférences qui n'ont servi à rien? et les nombreux cafés-concerts — ou non — qui donnent à l'Exposition un aspect pantagruélique peu digne de son but!

Certes, loin de nous la pensée d'exclure la galerie des aliments à divers degrés de préparation ; elle a son utilité réelle. Mais était-ce une raison pour inonder le Champ de Mars de concessions onéreuses aux entrepreneurs, désagréables pour les visiteurs, et surtout nuisibles aux exposants dont elles usurpent la place? Évidemment non.

Aussi conclurai-je que le refus *faute de place* est un des grands péchés de la Commission impériale dont la liquidation du trente et un octobre ne l'absoudra pas, même avec des flots d'or.

Classe soixante-six. — *Matériel de la navigation et du sauvetage.*

Il eût été surprenant que Marseille ne se fût pas distinguée dans une classe que j'appellerai volontiers la classe *des empires de la mer*. — Sept exposants, ce qui est considérable, à cause de l'importance énorme des industries que la plupart représentent, se sont ici donné rendez-vous.

Celui que je suis appelé à étudier le premier possède une exposition des plus remarquables; nommer *la Société des Forges et Chantiers de la Méditerranée*, c'est désigner une des plus belles gloires de notre pays, c'est annoncer un sujet d'étude digne du plus haut intérêt.

Si l'on consulte le livre des récompenses et si on analyse celles de la classe soixante-six, on verra que la lutte est entièrement circonscrite entre la France et l'Angleterre. Les États-Unis,— ce qui est surprenant, — y jouent un rôle bien secondaire.

Or, une chose nous frappe au premier abord, c'est que la suprématie française soit consacrée, en ce qui concerne le matériel de navigation, par le premier grand prix accordé à la Société des Forges et Chantiers ; car, pour le matériel de sauvetage, c'est à la Société anglaise de ce nom que revient l'unique grand prix.

Une préférence généreuse et facile à comprendre a fait placer dans l'esprit du jury le sauvetage avant la navigation.

Nul ne l'en blâmera, et tout en souhaitant que la France suive les traces de l'Angleterre dans ses préoccupations philanthropiques, ne négligeons pas de constater que c'est la Société des Forges et Chantiers qui a fourni une partie du matériel de la Société française de sauvetage.

Quoi qu'il en soit, avant l'Angleterre elle-même, la France domine en fait de constructions navales, et à la tête des ateliers français figurent ceux des Forges et Chantiers de la Méditerranée.

J'appuie et c'est à dessein : en matière d'industrie maritime, plus que dans tout autre genre d'industrie, je crois à l'impartialité des jurys internationaux, et, si dans ma précédente lettre j'ai dû ne leur pas ménager les critiques, je me plais cette fois à louer leur appréciation. De quelque manière que le travail d'examen ait eu lieu, le résultat témoigne de la rectitude des jugements portés, et cela me suffit.

Le matériel de la marine est divisé en deux parties distinctes : le matériel de la marine commerciale et celui de la marine militaire ; celui-ci perfectionné avant celui-là.

Pourquoi donc rencontrerons-nous toujours les engins de destruction élevés avec un soin sans égal au dernier coefficient de la puissance humaine ?

Je sais bien que de plus grands dangers commandent de plus grandes protections ; mais est-il donc si nécessaire, pour le *couronnement de l'édifice* de la civilisation, d'attendre qu'un dernier génie ait créé un nouvel appareil capable d'anéantir d'un seul coup deux flottes à la fois en rendant ainsi toute guerre impossible ?

Faut-il donc acheter au prix d'un sang précieux versé à torrents, un éclair de raison, devenant sans mérite, puisqu'il naîtra d'une impossibilité matérielle ?

Certes, si j'avais ici à étudier au point de vue humanitaire et social les prodiges de la construction navale militaire, je serais sévère et partial ; mais le fait existe ; il n'est au pouvoir de personne de l'anéantir : on m'attaque, je me défends, telle est la loi de ce monde. Ainsi envisagée, la question prend une tout autre physionomie ; aussi louerons-nous sans réserve la savante persévérance avec laquelle nos constructeurs luttent contre les effrayantes combinaisons meurtrières nouvellement révélées.

Quand il s'agit d'accorder des louanges, je ne

sais pas de meilleur moyen pour leur donner leur véritable portée et leur véritable valeur que d'énumérer les difficultés surmontées.

Ces difficultés étaient de plusieurs genres et, pour n'envisager que la marine commerciale, elles consistaient: dans une durée et une solidité plus grandes des coques, une rapidité plus considérable de la marche, une plus grande force des machines sous un plus petit volume, enfin dans une plus grande dimension des vaisseaux, jointe à la modération des prix de revient; toutes choses qui atteignent directement les transactions commerciales par une foule de points essentiels.

Ces difficultés ont été vaincues par nos chantiers français.

Aussi la navigation à vapeur se popularise-t-elle de plus en plus, et le cabotage donne-t-il aux navires à voiles une préférence moins accentuée que par le passé.

Le progrès des théories de l'architecture navale nous a dotés de navires allongés, à proue aiguë, qui atteignent jusqu'à neuf ou dix fois le bau, alors que la longueur de nos anciens bateaux à vapeur, à proue renflée, ne dépassait pas quatre fois le bau. Ceci constitue une véritable révolution dans le système des transports maritimes.

En effet, plus la place consacrée aux marchandises est considérable, plus le fret se fractionne et s'abaisse. L'usage du bois interdisait aux navires les dimensions qu'ils possèdent aujourd'hui ; le fer les a permises et les pousse à ses plus extrêmes limites. De plus, leur solidité et leur durée s'accroissent dans une proportion analogue.

La vitesse de nos nouveaux bateaux à hélice arrive à quatorze et quinze nœuds à l'heure. Les machines sont de plus en plus perfectionnées et les vibrations et les frottements dangereux sont l'objet d'une sollicitude incessante.

Une question sérieuse se rattache à la construction des machines à vapeur, c'est celle de l'économie du combustible. Ici encore des progrès ont été réalisés.

Les théories générales indiquaient l'emploi de pressions initiales élevées, de détentes dans de larges proportions et l'annulation des pertes de la vapeur provenant des condensations intérieures.

Tout en se renfermant dans les limites des conditions particulières aux machines marines, les constructeurs ont suivi ces indications, et la dépense de combustible a été réduite à une moyenne de un kilogramme quarante par cheval indiqué, au lieu de deux kilogrammes et plus, comme cela avait lieu précédemment.

Ce but a été atteint en n'employant qu'une pression de deux atmosphères et demie, mais on fait actuellement de nombreuses tentatives pour arriver à cinq atmosphères effectives ; il en résulte la nécessité d'alimenter à l'eau douce, et de recourir au condenseur par surface.

La solution complète du problème n'est pas encore obtenue, mais tout fait espérer qu'elle le sera bientôt.

En attendant, les ateliers français qui ont fourni tous les paquebots de nos grandes lignes de la Méditerranée, du Brésil, de l'Indo-Chine, du Mexique, et la majorité de ceux de l'Amérique, ont acquis une réputation universelle parfaitement légitimée par des résultats constatés.

Dans ce nombre, et en tête, il faut citer, comme je l'ai déjà dit plus haut, *les Forges et Chantiers de la Méditerranée*. L'organisation financière et administrative de cette Société, dont le conseil d'administration est placé sous la présidence de M. Béhic, offre les garanties les plus sérieuses.

La forme anonyme a été celle adoptée pour le fonctionnement de cette belle exploitation qui appartient bien à Marseille, malgré l'existence d'un siége social à Paris.

En effet, le centre de l'exploitation est dans notre ville, et diverses considérations matérielles et économiques ont seules créé les chantiers de la Seyne.

Avant de pénétrer dans l'organisation industrielle, complétons nos renseignements administratifs.

Le capital social est de sept millions de francs,

divisés en seize mille actions. Le 15 mai 1867, une émission d'obligations a été faite pour une somme de huit millions, répartis entre seize mille obligations.

On ne peut expliquer l'existence de chiffres si modérés, en face d'une exploitation si énorme que par la nature des clients qui s'adressent à elle. Ces clients ne sont que nombreux pour les pièces séparées, mais ils sont imposants pour les grands assemblages. Ce sont les divers États européens et les grandes compagnies, telles que la compagnie de Suez et plusieurs autres qu'il serait trop long de nommer.

Or, il faut ajouter que le fonds social s'augmente annuellement d'un prélèvement, dans les règlements des comptes, afin de constituer un capital de réserve.

Cette mesure est d'une prudence et d'une sagesse dont on ne saurait trop louer les administrateurs qui l'ont proposée et les actionnaires qui l'ont adoptée.

Quand on songe qu'avec ce capital restreint, il est sorti des chantiers de la Compagnie une production annuelle de vingt-cinq millions de francs!

On ne sait ce qu'il faut le plus admirer, ou du rouage administratif, ou des savants praticiens.

Le rouage est du reste fort simple. Il est composé d'un directeur général de l'exploitation, siégeant à Marseille, et qui est aujourd'hui M. G. Fanjoux, ancien secrétaire général de notre préfecture.

Ce directeur est assisté d'un comité de direction composé de M. Amédée Armand, président actuel de la chambre de commerce, dont tout Marseille apprécie la haute valeur, et de M. Laurent Déonna.

Le directeur et le comité élaborent et étudient les questions d'exploitation, qui seront ensuite portées devant le conseil d'administration de Paris.

Les établissements des forges et chantiers sont divisés en deux parties bien distinctes, ainsi que l'indique le nom même que je viens d'écrire :

Les forges, qui sont à Marseille, et les chantiers, qui sont à la Seyne, près de Toulon.

Chacun d'eux est logiquement dans son centre économique ; là où les ressources et les lumières de la science, dans ses détails les plus intimes, ainsi que la multiplicité des voies de communication sont nécessaires, — la grande ville et ses avantages.

Là où l'espace et les champs d'essai sont indispensables et doivent être à portée immédiate des travailleurs, — la petite ville et ses franchises, la mer et son immensité, non encombrée par cette foule de navires qui remplissent les grands ports de commerce.

Aussi est-ce à Marseille que se construisent tous les appareils mécaniques de mer ou de terre, sous la direction d'un ingénieur en chef, M. Lecointre, à la tête de deux mille ouvriers.

Et c'est à la Seyne que s'échafaudent les immenses coques de nos navires, sous la direction de M. Verlaque, aussi ingénieur en chef, à la tête de trois mille ouvriers.

Avant d'aller plus loin deux choses nous arrêtent ; car tout en entreprenant, à l'occasion de l'Exposition, l'examen du matériel envoyé au Champ de Mars par une Société industrielle, il ne faut pas oublier qu'un enseignement tout aussi important que l'enseignement technique doit ressortir pour nous de l'étude à laquelle nous nous livrons.

Cet enseignement touche à deux branches importantes de la prospérité sociale : les institutions philanthropiques et les questions économiques, qu'il est souvent fort difficile de séparer complétement.

La Société des Forges et Chantiers, cela est certain, a créé la Seyne, c'est-à-dire un centre industriel nouveau et très-important à côté du centre militaire qu'on appelle Toulon.

Faut-il énumérer les améliorations nombreuses dues à la participation de la Compagnie des Forges et Chantiers venant en aide au budget municipal trop souvent insuffisant? Faut-il citer l'ouverture, en 1858, d'un magnifique boulevard sur l'esplanade de la Lune; le nivellement et le ferrage d'une voie qui suit le littoral sur une longueur de six cent soixante mètres ; la voie transversale qui relie le boulevard de la Lune au chemin de Balaguier, exécuté en 1859 ; l'achèvement de la route qui aboutit à la gare, effectué en 1860 ; l'intervention dans les travaux de macadamisation, de ferrage et de fermeture du ruisseau qui la barrait, pour la nouvelle artère que la ville se décida d'ouvrir, en 1861, entre la route n° 16 et l'esplanade des Esplageolles? Ajoutons à cette nomenclature les travaux pour la recherche et l'approvisionnement des eaux, dont la Seyne n'est pas abondamment fournie, effectués avec la participation de la Société des Forges et Chantiers, en 1864. Il importe encore de signaler différents travaux d'assainissement, notamment ceux qui furent exécutés en 1865 au plus fort de l'épidémie cholérique.

Il existait un ruisseau qui ne recevait que les eaux des égouts et des immondices, et laissait exhaler des odeurs pestilentielles ; une pompe rotative à grande puissance, mue par la vapeur et disposée par les soins de la Compagnie, y dirigea un vigoureux jet d'eau de mer, qui entraîna, en peu de temps, toutes les matières corrompues qui s'y trouvaient et assainit complétement ces parages, doublement dangereux, surtout au moment où la terrible maladie exerçait puissamment ses ravages.

Depuis lors, des travaux complets ont été exécutés, et la Compagnie, dont nous nous occupons, y a participé pour une somme de trente mille francs.

Tels sont les services que peuvent rendre ces grandes institutions industrielles qui, outre le mérite technique, possèdent une largeur de vue sagement interprétée par des administrateurs intelligents et habiles.

En même temps que l'on pensait à des améliorations d'édilité, on songeait aussi à des fondations philanthropiques, capables d'améliorer la situation des ouvriers, attirés dans cette petite ville, devenue importante par l'industrie des constructions navales.

Ce but a été atteint, à la Seyne, au moyen de quatre institutions distinctes, dont on a concilié également les applications aux chantiers de Marseille, avec les ressources existantes dans cette grande ville.

La première est une association de secours pour les ouvriers malades. Elle fonctionne au moyen d'une retenue hebdomadaire de vingt-cinq centimes, qui assure aux ouvriers les soins et médicaments, et un secours pécuniaire, pendant toute la durée de l'incapacité de travail. Bien entendu, la Compagnie subventionne cette caisse de secours, et comme l'éloquence des chiffres est sans rivale, citons les dépenses de 1866 qui se sont élevées à quarante-sept mille quarante-neuf francs vingt centimes, et ajoutons que la subvention annuelle vient d'être portée à quinze mille francs.

La seconde institution est une ambulance et une infirmerie, nées du choléra de 1865; cette ambulance, construite d'abord en planches, possède aujourd'hui un local vaste et bien aéré, acquis par la Compagnie, et est disposé pour recevoir quinze lits en temps ordinaire et quarante en temps d'épidémie. Les soins y sont gratuits.

La troisième institution est la réalisation de fourneaux alimentaires, question qui a tant ému nos économistes et qui soulève tant de réflexions intéressantes concernant le caractère essentiellement fier et indépendant de l'ouvrier.

Pourquoi celui-ci n'a-t-il pas encore compris que la centralisation, qui diminue le prix des produits en simplifiant les moyens de fabrication, qui sont les mêmes pour une grande comme pour une petite production, réalise une économie qui ne constitue, dans aucun cas, une aumône? Les fourneaux alimentaires sont une institution essentiellement libérale, et, telle que l'a comprise la Société des Forges et Chantiers, elle possède tous les éléments qui sont de nature à satisfaire le caractère du travailleur.

Les plus intelligents, ceux qui ne voient pas un esclavage dans la nécessité de se réunir dans un même réfectoire pour prendre leur repas, peuvent se nourrir sainement et substantiellement pour la minime somme de un franc trente centimes par jour, avec trois repas.

Ceux qui apportent leurs provisions avec eux, trouvent dans le réfectoire un abri qu'ils viennent y chercher librement, et ils ont aussi la ressource d'acheter des portions qui varient entre cinq et vingt centimes. Ajoutons que le tarif, ci-dessus établi, n'est pas susceptible de variations. Le cours des matières comestibles baisse-t-il? on améliore l'ordinaire; augmente-t-il? on supplée par une subvention à la différence que cette augmentation amènerait.

Voici la quatrième et dernière institution : après la nourriture du corps, la nourriture de l'esprit, le réfectoire de l'intelligence sous le nom de : « *Écoles d'adultes et cours pour les ouvriers.* » Certes voilà la mine des vrais progrès : l'instruction gratuite! trois cent soixante-dix ouvriers ont fréquenté annuellement les cours; lecture, écriture, grammaire, arithmétique, mathématiques, dessin linéaire et dessin appliqué aux constructions navales — naturellement — tel est le programme.

Les meilleurs résultats ont été obtenus. Des récompenses annuelles sont distribuées aux plus méritants; elles consistent en livres de sciences ou de littérature et en livrets de caisse d'épargnes. Ce dernier mot me suggère la pensée d'une caisse nouvelle à ajouter à celles qui existent. Pourquoi, en effet, ne pas avoir à la Seyne une caisse d'épargnes spéciale aux chantiers? L'habitude de l'économie se prend vite, quand on voit se grossir un petit pécule où l'on rassemble les épaves sauvées des plaisirs superflus. Ces épaves font ensuite des dots pour vos filles, messieurs les ouvriers ; pour n'être pas riches on n'en est pas moins père ! Songez-y bien. C'est dans les vieux jours une douce consolation, — j'ajouterais même, si je n'avais peur de faire appel à une pensée égoïste, qui n'est certainement pas en vous, — j'ajouterais, dis-je, que, de ces épargnes, on profite quelquefois soi-même. Le bien-être qu'elles ont contribué à donner à vos enfants, fût-ce aux dépens de vos menus plaisirs, vous êtes appelés à le partager amplement, en coulant vos dernières années au milieu des soins et du repos que vous les avez mis à même de vous procurer.

Par une organisation intelligente, on pourrait placer cette caisse d'épargnes en dehors de la surveillance administrative de la Compagnie ; car on connaît, à l'égard de leurs économies secrètes, les scrupules de certains travailleurs ; mais il serait à la fois généreux et habile de la doter d'un premier capital qui ne pourrait jamais être bien considérable ; le reste est une entente à établir entre la caisse de Toulon et la future annexe de la caisse publique existant déjà à la Seyne.

Ces points intéressants étudiés, il ne nous reste

plus qu'à nous occuper des questions industrielles et techniques spéciales à l'exposition des Forges et Chantiers.

L'exposition des forges et chantiers de la Méditerranée se divise en trois parties distinctes :

1° La vitrine de la galerie des machines contenant d'admirables modèles de navires à vapeur, et de machines marines au dixième d'exécution, fonctionnant à l'aide d'un moteur Lenoir placé dans le soubassement de la vitrine;

2° Le hangar de la berge où se trouve la gigantesque machine du *Friedland*, dont l'arbre de couche est sorti des forges de la Compagnie; en face, on voit le squelette mécanique du *Marengo*, vaisseau de la marine impériale, de la force de neuf cent cinquante chevaux; à côté est une machine de trois cents chevaux et sur la berge un canot à vapeur;

3° Dans le pavillon de l'isthme de Suez, des dragues et autres engins composant une partie du matériel de cette Compagnie, et qui sont également sortis des ateliers des Forges et Chantiers.

Tous, ou presque tous les navires, dont les modèles figurent à l'Exposition, ont fait leurs preuves, et peuvent fournir quelques pages d'histoire militaire et commerciale des plus intéressantes.

Voici d'abord *la Numancia*, frégate entièrement en fer, construite en 1863 pour la marine royale espagnole, et exécutée en moins de deux ans.

FORGES ET CHANTIERS DE LA MÉDITERRANÉE

Sa cuirasse a treize centimètres d'épaisseur. Sur le pont, se trouvent deux réduits également cuirassés, l'un à l'avant, pour le commandant pendant les combats, l'autre à l'arrière, abritant la roue du gouvernail.

La Numancia, au moment de son lancement, était le plus grand navire de guerre qui fût sorti des mains de l'industrie privée.

Sa batterie est de quarante canons; elle a une vitesse de douze à treize nœuds à l'heure, et, de l'avis d'un officier de la marine des États-Unis, juge compétent, elle est en son genre l'un des navires les plus parfaits du monde entier; elle n'est vulnérable, aux gros canons rayés, qu'à une courte distance, et possède le plus fort tonnage des navires de l'océan Pacifique. Sa machine est à bielles renversées. Ce type qui permet de restreindre considérablement, et sans déperdition de forces, les emplacements nécessaires aux machines, a été conçu par M. Dupuy de Lôme, directeur du matériel de la flotte et inspecteur général du génie maritime, dont les travaux admirables immortaliseront le nom.

Je suis heureux de trouver cette occasion de payer à ce savant un juste tribut d'hommages, et je la saisis avec d'autant plus d'empressement que les gloires scientifiques et industrielles sont les gloires les plus fécondes et les plus pures de la France.

Revenons à *la Numancia*. Je n'entreprendrai pas son histoire, déjà si palpitante, car elle a vu le feu, et y a fait ses preuves ; mais ce doit être pour les constructeurs une curieuse émotion que de suivre du regard les péripéties de l'existence aventureuse de ces élégantes et fières constructions navales, qui, une fois terminées, reçoivent un nom comme un être vivant, et semblent emprunter à leur rôle une vie réelle pleine d'angoisses et de triomphes.

Voici une autre frégate, *la Regina-Maria-Pia*, construite en 1864 dans l'espace de seize mois, pour la marine italienne. Vingt-quatre canons la défendent ; sa vitesse est de treize nœuds, et elle a vaillamment pris part au combat de Lissa.

Le Brazil, corvette cuirassée, construite dans la même année que la frégate précédente, pour la marine brésilienne, a été exécutée en douze mois ; elle a été faite en vue d'un très-faible tirant d'eau ; à peine terminée, elle a dû prendre la mer avant même les essais ordinaires.

Elle s'y comporte admirablement, dit le capitaine, et avec la qualité de n'avoir qu'un roulis très-doux, elle a aussi celle de ne pas embarquer d'eau, de quelque côté que vienne la mer.

Le Brazil a été bientôt corvette amirale, grâce à ses qualités exceptionnelles, et a servi de modèle à d'autres corvettes que le gouvernement brésilien a fait construire à Rio de Janeiro.

Des canonnières ottomanes figurent à côté de ces navires de haut rang. Elles ont été construites spécialement en vue de la navigation du Danube. Elles devaient donc évoluer de la manière la plus aisée et n'avoir que le plus mince tirant d'eau.

La Compagnie a répondu à l'attente de son client tout à fait inattendu, car c'est une nouveauté que le gouvernement du sultan fasse des commandes semblables en France, et les canonnières se sont en toute circonstance admirablement comportées. A leur côté on voit figurer dans la vitrine dont je m'occupe le modèle de leur machine.

Jusqu'ici, nous n'avons vu que des navires de guerre; voici maintenant des navires de commerce.

Le commerce réclame les plus grandes dimensions unies à la plus grande rapidité. Certes, il n'est pas extrêmement difficile de donner aux navires des dimensions considérables; comme nous l'avons déjà dit, l'emploi du fer a levé tout obstacle.

Ce qui est difficile, c'est, en diminuant l'ampleur des flancs d'un navire, de lui conserver sa plus grande contenance, et, en l'allongeant, d'accélérer sa marche, sans compromettre son équilibre de flottaison.

Dans *le Masr*, par exemple, paquebot en fer à hélice, construit en 1866, pour le vice-roi d'Égypte, et dont le modèle est sous nos yeux, la largeur arrive à près de neuf fois le bau (8,92). — Le bau est la maîtresse section, en largeur, de la coque — alors que *le Great-Eastern* n'a guère que huit fois le bau (8,04). Nous aurons encore l'occasion de constater cette supériorité de construction dans d'autres navires sortis des Forges et Chantiers de la Méditerranée.

Ce paquebot, l'un des plus grands bateaux à hélice construits en France, peut recevoir cent vingt-cinq passagers de première classe, et cinquante-quatre de deuxième; des ventilateurs et un appareil de distillation propre à fournir l'eau douce, viennent compléter son aménagement qui est des plus riches et des plus soignés.

Le Tigre, autre paquebot, dont les proportions dépassent huit fois le bau (8,25), a été construit en 1864, pour M. Florio, armateur palermitain; il est à roues, et a servi de type à plusieurs autres navires.

Voici des porteurs de minerais de grandes dimensions, atteignant encore plus de huit fois le bau (8,24), construits pour la Compagnie générale des transports maritimes à vapeur.

Ils sont d'une solidité toute spéciale, en vue du service qu'ils sont appelés à faire, puisqu'ils sont destinés à transporter en France les minerais de fer de l'Algérie. Leurs excellentes qualités nautiques leur permettent de porter, même pendant l'hiver, douze cents à quinze cents tonneaux à chacun de leurs voyages, avec une vitesse de neuf nœuds.

Les machines de ces porteurs ont une puissance remarquable sous leur petit volume; elles sont à condensateur, par contact ou par mélange, à volonté, et du système dit à pilon; leur consommation de charbon est très-modérée.

Les porteurs de vase destinés à MM. Borel Lavalley et Cie, entrepreneurs des travaux du canal de Suez, sont percés au fond de huit ouvertures fermées par des clapets manœuvrés deux à deux par des treuils spéciaux placés sur le pont supérieur.

Comme la largeur de ces navires dépassait celle des écluses du canal de Suez, dix sur quinze ont été divisés en deux parties au moyen de cloisons de tôle. L'équilibre, momentanément détruit, quand le navire est séparé en deux, est rétabli par un système de flotteur. Leur machine est à deux cylindres, commandant deux bielles complétement indépendantes.

Terminons la revue des modèles exposés dans la grande galerie circulaire, en mentionnant la machine d'une frégate cuirassée destinée à la marine prussienne, et qui vient d'être terminée tout récemment.

Cette machine est de la force de neuf cent cinquante chevaux; elle est d'un accès extrêmement facile et d'une très-remarquable exécution.

On a pu voir, du reste, dans le hangar de la berge où figure, avons-nous déjà dit, le squelette du *Marengo* et celui du *Friedland*, une machine de trois cents chevaux qui reproduit les dispositions de celles de la frégate prussienne. Les mêmes qualités s'y font remarquer, et il n'y a d'autre différence que celle de la force.

Le squelette du *Marengo*, dont la réduction figure dans la vitrine de la galerie circulaire, est de la force de neuf cent cinquante chevaux nominaux.

Il est d'un imposant aspect ; le diamètre de ses cylindres à vapeur est de deux mètres dix, la course des pistons est de un mètre trente, et la machine effectue cinquante-cinq tours par minute.

Placé en face de la gigantesque installation du *Friedland*, il n'apparaît pas dans toute sa valeur réelle à cause de l'absence du mouvement, mais leur mérite est parfaitement égal, et les connaisseurs ne savent lequel des deux admirer le plus.

La Compagnie des Forges et Chantiers a, du reste, le droit de réclamer une part des éloges qu'a obtenus *le Friedland*, puisque son arbre à trois coudes a été exécuté par elle et a été livré en cinq mois.

Sur la Seine, chacun a pu remarquer un gracieux canot à vapeur qui évoluait avec une charmante aisance. Il est, lui aussi, sorti des Forges et Chantiers de la Compagnie.

J'apprends au dernier moment qu'il vient d'être

acheté par le Prince Napoléon pour le compte du roi de Portugal.

Tels sont, au Champ de Mars, les objets représentant la belle industrie des Forges et Chantiers, et encore ils ne donnent qu'une faible idée de la production de cette Compagnie.

Si nous énumérions d'une façon complète tous les navires, toutes les machines qui sont sortis de ses mains, nous aurions à remplir presque un volume.

Disons seulement que sur le modèle de celle de *la Numancia*, vingt-neuf navires ont été pourvus de machines, dont onze frégates cuirassées ou non ; trois vaisseaux dont deux à trois ponts et deux à deux ponts ; huit avisos et plusieurs corvettes, paquebots et batteries cuirassées.

Sur le modèle du *Masr*, dix-sept paquebots ont été construits ; sur le modèle du *Tigre*, neuf paquebots, et sur le modèle du porteur de minerais trente-trois ont été exécutés et livrés.

Certes, une telle production est intéressante à étudier, jusque dans ses moindres détails, car elle tient une place très-importante dans notre industrie méridionale.

Aussi, apprenons-nous avec plaisir que, sous le rapport des tarifs douaniers, cette industrie n'a qu'à se louer du gouvernement, qui, paraît-il, a été toujours au-devant de ses besoins. La nouvelle loi sur la marine marchande a inauguré la francisation des bateaux, sans droits ; franchise est en outre accordée pour les matériaux entrant dans la construction de ces navires ; franchise aussi pour les importations temporaires des matériaux devant être réexportés après leur mise en œuvre.

La Compagnie tire ses houilles du bassin du Gard, et une partie de ses autres matériaux des usines de la Moselle et du Jura, qui ont cependant d'énormes frais de transport.

Les transports, voilà le seul petit nuage qui obscurcisse son horizon industriel ; je veux parler des transports par le chemin de fer.

Ce n'est pas tout que de donner, par la création de nouvelles lignes, un accès plus facile aux localités, il faut aussi leur appliquer des tarifs modérés. Ici nous constatons de nouveau le même inconvénient que nous avons déjà signalé pour les tarifs différentiels dans de précédents chapitres, et il serait à souhaiter, que les Compagnies de chemin de fer ouvrissent enfin les yeux aussi bien sur leurs propres intérêts, que sur les intérêts d'autrui, car ils sont solidaires.

Or, ce qu'on n'a pas fait encore pour les transports, la Compagnie des Forges et Chantiers le fait pour ses ouvriers ; elle proportionne les salaires aux nécessités, aux circonstances.

Les salaires ont, du reste, suivi dans ses ateliers une marche ascensionnelle continue; et, si nous nous rappelons comment elle a su établir les institutions philanthropiques dont nous avons déjà parlé, nous aurons une notion exacte de la manière dont elle agit pour les salaires.

Il sera donc superflu de dire que, dans les moments de surélévation du prix du pain, ce qui est, je pense, assez de circonstance, elle bonifie aux ouvriers une différence entre les prix ordinaires et les prix exceptionnels.

Ainsi, sagement et savamment administrées, les grandes compagnies ont droit à toute la bienveillance d'un État, car elles participent puissamment, non-seulement à sa grandeur par leurs œuvres, mais à sa tranquillité par leur sollicitude paternelle pour les innombrables ouvriers qu'elles emploient.

Quoique la Compagnie des Forges et Chantiers ait résumé, à elle seule, toute l'industrie navale, nous rencontrons, dans la même classe, un certain nombre d'exposants de mérite que nous devons étudier à leur tour.

Voici d'abord un appareil à surchauffer la vapeur par les gaz qui s'échappent de la cheminée, exposé par MM. Delafond et Corradi. Le premier est capitaine de frégate, le second ingénieur de la Compagnie de navigation mixte. L'énoncé de ces professions indique une compétence réelle, et nous sommes assuré d'avance d'avoir affaire à des hommes aussi habiles théoriciens qu'ingénieux praticiens.

Il me suffira d'indiquer sur quels principes reposent et la conception et l'exécution de ces appareils pour en établir, en même temps, le mérite et l'utilité.

Les nécessités du tirage, pour activer la combustion, ont amené les cheminées. Mais, en même temps qu'elles activent le foyer, elles laissent échapper une quantité de chaleur qui n'a aucun effet utile.

Une des préoccupations constantes des constructeurs de chaudières à vapeur est l'économie de combustible, et, en attendant que l'on puisse remplacer la matière première de la chaleur, la houille, par quelque nouveau produit, le plus simple est, sans contredit, en perfectionnant les appareils dans lesquels on la brûle, de lui faire produire le maximum d'effet utile.

C'est ainsi que les foyers, les chaudières, les machines ont été perfectionnés dans le but d'arriver à la solution du problème.

MM. Delafond et Corradi ont pris ce problème par l'une de ses faces les plus claires : par la déperdition de la chaleur qui a lieu dans la cheminée ; évidemment utiliser cette chaleur est un progrès d'autant plus louable, qu'il touche à un point essentiel de tout fonctionnement mécanique : l'*économie*.

Or la perte de chaleur est considérable dans le tirage des cheminées.

En effet, il faut environ un kilogramme de charbon pour produire six kilogrammes de vapeur ; un kilogramme de charbon développe sept mille cinq cents calories et six kilogrammes de vapeur n'en contiennent que trois mille neuf cents environ, près de la moitié est donc perdue ; mais on arrive à de nouvelles améliorations, en s'appliquant, non pas à produire un excès de vapeur, mais à surchauffer la vapeur déjà produite.

Voici cette amélioration :

La vapeur chauffée a une élasticité plus considérable que celle qui tend à se condenser ; son effet utile est en proportion. Il paraîtrait donc logique de porter la température de celle qui arrive dans le cylindre à un degré extrême. Il n'en est rien, car l'effet utile ne suit pas la proportion exacte de l'élévation de la température, et, de plus, les appareils sont promptement détériorés et détruits par la vapeur arrivant à deux cent quatre-vingts degrés.

L'économie de combustible serait donc largement compensée par la dépense du matériel.

L'expérience a démontré que soixante-dix degrés de surchauffe fournissent les meilleurs résultats ; à ce point se trouve paralysée la tendance de la vapeur à se réduire en gouttelettes dans les cylindres, car ceux-ci sont justement intermédiaires entre la source de chaleur et le condenseur, et ces gouttelettes absorbent à chaque coup de piston une certaine quantité de chaleur pour se vaporiser de nouveau. Donc en empêchant leur production, on conserve à la vapeur toute sa tension, tout son travail. On y arrive en surchauffant la vapeur et on la surchauffe économiquement en se servant de la chaleur habituellement perdue dans l'atmosphère.

On le voit, l'économie naît ici de trois circonstances distinctes, qui se fondent en un seul résultat final : l'épargne de combustible, avec le meilleur développement de la force de la machine.

MM. Delafond et Corradi, après avoir conçu le surchauffeur, l'ont exécuté dans les conditions les plus parfaites d'application à tout usage.

Ils ont opposé à la chaleur, s'échappant par la cheminée, la plus grande surface possible des tuyaux où circule la vapeur avant de se rendre dans les cylindres, et ils ont combiné leur appareil de façon que, en temps où des boulets seraient susceptibles d'atteindre la cheminée du navire à vapeur, on puisse, sans difficulté, rendre innocente toute lésion faite au surchauffeur, en l'isolant instantanément de la chaudière.

Je n'entreprendrai pas ici une description qui serait peu claire sans le secours d'une gravure ; mais je puis dire en terminant que l'appareil surchauffeur de MM. Delafond et Corradi a fait ses preuves, et réalise pratiquement — chose rare dans les inventions — une économie de vingt-six pour cent au moins, jusqu'à trente-deux et plus, dans l'emploi du combustible.

Aussi les Messageries Impériales, la Compagnie des transports mixtes, la Compagnie Regis de Marseille et la Marine Impériale se sont-elles empressées d'adopter ces surchauffeurs.

— Sous le nom de M. Corradi, seul cette fois, je vois figurer deux autres objets : un modèle de machine de bateau et un treuil à vapeur.

Dans le modèle de machine se montre un perfectionnement du système d'attache des roues aux pièces motrices. Il serait bien difficile d'entreprendre la démonstration de l'agencement adopté par M. Corradi ; pour le comprendre d'une manière satisfaisante, il faudrait avoir sous les yeux, ou l'objet ou sa représentation fidèle.

Cette remarque, qui revient à chaque instant dans l'étude de la classe soixante-six notamment, rend très difficile un compte rendu complet, et je suis forcé de constater le résultat atteint plutôt que d'expliquer les moyens qui ont permis de l'obtenir.

Or, le résultat atteint par M. Corradi est une plus grande solidité en même temps qu'une diminution du poids des machines. De plus, il a su, en supprimant certaines articulations coûteuses qui faisaient subir aux colonnes des efforts de flexion considérables, simplifier la manœuvre et répartir les résistances des roues sur les flancs longitudinaux du navire, lesquels constituent, comme on le sait, la partie la plus solide des constructions navales.

M. Corradi paraît avoir une tendance toute particulière pour les simplifications radicales dans le mécanisme. Il a grandement raison; son treuil à vapeur en est une nouvelle preuve. L'emploi de la vapeur comme moteur nécessitant presque toujours un mécanicien, cet ingénieux exposant a cherché à mettre à la portée de tous la manœuvre de son treuil, qui, tout en empruntant une plus grande puissance à l'emploi de la vapeur, est susceptible d'être dirigé par la plus inhabile des mains. Un cadran, une aiguille, les chiffres un, deux et zéro font toute l'affaire. Chargement, déchargement, repos, tout est là. Il suffit d'amener l'aiguille sur un des chiffres correspondants pour opérer instantanément chacune de ces manœuvres.

Voilà un perfectionnement des plus intelligents, et qui ne peut manquer d'être adopté par tous les constructeurs, nous en félicitons sincèrement M. Corradi.

L'exposition maritime de Marseille représente presque tous les engins de la navigation. Après le surchauffeur, les machines, après les machines, le treuil, après le treuil, les guindeaux perfectionnés de M. Salette.

C'est toujours à l'économie de temps et de peine, ainsi qu'aux précautions contre les accidents que s'attachent les perfectionnements. Tel est le cas de M. Salette. Son guindeau, exposé sous forme de modèle réduit, est extrêmement ingénieux. Il n'a pas eu la bonne fortune d'être remarqué par le jury, qui, sans doute, avait bien autre chose à examiner qu'un *guindeau*.

En vérité qu'est-ce qu'un guindeau? — et un guindeau réduit au centième de sa grandeur peut-être? — On aurait étrangement embarrassé quelques-uns de nos jurés, si on leur avait fait cette question. La Commission de la marine, plus compétente, a pris la peine d'examiner le guindeau de M. Salette et l'a jugé digne de son étude.

Le perfectionnement imaginé par notre constructeur est celui-ci : il a adapté le barbotin au guindeau ordinaire, en le disposant de façon à le rendre indépendant ou à le lier au guindeau, à volonté, au moyen de clefs et d'un frein d'une très-simple manœuvre. La chaîne peut ainsi remonter avec un mouvement réglé et à la fois plus rapidement et sans aucun danger, ce qui n'existe pas avec les autres guindeaux.

Filer et tirer les chaînes des ancres ou des autres engins de marine est désormais, grâce à M. Salette, une opération facile, rapide et sans danger.

— Voici encore un petit modèle en bois ; c'est une hélice à deux ailes exposée par M. Bègue. Un soin peu minutieux a dû présider à son arrivée au Champ de Mars, car une des ailes est cassée, et rien n'indique le but que s'est proposé l'exposant. Fidèle à notre programme citons, mais passons.

— MM. Fraissinet et Cie, dont nous avons déjà eu l'occasion de parler, n'ont pas exposé de modèles, mais une belle et bonne machine pour navire à hélice. Consommant eux-mêmes leur production, c'est-à-dire étant leurs propres pourvoyeurs de machines, comme chefs d'une exploitation de transports maritimes, ils apportent dans leur fabrication toute l'expérience qu'un dicton ancien résume dans ces mots : *Experto crede roberto*.

Mieux que personne ils savent le fort et le faible de leurs navires, et ils y veillent en construisant leurs appareils moteurs. La machine qu'ils ont exposée, et dont nous donnons la gravure, est du système à pilon ou à cylindre renversé, type qui se généralise tous les jours et dont nous avons eu déjà l'occasion de signaler les mérites. Elle est destinée à des navires à hélice, de la capacité d'environ cinq cents tonneaux, naviguant dans la Méditerranée, pour le transport des marchandises et des voyageurs à la vitesse de huit à neuf nœuds. Il était évident que l'économie de charbon devait être une des premières préoccupations de ces constructeurs. En effet, leur programme paraît se résumer ainsi : économie de charbon, pièces de fer et de fonte très-robustes, grandes surfaces frottantes dans toutes les articulations, accès facile de toutes les pièces soit pour les surveiller, soit pour les démonter.

En ce qui concerne l'économie de charbon, ils ont été conduits à appliquer la détente avec l'emploi de la vapeur, à une pression de trois atmosphères absolues.

Les cylindres ont une double enveloppe. La condensation est par surface et par conséquent l'alimentation des chaudières est à l'eau douce. La double enveloppe est coulée de même pièce avec le cylindre et l'intervalle entre-deux devra être rempli de vapeur, autant que faire se pourra, à la pression de la chaudière. Les cylindres seront en outre enveloppés de feutre et de bois. Les couvercles du haut ne sont pas chauffés, mais ils sont à caisse pour diminuer le refroidissement par la couche d'air qu'ils renferment. Les tuyaux d'évacuation qui conduisent la vapeur à la partie supérieure du condenseur, sont coulés avec les cylindres, mais ils en sont séparés par un intervalle de quelques centimètres pour éviter aussi le refroidissement qu'ils auraient occasionné sans cette précaution.

Les pistons sont à garniture métallique, formée par une seule couronne de fonte, d'épaisseur égale, fondue avec un couvre-joint. Cette garniture est poussée contre les cylindres par des ressorts à paillettes disposés tout autour entre elle et le corps du piston. Les tiroirs sont en fonte de la forme ordinaire dite à coquille. La détente est à tiroirs circulaires, c'est-à-dire à deux cylindres concentriques; le cylindre extérieur a trois orifices sur la hauteur; le cylindre intérieur, qui représente un tiroir avec recouvrement, est mû par un excentrique dont on peut faire varier l'avance de façon à introduire la vapeur pendant le quart, le tiers ou la moitié de la course; trois taquets en fer correspondent à chacune de ces introductions de vapeur, mais le déplacement de l'excentrique ne peut se faire pendant la marche.

On peut supprimer la détente ou la faire fonctionner à volonté au moyen d'un papillon tournant percé dans le haut du tiroir circulaire de détente; ce papillon, dans le mouvement qu'on lui donne à la main, et en marche, découvre des orifices qui laissent passer la vapeur librement et directement; toutefois, le tiroir de détente continue de fonctionner.

Pour le changement de marche et le mouvement des tiroirs de distribution, on a adopté la coulisse de Stephenson, comme étant la plus simple, la plus rapide, et qui est appliquée presque généralement. Le changement de position de la coulisse est obtenu par un volant à pignon et secteur denté.

Un petit taquet avec vis de pression s'engageant dans les dents de ce secteur, le maintient dans une position invariable, soit sur la marche en avant, soit sur la marche en arrière; toutes les articulations des barres d'excentriques, des bielles, des rappels, sont à grandes surfaces, et ont pour effet d'en retarder l'usure.

L'arbre est à deux coudes et tourne dans quatre paliers, de sorte que chaque coude est compris entre deux paliers; toute autre disposition plus simple et moins coûteuse paraît être rejetée absolument par ces constructeurs. Les coussinets de l'arbre sont en bronze et ils sont ajustés dans leurs paliers pour porter dans toute leur surface, sans baguette de dressage, de façon à éviter le jeu par le matage, inévitable quand la surface de portée est insuffisante. Les chapeaux des paliers sont à emboîtement extérieur, de manière à éviter le jeu latéral qu'ils prennent sans cela, et que prennent aussi les coussinets.

Les grandes bielles sont à fourche dans le haut avec un seul coussinet placé dans la tête de la tige; cette disposition permet de régler plus facilement la tige et laisse à la bielle un peu de jeu latéral, sans inconvénient, ce que l'on n'obtient pas avec la bielle ayant deux coussinets, c'est-à-dire un dans chaque branche de la fourche. Dans les bielles, les traverses sont emmanchées à chaud dans la fourche, et elles sont en acier.

Les glissières sont fondues avec le bâtis, quant aux coulisseaux en fonte, ils sont à grande surface et garnis de métal antifriction.

MM. Fraissinet ont reconnu les avantages de la condensation par surface, en s'appuyant sur l'expérience faite sur trois de leurs navires qui fonctionnent depuis plusieurs années. Aussi l'ont-ils admise complétement, car les navires dont je viens de parler sont identiques, et font la même navigation que d'autres qui marchent à condensation ordinaire. La comparaison était donc très-simple et devait conduire à un jugement vrai. Or, à côté des avantages résultant de l'alimentation des chaudières *à l'eau douce*, lequel se traduit par une économie de combustible, il s'est pourtant révélé des inconvénients : 1° Les tubes du condenseur se couvraient de matières grasses et conduisaient moins; 2° une action galvanique énergique s'exerçait en oxydant les pièces en fonte de la condensation, ainsi que les chaudières et les tubes des chaudières quand ils sont en fer. Pour obvier au premier inconvénient, ils ont exclu le suif dans le graissage des pistons, et ils ont fait un nettoyage complet des tubes en les démontant entièrement une fois par an; de cette manière ils ont obtenu un vide de soixante-cinq à soixante-dix centimètres en hiver et pas moins de soixante centimètres en été.

D'un autre côté, les tubes en fer se perçaient

en peu de temps; le seul remède efficace était d'étamer les tubes en laiton du condenseur et de renouveler cet étamage tous les deux ans, ce qui a été fait.

Avant de s'attacher à un système de condensateur et de pompes, MM. Fraissinet avaient pris les points de départ suivants :

1° *Faire un condenseur à surface qui puisse, à la mer et en peu de temps, être transformé en condenseur ordinaire.*

2° *N'avoir que deux pompes pour la condensation, soit une pompe à air et une pompe réfrigérante.*

3° *Avoir un type de machines qui, par ses dispositions générales, permît, avec peu de changements aux modèles, de construire la machine avec condenseur ordinaire.*

Ce programme a été rempli. En effet : pour satisfaire à la première et à la deuxième condition, la pompe à air et la pompe réfrigérante, ont été exécutées identiques; elles ne diffèrent que par les aspirations et les décharges. La pompe à air aspire dans le bas du condenseur et refoule à la mer par un tuyau de décharge avec le diaphragme d'usage. La pompe réfrigérante porte un tuyau d'aspiration à la mer ou à la cale avec vannes ou robinets, qui permettent le choix entre l'aspiration à la mer en marche normale, ou l'aspiration à la cale en cas de voie d'eau au navire. Cette pompe réfrigérante refoule dans le condenseur à l'extérieur des tubes et dans le bas; cette eau froide traverse tous les faisceaux de tubes en montant et en se dirigeant en même temps vers le centre du faisceau, pour sortir par le haut du condenseur, et au centre, pour se rendre à la mer.

Si l'on veut marcher à condensation ordinaire, on ouvre un trou d'homme établi sur une cloison intérieure qui fait communiquer le bas de la pompe réfrigérante avec le bas du condenseur; on ferme les aspirations à la cale et à la mer, et la pompe se trouve dans les mêmes conditions que la pompe à air pour l'aspiration. Pour le refoulement, on ferme le registre oblique placé contre le condenseur et l'eau est refoulée à la mer par un tuyau à diaphragme, embouché près du registre et qui est symétrique à celui de la pompe à air. On a alors deux pompes à air ordinaires, et le condenseur à surface dont les tubes sont supposés crevés, n'est plus qu'un condenseur ordinaire à très-grand volume. Pour réaliser ensuite la troisième condition, c'est-à-dire la facilité de construire une machine à condensation ordinaire avec les modèles de la condensation par surface, ces constructeurs n'ont qu'à supprimer la grande caisse formant le condenseur par surface; à modifier la portée de la plaque sur laquelle s'assoit cette caisse, de façon à n'avoir qu'une caisse de petit volume qui formera condenseur ordinaire, en recevant directement la vapeur venant des cylindres; à supprimer enfin toutes les dispositions particulières à la condensation par surface, telles que les vannes et les tuyaux spéciaux, mais ni les deux pompes, ni le reste de la machine ne subissent de changements.

Ajoutons que la pompe à air et la pompe réfrigérante sont un vingtième du volume des cylindres ; de sorte que, quand elles deviennent toutes deux pompes à air, on a la proportion ordinaire de un dixième.

Voici les dimensions principales de la machine que nous reproduisons.

Diamètre des pistons à vapeur.........	0ᵐ,72
Course............................	0 ,55
Nombre de tours par minute...........	80 à 85
Surface de chauffe de la chaudière (mètres carrés)...........................	160
Pression effective à la chaudière (par centimètre carré)......................	2 kilog.
Surface tubulaire de condensation (mètres carrés)...........................	80
Puissance de la machine..............	80 chev.

Détente à partir de $\frac{1}{3}$ ou $\frac{1}{4}$ de la course.

En résumé, cette machine présente de véritables progrès et méritait certainement d'être signalée.

Les ateliers de MM. Fraissinet sont du reste munis d'un excellent outillage et occupent plus de trois cents ouvriers. Ajoutons qu'une fois entrés dans le domaine de la construction mécanique, ces exposants ont abordé divers autres genres de construction. Depuis quelques années, en effet, ils ont produit des machines complètes pour huileries, ce qui agrandit le domaine des services qu'ils peuvent rendre au midi de la France.

Nous déplorons, en terminant, que le jury n'ait accordé à la machine dont nous venons de parler, qu'une médaille de bronze; à coup sûr, ses côtés éminemment pratiques, méritaient une meilleure distinction.

Voici le dernier exposant de la classe soixante-six, MM. Chabert et Compagnie. Ils représentent un des accessoires des constructions navales le plus indispensable et le plus élémentaire à la fois. Je veux parler du calfatage qui s'exécute avec des étoupes goudronnées, dont l'approvisionnement, difficilement régulier, avait subi de nombreuses fluctuations, pour peu que des demandes suivies se manifestassent.

Les successeurs de M. Chabert, secondés par un intelligent commanditaire, M. O. de Blowitz, ont créé, dans la frabrication des étoupes goudronnées, de grosseurs variées et à filaments égaux, une industrie régulière.

Une usine a été établie; la vapeur a été appelée à multiplier la production, en la rendant plus économique, et, en peu de temps, elle s'est mise à même de fournir à l'arsenal de Toulon jusqu'à trente mille kilogrammes d'étoupes goudronnées par mois. C'est le seul exemple qui existe en France de cette fabricaton sur une grande échelle; partout on l'effectue à la main. Elle méritait à tous égards des encouragements, car elle a à lutter contre la routine, l'inertie, la coalition. Notre rivale ordinaire en fait d'industrie, l'Angleterre, l'a si bien compris que son gouvernement est intervenu dans la construction d'une usine exactement calquée sur le modèle de celle de Marseille. Mais, avec l'éclectisme autocratique qui a présidé à la composition des jurys, je conçois facilement que celui de la classe soixante-six, ait passé indifférent devant une exposition d'étoupes. Partout où il fallait une compétence spéciale il y avait des lacunes parmi les jurés.

Là est le véritable défaut des jurys imposés par une commission qui, précisément parce qu'elle était forcée d'être encyclopédique, a été insuffisante à envisager tous les détails. Il est, pour moi, hors de doute que, dans la composition du jury de la classe soixante-six, on n'a eu en vue que les grandes constructions navales et les perfectionnements dans les machines ; les accessoires ont été parfaitement oubliés.

CLASSE SOIXANTE-SIX (*bis*). — *Navigation de plaisance.*

Dans cette classe dont le nom seul devrait indiquer la composition très-peu justifiée du reste au point de vue du classement général, figure le canot à vapeur du roi de Portugal, construit par la Compagnie des forges et chantiers de la Méditerranée, dont j'ai déjà parlé.

Mais je dois ajouter à ce que j'ai déjà dit, que ce canot réalise admirablement les types de steam-syachts, pour la navigation fluviale et maritime qui sont le *désideratum* de tous nos yatch's-men dont le canotage a considérablement développé les ambitions.

En dehors d'un certain nombre d'embarcations en modèles ou en projet, cette classe contient des objets dont on ne s'explique pas la présence sous la rubrique de *navigation et plaisance*.

On y voit, en effet, des horloges marines, des fourrures imperméables, des vêtements de mer, des dorures inoxydables, des baromètres, des toiles à voiles, et jusqu'à un mémoire sur les soins à donner aux noyés, — triste commentaire d'une classe qu'on intitule *navigation de plaisance*, — alors que la classe soixante-six avait précisément pour titre : *navigation et sauvetage*.

Parmi les exposants marseillais, un seul est bien à sa place dans cette classe : MM. Gioan et F. de Diesbach. Ils ont une exposition des plus sérieuses qui témoigne de longues études et d'observations pratiques sur les bateaux de courses à la voile, en usage dans les ports du littoral de la Méditerranée.

FORGES ET CHANTIERS DE LA MÉDITERRANÉE.

Le plan des formes et les calculs qui y sont indiqués sont très-rigoureusement faits ; le métacentre y est admirablement situé et favorise merveilleusement l'usage d'une voilure dont les fortes proportions indiquées dans le plan de voilure, sont ainsi parfaitement justifiées.

Les échantillons exposés sont accompagnés de toutes les dimensions, de sorte que, sans autres renseignements, un constructeur peut confectionner ces embarcations.

Le dernier exposant marseillais de la classe soixante-six *bis* est tout à fait inattendu, et on est loin de supposer que les brosses métalliques pour chaudières de M. Simmler, soient plus spécialement nécessaires à la navigation de plaisance. Quoi qu'il en soit, voici le but que s'est proposé l'exposant. Ayant remarqué que les brosses en crin animal, végétal ou en baleine, s'usaient rapidement et étaient impraticables pour nettoyer les tuyaux des chaudières en activité pendant la navigation ; que, d'autre part, les brosses en fil de fer ou d'acier s'oxydaient ou se recourbaient, quand leur trop grande force n'usait pas les parois des tuyaux, M. Simmler a construit un nouveau genre de brosses en fil de laiton, avec monture en fer, lesquelles n'ont aucun des inconvénients que nous venons d'énumérer.

Il a adopté deux modèles : les brosses à tubes pour tuyaux, et les brosses plates pour nettoyer la carène des navires dans l'eau. On s'est déjà servi de ces modèles avec les appareils de MM. Rouquayrol et Denayrouse.

Le catalogue des récompenses est absolument muet sur la classe soixante-six *bis*. Était-ce une disposition préméditée? Si oui, bon nombre d'objets de la classe soixante-six auraient dû être reportés dans celle-ci. Si non?... Je laisse au lecteur le soin de conclure, car je déclare de nouveau ne point comprendre l'existence de cette subdivision du catalogue, telle qu'elle a été composée.

GROUPE VII. — Les Aliments.

Voici le groupe qui contient ce qui intéresse, non pas seulement de la façon la plus sérieuse, mais la plus personnelle, les gouvernements et l'humanité tout entière.

Toute l'économie politique s'y donne rendez-vous, et, en définitive, il ne s'y fait pas un perfectionnement qui n'ait pour but, direct ou indirect, la meilleure condition de production et de vente des objets d'alimentation. Aussi son importance est-elle considérable. Passons en revue les sept classes qui la composent.

CLASSE SOIXANTE-SEPT. — *Céréales et autres produits farineux comestibles, avec leurs dérivés.*

Nous trouvons ici deux exposants marseillais :

MM. Fabre et Marie, et M. Brunet. A eux deux ils représentent la base la plus large des aliments de première nécessité. Je ne ferai point ici une statistique de la production du froment en France. Je me bornerai à constater que le seigle, l'orge, l'avoine, le sarrasin, le maïs, le millet, les blés tendres, les blés durs et la pomme de terre, commandent non-seulement la fabrication d'une grande quantité de boissons fermentées, mais encore celle des sirops et des pâtes. Les exportations ne peuvent fournir ici un chiffre bien significatif, à cause de l'influence énorme des saisons et des récoltes. Les exportations, en effet, ne sont pas toujours en proportion de la production annuelle et causent quelquefois, parmi les populations peu éclairées, et encore trop sous l'impression des accaparements de l'ancien régime, un effet fâcheux, lorsqu'au nom de la liberté du commerce, il se produit quelques exportations de grains un peu considérables. Elles ne savent pas que, généralement, les importations de céréales et de farineux sont d'un chiffre double de celui des exportations. Dans le premier semestre de 1867, par exemple, les importations se sont élevées à quatre-vingt-quatre millions huit cent mille francs environ, alors que les exportations se sont élevées à trente-cinq millions quatre cent mille francs seulement; que s'il se produit des accaparements sur les marchés étrangers ou sur les marchés nationaux, c'est avec la puissance des capitaux qu'ils s'exécutent, et qu'il est bien difficile d'intervenir, par une réglementation, dans des achats qui sont en quelque sorte protégés par le principe de la liberté appliquée au commerce. On peut, jusqu'à un certain point, parer à une trop grande surélévation du prix des céréales en France, mais cela devient presque impossible à l'étranger.

Ceci est dit, bien entendu, en dehors de la fécondité relative des récoltes. Le seul moyen de frapper les accaparements à l'étranger serait de soumettre les céréales de cette provenance à un droit d'entrée onéreux, mais cette mesure se tournerait bientôt contre les propres intérêts de la France en cas de disette.

Je l'ai déjà dit, toute l'économie politique est appelée à intervenir dans la question des grains. Le Corps législatif, au commencement de la session actuelle, l'a constaté, sans apporter un grand éclaircissement à la question. Il n'y a d'accaparements qu'avec les grands capitaux, les grands capitaux existent en France moins effectivement, — la fortune étant très-divisée, — que par le crédit. Toucher au crédit, c'est aborder immédiatement toutes les théories financières et toutes les théories politiques.

Nous aurions voulu que le comité de la classe soixante-sept, en signalant différents progrès en dehors des améliorations générales apportées à la culture, constatât également des améliorations économiques, qui, pour la classe soixante-sept, sont fondamentales. Il eût été curieux de voir le Gouvernement, intervenant comme exposant, exhiber un système de réforme économique pour les céréales. Il ne l'a point fait, il a sans doute cru que ce serait *trop s'exposer* que d'agir ainsi.

Alors le comité de la classe soixante-sept, en signalant comme progrès :

1° L'extension de la culture des blés blancs et rouges fins, qui ont moins de son, et dont le gluten ayant plus d'élasticité et d'extensibilité, produit des farines plus blanches et de meilleur goût;

2° La disparition presque complète de la fabrication de l'amidon par la fermentation et la décomposition du gluten, et le remplacement de ce mode par la séparation immédiate au moyen du lavage, système qui donne de l'amidon plus blanc et en plus grande quantité, sans altérer le gluten;

3° La conservation des grains par le vide ;

4° L'étuvage des farines par des appareils travaillant à air libre, mécaniquement, et donnant des produits qui, bien séchés, peuvent se conserver longtemps ; aurait ajouté, à sa nomenclature, des franchises intelligemment décrétées, et sans lesquelles tous les perfectionnements industriels n'ont qu'un effet restreint.

En attendant, nous ne devons pas négliger de signaler les améliorations agricoles et industrielles, les seules qu'il soit au pouvoir des citoyens de réaliser, et qui, effectuées dans le midi de la France, ont certainement contribué, en 1866, à donner dans la contrée du sud un prix moyen inférieur à celui du nord.

Ici nous devons rendre justice à M. Joseph Brunet, exposant dont on a reconnu les mérites par une médaille d'or.

M. Brunet, en donnant une grande extension à l'emploi des blés durs d'Afrique, a rendu un service éminent à la fabrication vermicellière et semoulière, et, en général, à toutes les pâtes céréales ; cette application, qui a commencé à Marseille, prend tous les jours de l'extension.

Pour la semoule, par exemple, qui est la partie essentielle du blé la plus nutritive, parce qu'elle contient le plus de gluten, nous étions tributaires de l'Italie. M. Brunet nous a affranchis de cette situation, et aujourd'hui les semoules marseillaises ont acquis une réputation européenne.

La semoule est, de toutes les compositions alimentaires, celle qui, sous le plus petit volume, contient la plus grande faculté nutritive. On entrevoit déjà, pour les cas d'approvisionnement de voyages au long cours et pour l'armée, une diminution considérable de l'espace occupé par les provisions ordinaires ; ajoutons qu'un kilogramme de semoule nourrit davantage que deux kilogrammes de pain, et que son prix, extrêmement modéré, la rend accessible à tous les usages. Terminons, en disant que l'établissement de M. Brunet est un des plus considérables qu'il y ait dans ce genre; l'outillage y est parfait, la vapeur y fonctionne, et les ateliers sont aménagés de façon à pouvoir même, à l'improviste, doubler et tripler leur production annuelle qui est déjà imposante.

Classes soixante-huit et soixante-neuf.

Ces deux classes renferment les produits de a boulangerie, de la pâtisserie, les laitages et les œufs.

Le catalogue des récompenses y signale la suprématie de la Suisse, pour ses fromages, à côté de la France, pour son beurre et ses fromages de Roquefort.

Il y aurait encore à soulever, à l'occasion des produits de ces deux classes, les brûlantes questions des droits et des taxes.

Ce que j'ai dit au chapitre des matières premières, en général, trouve sa pleine et entière application à tous les produits alimentaires.

Les grands corps de l'État ont été saisis de ces questions, et l'on se souvient encore de l'interpellation au bas de laquelle se trouvait la signature de Me Berryer, tendant à présenter un projet de loi réformant l'article 1er de la loi du 15 juin 1861, et à rassurer ainsi les populations émues par la cherté des céréales.

La boulangerie serait aussi un sujet de réformes

intelligentes; on paraît ne pas s'en préoccuper actuellement dans les hautes régions administratives, mais l'initiative individuelle s'est mise à l'œuvre, et des sociétés coopératives tentent de remédier au mal. Puissent-elles réussir!

Classes soixante-dix et soixante et onze.
Viandes, poissons, légumes et fruits.

Marseille est ici représenté par M. Jourdan Brives, qui a exposé des légumes, des fruits et des poissons conservés. La science des conserves alimentaires a fait de grands progrès dans ces derniers temps, et l'Exposition universelle nous a révélé, parmi les médailles d'or, la production merveilleuse d'une compagnie qui fabrique de l'extrait de viande de Liebig. Cet extrait est à la viande absolument ce que la semoule est à la farine.

Classe soixante-douze. — *Condiments et stimulants, sucres et produits de la confiserie.*

J'ai été plus affecté que surpris en constatant l'absence de toute raffinerie de sucre marseillaise dans cette classe. Chacun se souvient que des désastres encore récents ont presque complétement détruit cette industrie dans notre ville. La Chambre de commerce de Marseille, dans son compte rendu annuel, émet le vœu d'une restauration prochaine; nous ne pouvons que joindre nos vœux aux siens.

Nous retrouvons encore, dans cette classe,

M. Jourdan Brives, que nous avons eu l'occasion de citer plusieurs fois à cause de la grande variété des industries qu'il dirige. M. Jourdan Brives, qui a une usine d'une production importante, fabrique tous les condiments réunis dans la classe soixante-douze; il le fait avec une grande supériorité, et si le Jury ne l'a pas apprécié à sa véritable valeur, il faut n'en accuser que la légèreté d'examen qui a présidé à son fonctionnement. Ajoutons que M. Jourdan Brives s'est attaché à produire économiquement, et que, parmi ses spécialités, figurent certaines conserves à l'huile qui ont un caractère tout marseillais.

Un second exposant figure dans la même classe, c'est M. Bonniol. Cet exposant a adopté une spécialité. Trop souvent les liqueurs agréables au goût sont jugées funestes à la santé; dans ce nombre et en première ligne figure l'absinthe. En fabricant un bitter apéritif et tonique en même temps, sans avoir les propriétés énervantes de l'absinthe, M. Bonniol rend un véritable service à l'humanité. Nous félicitons cet exposant tout en regrettant que le Jury n'ait pas jugé convenable d'étudier plus particulièrement ses produits.

Classe soixante-treize. — *Les boissons fermentées.*

Voici le domaine du vin, domaine fécond par excellence. Nous retrouvons encore M. Jourdan-Brives et M. Bonniol. Nous n'avons malheureusement pas à parler ici des vins, dont la fabrication est nulle à Marseille, mais nous avons à rendre justice à un brasseur, M. Velten, duquel nous avons déjà parlé dans la classe cinquante.

Comme nous l'avons déjà dit, à ce moment, la fabrication de la bière, à Marseille, est entourée des plus grandes difficultés, tant à cause de la nature des eaux dont on y dispose qu'à cause de l'influence du climat. Les eaux de source de la localité sont peu abondantes et très-calcaires; elles cuisent mal les légumes, dissolvent imparfaitement le savon, et sont, par conséquent, peu propres à s'assimiler les principes utiles de l'orge germé employé à la fabrication. Les eaux du canal de la Durance sont, il est vrai, plus douces, point *séléniteuses*, mais elles sont troubles et limoneuses les trois quarts de l'année et renferment en dissolution des matières organiques qui nuisent considérablement à la conservation de la bière et à son goût.

D'un autre côté, l'état atmosphérique est défavorable au travail du brasseur, par son inconstance, sous le rapport hygrométrique, sous celui de la température et, principalement, sous le rapport de la nature des matières organiques en suspension dans l'air.

Ces mauvaises conditions influent essentiellement sur la composition du moût et sur la conservation de la bière. Il en résulte que les brasseurs ont toujours fabriqué à Marseille des bières détestables.

Aussi, les bières préparées dans les localités privilégiées telles que Lyon, Strasbourg et autres, s'y importent-elles en grande quantité. Frappé de cette situation, M. Velten s'est appliqué depuis quinze ans à rechercher tous les moyens de perfectionner son industrie, et il est arrivé aujourd'hui à fabriquer en toutes saisons, sans se préoccuper de la température, des bières pouvant rivaliser avec celles de Strasbourg et d'Allemagne ; consommées sur place, elles ont l'avantage immense pour la santé de ne pas être avinées par l'alcool que les brasseurs du dehors sont obligés d'ajouter à leur bière afin de la *maintenir* pendant le voyage, principalement dans les fortes chaleurs.

M. Dreher, le fameux brasseur de Vienne, qui a obtenu à l'Exposition un si grand succès pour l'excellence de ses bières, a obvié à l'inconvénient du vinage en faisant voyager ses produits entourés de glace dans des wagons particuliers.

Dans un milieu très-froid, la bière ne fermente pas et se conserve très-bien. M. Dreher, en industriel intelligent, n'a pas craint de faire d'énormes dépenses dans une occasion aussi solennelle que celle de l'Exposition ; aussi sa réussite a-t-elle été complète.

M. Velten n'a reculé non plus devant aucun sacrifice pour monter à Marseille une brasserie modèle. Sa brasserie n'a certes pas l'importance de quelques-unes de celles du Nord, mais elle est, sans nul doute, un des plus beaux établissements de ce genre en France, sous le rapport des bâtiments et des appareils employés. Sa magnifique installation lui a valu à l'Exposition internationale des brasseurs à Dijon (1866), le prix d'honneur, avec cette mention « pour avoir réalisé dans sa brasserie les applications les plus récentes de la science à l'industrie. »

Dans cette usine, qu'il serait trop long de décrire, la température de l'été est combattue et réglée au moyen d'appareils propres à produire mécaniquement le froid par l'évaporation des liquides volatils dans le vide. L'air est épuré par un filtrage à travers le crin végétal, et l'eau, servant à la fabrication, est traitée par la filtration et l'ébullition.

Cette disposition sert de base à la bonne fabrication de M. Velten, en la plaçant dans les conditions des pays privilégiés sous le rapport de la température, du climat et de la composition de l'eau. M. Velten, pour son exposition de la classe soixante-treize, comme pour celle de la classe cinquante, n'a seulement pas été examiné par le jury; pour la classe soixante-treize, c'est un peu sa faute, que n'a-t-il imité Dreher en installant un débit de boissons ? En agissant ainsi il n'aurait fait que suivre les tendances générales de presque tous les industriels admis dans le parc du Champ de Mars.

GROUPES VIII ET IX.

Classes soixante-quatorze a quatre-vingt-huit.

Le groupe huit contient *les produits vivants et les spécimens d'établissements d'agriculture*, et le groupe neuf, *les produits vivants et les spécimens d'établissements d'horticulture.*

J'écris ces titres pour être complet, car aucun exposant marseillais ne se révèle dans ces deux groupes. Serait-ce une raison pour croire que l'agriculture et l'horticulture sont délaissées à Marseille ? certes, si ce n'est pas une preuve concluante, c'est au moins une bien forte présomption. Il y a pourtant à Marseille des sociétés d'agriculture et d'horticulture, elles auraient dû donner signe de vie.

C'était dans l'île de Billancourt que se trouvaient les objets relatifs au groupe huit ; là tout était désert et les visiteurs étaient bien rares. L'exposition des animaux était cependant remarquable, et l'on a pu admirer la sollicitude touchante avec laquelle sont élevés les moutons et les bœufs destinés à notre alimentation.

A l'inverse de la nouvelle loi militaire dont les hommes valides sont menacés à l'heure où j'écris ces lignes, on ne permet le mariage qu'aux types d'animaux les plus accomplis. Heureux animaux, on vous perfectionne, on nous amoindrit.

Les maladies et les vices qui ont abaissé le niveau de la vie et de la constitution humaines, sont combattus et semblent perdre du terrain, est-ce le moment de créer pour les nécessités d'une politique dangereuse, une réglementation qui raréfie le mariage, retarde la propagation *légitime* de l'espèce humaine, jette la terreur dans tous les cœurs et enlève à l'agriculture, notre mère nourrice, des bras qui lui sont indispensables?

. . . .

Billancourt désert était-il donc un présage?

Cette idée triste nous conduirait trop loin; les roses de l'horticulture nous appellent et vont apporter une très-opportune diversion.

Les concours de fleurs, les serres, les chalets rustiques ont fait le triomphe du jardin réservé qui composait à lui seul presque tout le groupe neuf.

J'ai vivement admiré les roses belges, mais j'ai déploré sincèrement l'absence de nos beaux fruits si parfumés et si savoureux, mûris par notre soleil de Provence, qui les revêt de cette teinte chaude si réjouissante à voir.

Je n'ai même pas vu de figues !

Cette vieille renommée s'est-elle reposée sur sa gloire?

Triste.... triste. Nos agriculteurs et nos horticulteurs ont une revanche à prendre.

GROUPE X.

Le groupe dix était une heureuse innovation. C'était le seul où l'on pût exposer des idées ; c'était là que devaient triompher l'économie politique et l'économie sociale.

Il y a eu beaucoup d'écrits et de paroles, mais peu de résultats.

Exprimer, synthétiser ce qu'il contenait est difficile.

Son nom est *groupe dix*, et il lui restera ; il a emprunté à son rôle une signification magnifique.

Son programme ? Le voici : « résumer, dans une division de l'Exposition, tout ce qui est exposé en vue de fournir à la population ouvrière des campagnes et des villes, les moyens d'améliorer sa condition physique et morale. »

Il faut avouer que les exhibitions ont été variées, nombreuses, pleines d'un palpitant intérêt. Mais, je le demande, qu'est cette manifestation ? sinon une manifestation pure et simple, de belles idées non fécondées.

On nous dit dans des rapports admirablement rédigés et dans des enquêtes admirablement conduites : le niveau de l'instruction s'élève.

Oui, il s'élève ce niveau, mais à partir d'un niveau qui n'est point originaire ; il s'élève à partir d'une certaine classe privilégiée. Mais il existe quelque part une *carte noire* où l'on voit clair, trop clair, que le peuple Français est en majorité ignorant.

Au milieu de tout cela quel est le niveau de Marseille?

Faudrait-il le mesurer sur le nombre de ses exposants dans le groupe dix, et sur sa liste au catalogue des récompenses du même groupe?

Presque toutes les médailles d'or ont été decernées à des ministères ; dans le nombre certainement beaucoup méritent cette distinction pour leurs efforts ; mais combien pour leurs résultats?

eux : le ministère belge, et, il faut bien le dire, les ministères allemands.

J'ai dit au début de ce volume, qu'à l'Exposition je n'admettais pas de tentatives, à moins qu'elles ne fussent manifestées par des résultats. La conclusion est trop directe et trop logique pour que je ne la consigne pas à l'occasion du groupe dixième.

Classes quatre-vingt-neuf et quatre-vingt-dix.

Matériel et méthode de l'enseignement des enfants. — Bibliothèques et matériel de l'enseignement donné aux adultes, dans la famille, l'atelier, la commune ou la corporation.

Marseille n'a aucun exposant dans la classe

quatre-vingt-neuf, où toutes les écoles d'enfants se sont donné rendez-vous.

Pourquoi l'institut des aveugles n'a-t-il pas pris part au concours? Pourquoi une foule d'institutions très-bien dirigées, se sont-elles abstenues? L'abstention est ici presque un crime, elle prête à la calomnie.

Certes les enfants, ces futurs électeurs, ces futures unités, si puissantes quand elles multiplient le suffrage universel, et sur lesquelles se base l'avenir de notre pays, ne doivent-ils pas être l'objet d'une sollicitude toute particulière?

Il faut qu'aucun d'eux n'ignore la lecture; il faut que nul ne soit incapable d'exercer pleinement ses devoirs de citoyen; il faut enfin que devant l'instruction primaire universelle, il n'y ait aucun intérêt à tracer telle ou telle circonscription électorale de préférence à telle autre.

Alors, les mandataires du pays, certains qu'ils sont bien l'expression de *toutes les volontés*, auront une puissance telle que tout parti, toute doctrine, tout système, devra courber la tête devant leur décision.

Au nombre des exposants de la classe quatre-vingt-dix, comparé avec celui de la classe quatre-vingt-neuf, on s'aperçoit bien que ce n'est pas l'instruction des adultes qui est en retard, mais bien celle des enfants. Les adultes ne donnent lieu à un tel appareil d'instruction que parce que, enfants, on les a négligés et que tout ou presque tout est à faire, pour eux, quand ils s'avisent, soit de leur propre mouvement, soit sur l'avis de leurs parents, de chercher à s'instruire.

Marseille, dans la classe quatre-vingt-dix, compte trois exposants: deux établissements d'éducation et un éditeur.

Ce nombre est bien minime, et, puisque le groupe dix permettait d'exposer des idées, des organisations, des rapports sur ces idées et ces organisations, pourquoi le Conservatoire de musique, le Lycée, l'École des langues orientales, l'Observatoire, l'École impériale d'hydrographie, l'école préparatoire de médecine, et surtout l'École gratuite des beaux-arts, qui pouvait être représentée d'une façon plus positive que les précédentes, ne se sont-ils pas préoccupés d'y figurer? Dans plusieurs occasions j'ai dû, en parcourant les différents groupes de l'Exposition, signaler les inconvénients d'une centralisation excessive. C'est surtout pour les beaux-arts que ces inconvénients se révèlent énergiquement, et l'indifférence de Marseille en matière d'art est citée partout comme proverbiale.

Que craignait l'École des beaux-arts? un échec? je dois ajouter même un échec assuré, surtout en face de Paris; mais cet échec eût été une bonne fortune, il eût ranimé l'amour-propre local; or, on le sait, l'amour-propre est, en fait d'art, un véritable levier d'Archimède.

L'une des deux institutions d'instruction primaire et professionnelle qui sont au Champ de Mars, est bien connue; c'est une institution de port de mer, elle est placée sous le patronage de la chambre de Commerce, et elle s'appelle l'*École des Mousses*. Elle a apporté au Champ de Mars, non des travaux d'élèves, comme le dit le catalogue, mais simplement un grand tableau représentant la description graphique du Brik-École, avec son organisation en légende. Il eût été assez difficile d'envoyer au Champ de Mars des travaux d'élèves, car l'instruction primaire qui est donnée à l'école des mousses, ne comporte qu'une statistique de résultats. Or pour ce qui concerne l'instruction professionnelle, qui est exclusivement maritime, il aurait fallu exposer des nœuds d'écoute, des nœuds d'anguilles, des épissures, des estropes etc.... etc.... faits par les élèves, ce qui n'aurait pas dit grand chose aux spectateurs. Néanmoins, l'École des Mousses a été récompensée par une médaille de bronze, ce qui nous paraît être une récompense bien au-dessous des mérites de cette institution. Essentiellement gratuite elle a rendu des services considérables à l'État, à la marine, aux familles, et aux enfants surtout qui, privés de soutien, y ont trouvé l'acheminement à une carrière honorable.

L'école est ouverte à tout enfant de douze à quinze ans qui justifie de certaines conditions de taille ou de santé, de sa qualité de Français, d'un certificat de bonnes vie et mœurs et d'un acte de notoriété constatant l'absence du père s'il y a lieu. Les parents qui conduisent leurs enfants à l'école des mousses prennent l'engagement de ne pas les retirer avant l'âge de dix-huit ans accomplis; et, dans le cas contraire, de rembourser à l'administration de l'école, conformément à un tarif établi, le montant des frais occasionnés par l'entretien des élèves retirés, déduction faite de la part de salaire qui leur reviendrait, si comme cela arrive souvent, ils ont servi, durant leur séjour à l'école, sur des navires de l'État ou du commerce.

La désertion des élèves équivaut au retrait volontaire des parents. L'éducation morale, l'instruction religieuse sont également l'objet d'une grande sollicitude, car le métier de la mer est soumis, plus qu'aucun autre, aux vicissitudes et aux dangers incessants.

Outre les examens qui entretiennent l'émulation, il existe une disposition réglementaire digne d'éloges : lorsque des élèves ont passé les années exigées à l'école, on leur remet un livret de caisse d'épargne, sur lequel on a déposé en leur nom la part de salaire qui leur est afférente. Ces salaires qui proviennent, comme je l'ai dit plus haut, du service fait sur les navires de l'État ou du commerce, sont ainsi répartis : deux tiers à l'administration de l'école pour compenser les frais occasionnés par les élèves, et un tiers aux élèves eux-mêmes. Il n'est pas besoin d'ajouter que ces deux tiers ne compensent que faiblement les dépenses de l'école.

En effet, depuis sa fondation, le douze décembre 1840, jusqu'au trente-un décembre 1866, les dépenses se sont élevées à un million deux cent seize mille deux cent soixante-deux francs quarante-deux centimes, alors que les recettes provenant soit des deux tiers des salaires soit des remboursements des parents, ne se sont élevées qu'à six cent quatre mille cent un franc quatre-vingt-dix cent.; il a donc fallu que des subventions versées par le ministère de la marine, le Conseil général, le Conseil municipal et la Chambre de commerce établissent la balance ; c'est ce qui a été fait moyennant une somme de six cent douze mille cent soixante francs cinquante-deux centimes.

Cette somme se décompose ainsi :

101,040f, 60 provenant du Ministère de la marine ;
 74,000   » du Conseil général ;
 75,000   » du Conseil municipal ;
362,119 92 de la Chambre du commerce.

A cette dernière somme il faudrait ajouter les frais de premier établissement payés par la Chambre de commerce, montant à quarante-quatre mille quatre cent quarante-un francs quatre-vingt-huit centimes et le total ainsi obtenu, qui est de quatre cent six mille cinq cent soixante-un francs quatre-vingts centimes représentera l'ensemble des sacrifices faits par la Chambre de commerce seule. Si, à cette somme, on ajoute les subventions précitées, on arrive à un chiffre total de dépenses non compensées de six cent cinquante-six mille six cent deux francs quarante centimes.

Une chose est à remarquer, c'est que le chiffre des remboursements fait par les parents ou par les élèves sortant avant la fin de la période d'engagement, constitue, pour les vingt-six années, un peu plus du cinquième des recettes provenant des salaires.

Mille six cent quarante-huit élèves ont été reçus à l'école depuis sa fondation ; sept cent trente-quatre en sont sortis après avoir accompli leur dix-huitième année ; cinq cent quatre-vingt-dix, sur lesquels cent cinquante-huit rayés des matricules après six mois de désertion, cent onze réformés, cent cinquante-sept ayant renoncé après remboursement des frais, cent soixante-quatre expulsés, sont sortis avant la limite d'âge, et sur ce chiffre 44 pour 100 ont continué la carrière maritime ; quatre-vingt-treize sont morts en cours de voyage, et au premier janvier 1867, l'école comprenait deux cent huit élèves embarqués sur différents navires et vingt-neuf présents à l'école.

Il résulte de ces calculs que chacun des marins restant définitivement acquis à l'État et ayant appartenu à l'école, a coûté, annuellement, pendant cinq ans, cent quarante-cinq francs dix centimes.

Cette institution, peu comprise dans le commencement, est aujourd'hui en pleine période de prospérité ; les familles peu fortunées du département, et même de la France entière, les capitaines marchands, les grands établissements maritimes, parmi lesquels il faut citer les Messageries impériales, la Société générale des transports maritimes et la Marine impériale, s'adressent fréquemment à elle, soit pour lui confier des sujets, soit pour lui en demander.

Je ne saurais terminer cette étude sans féliciter la Chambre de commerce de Marseille et la Commission administrative, en tête de laquelle nous trouvons, comme président M. Armand, président de la Chambre de commerce, dont j'ai eu déjà l'occasion de parler au sujet des Forges et Chantiers de la Méditerranée, et qu'on est sûr de retrouver partout où il y a une œuvre méritoire à accomplir. Félicitons aussi M. d'Auriac, le secrétaire, auquel incombe une grande partie du travail administratif.

Le second établissement d'instruction qui a pris part à l'Exposition est celui des frères de l'École chrétienne. Il s'est fait représenter au moyen des dessins exécutés par les élèves qui fréquentent soit les cours d'adultes du soir, soit qui suivent habituellement les cours réglementaires de l'École. Je

13

regrette que cette institution n'ait envoyé que des dessins ; cela a l'air de circonscrire dans une spécialité professionnelle louable assurément, mais restreinte, l'instruction qu'on y donne. Les dessins sont généralement bien exécutés, et puisque j'ai constaté l'absence complète de l'École des beaux-arts, l'institut des frères de l'École chrétienne devient, pour ainsi dire, la seule expression de l'étude des beaux-arts à Marseille.

L'enseignement de ces écoles est élémentaire dans les écoles communales, primaire et supérieure dans le pensionnat; la méthode employée est l'enseignement mutuel simultané.

Quelles que soient les critiques qui prennent leur source dans le costume et le caractère particulièrement religieux de ces instituteurs, nul ne peut se refuser à reconnaître les services éminents qu'ils ont rendus. Leurs écoles d'adultes ont fourni des chefs d'ateliers et des employés distingués dans les diverses administrations et le commerce. Plus de six mille élèves fréquentent les écoles d'adultes et d'apprentis ; cinq cents le pensionnat, et deux cents l'orphelinat. Les classes communales sont réparties entre les vingt quartiers différents de Marseille, ayant chacune leur directeur légal ; parmi ces dernières l'école de la rue Puget mérite d'être spécialement signalée.

J'ai parlé plus haut de critiques sur l'esprit d'enseignement et le caractère des précepteurs de ces écoles; sans entrer dans des controverses qui me conduiraient trop loin, je me contente d'affirmer que, quel que soit leur esprit, les institutions gratuites propagent l'instruction; un fait matériel surnage donc, c'est *la propagation même de l'instruction.*

Or, c'est par l'instruction donnée à l'enfant que l'homme est mis plus tard à même de connaître, de comparer, de juger et, finalement, de s'arrêter à l'opinion qui lui aura paru la meilleure. Ceci est un grand point.

Un éditeur est venu se ranger dans la classe quatre-vingt-dix, sous la rubrique : *Bibliothèque populaire*. C'est M. Gueidon, et je saisis cette occasion pour regretter l'absence de MM. Camoin frères.

M. Gueidon est un sectaire né de la décentralisation littéraire. Ses publications ont pour la plupart un esprit tout local ; bien-entendu, notre belle langue provençale que l'on insulte par ignorance du mot de *patois*, y tient largement sa place.

La langue provençale si harmonieuse, si riche, si pittoresque à la fois, qui a fourni des littérateurs si remarquables, des poëtes et des troubadours, est un des plus vieux vestiges de la nationalité provençale. Elle mérite les mêmes honneurs, le même culte que le culte et les honneurs qu'on accorde aux littératures grecque et latine d'où elle procède. La conserver, la perpétuer, c'est perpétuer et conserver dans notre Provence, une originalité puissante qui, si elle était étendue à l'enseignement, soit littéraire, soit artistique, romprait cette espèce d'uniformité de production engendrée par la centralisation excessive des arts dans la capitale de l'Empire.

M. Gueidon, qui s'est voué aux intérêts de la littérature méridionale, est digne à ce titre de notre admiration et de nos encouragements.

Son Plutarque provençal est une œuvre sérieuse dont les collaborateurs sont tous Provençaux ; elle prouve, par les biographies qu'elle contient, combien la Provence est fertile en grands hommes. Il faut qu'il y ait dans ce soleil, dans cette terre, une influence bien puissante pour que, parmi les écrivains concentrés à Paris, les hommes du Midi aient su marquer leur individualité. Faut-il citer MM. Berryer, Thiers, ces gloires de l'art de parler, Méry et Barthélemy dont nous déplorons la perte récente, Louis Jourdan, Léon Gozlan, Louis Reybaud, Amédée Achard, Mary Lafon, et tant d'autres dont je ne puis donner une liste complète[1].

---

1. Marseille a su garder d'autres écrivains distingués. Ai-je besoin de les nommer? Leur nom est dans toutes les bouches. M. Gaston de Flotte, M. l'abbé Bayle, M. Autran. Dans la presse, et en dehors de toute couleur politique : M. Roux et M. Olive, rédacteurs de la *Gazette du Midi*, MM. Bénédit, Carle et Barlatier, rédacteurs du *Sémaphore*, M. Barile au *Courrier de Marseille*, M. Privat au *Nouvelliste*, M. Dartigues, qui après avoir dirigé avec talent *la Publicité*, est passé au *Sémaphore*, et enfin

Je ne terminerai pas cette courte nomenclature sans rappeler au souvenir de mes compatriotes la douloureuse perte d'un jeune écrivain plein de talent, dont j'ai été à même d'apprécier, pendant les dernières années de sa vie, la supériorité incontestable ; j'ai nommé Paul Reynier, et je suis certain que cet hommage à son souvenir retentira dans les cœurs de ses nombreux amis marseillais.

Parmi les autres publications de M. Gueidon, je cite encore l'Almanach de Provence, recueil périodique, très-intelligemment conçu; les contes en vers de M. Morenon; les légendes provençales de M. Jules Canonge, un Nîmois que l'entreprise de M. Gueidon a séduit; l'Album provençal, où sont réunis, avec une frappante vérité, les types populaires du Midi, admirablement rendus par des croquis pleins de verve; et enfin le joli poëme provençal de M. Casimir Dauphin, intitulé *Lei vieils camins*, où la délicatesse du sentiment lutte avec l'énergie, la richesse et le pittoresque des expressions.

Lei vieils camins sont un adieu attendri aux vieux sites que chaque jour les régénérateurs modernes font disparaître. Le regret s'y mêle aux aspirations vers le progrès, et s'y adoucit par l'espérance.

Citons. Après avoir dit que les vieux chemins,

M. Laforest et M. Mathieu qui soutiennent, avec un grand zèle, la publication de bienfaisance de la *Revue de Marseille*.

Je suis certainement incomplet, mais le lecteur voudra bien suppléer à mes omissions involontaires.

où les enfants bondissent, où les vieillards se reposent, où les amants murmurent l'éternelle chanson de l'amour, sont des souvenirs qui s'enfuient, l'auteur écrit cette charmante strophe :

> « Su la terro, lei vieils camins,
> « Dei poplès escrivount l'histoiro
> « Doou tèm qu'avient gès d'escritoiro
> « Et ni plumo, ni pargamins [1]. »

puis il termine par cette autre strophe, pleine d'élan et de cœur :

> « Ai feni dei draios et dei pins ;
> « Vivo la grando routo ! vivo
> « Lou grand courrier doou moundé, dei destins !
> « Vivo dounc la locomotivo !
> « Mai per lou couar, vivo lei vieils camins [2] ! »

Avant d'en finir, moi aussi, avec la classe quatre-vingt-dix, je prévois une critique qui me sera certainement adressée par les adversaires de la décentralisation.

Vous plaidez, me diront-ils, la décentralisation, et vous-même donnez l'exemple contraire.

---

1. Sur la terre les vieux chemins
    Des peuples ont écrit l'histoire,
    Lorsque on n'avait pas d'écritoire
    De plumes et de parchemins.

2. J'ai fini de chanter les sentiers et les pins ;
    Vive la grande route, vive
    Le grand courrier du monde, des destins !
    Vive donc la locomotive !
    Mais pour le cœur, vive les vieux chemins !

Je répondrai que signaler les inconvénients de la centralisation, ce n'est point les résoudre; que tant que ces inconvénients existeront, tant que ceux qui doivent prendre l'initiative de les combattre par des mesures énergiques ne l'auront pas fait, il sera impossible aux individualités isolées de réagir contre eux. Au reste, cette étude sur l'Exposition, née à Paris, faite à Paris, constitue une œuvre laborieuse, dont les minutieux détails n'auraient été qu'imparfaitement exécutés sans une surveillance incessante.

Classe quatre-vingt-onze. — *Meubles, vêtements et aliments de toute espèce, distingués par les qualités utiles unies au bon marché.*

Quel magnifique programme, et aussi quel excellent moyen de mettre en relief la contradiction qui existe entre les théories économiques régissant les industries, et les résultats qu'il faut leur faire atteindre.

Pendant tout le temps de mon excursion à travers les dix groupes, j'ai constamment appliqué les tendances de la classe quatre-vingt-onze, qui est toute l'Exposition; je ne répéterai donc pas les considérations déjà émises.

Seulement, je saisis avec empressement une déclaration du Comité français de la classe quatre-vingt-onze, qui clôt ainsi son rapport d'admission:

Entre autres choses, le jury aura pour but « de

« prouver que le bon marché, dans l'industrie
« française, n'est obtenu ni par défaut de goût, ni
« par la diminution des qualités, ni par l'avilisse-
« ment du prix ou la baisse du salaire, et que,
« dans cette direction, le travail national lutte
« énergiquement, et souvent avec succès, contre
« la concurrence étrangère. »

Je consulte la liste des récompenses de la classe quatre-vingt-onze, et je me demande ce qu'a prouvé le jury ?

Avant d'aller plus loin, chiffrons le nombre et la nationalité des exposants de cette classe :

La France en possède................	522
La Belgique........................	5
La Prusse et ses nouvelles annexes...	12
L'Autriche.........................	28
L'Espagne..........................	5
Le Portugal........................	9
La Suède...........................	2
L'Italie...........................	30
L'Angleterre et ses colonies........	10

C'est donc là plutôt une exposition française qu'une exposition internationale.

Dès lors, quelle conclusion tirer de l'examen du jury ? Quelle portée peut avoir sa gigantesque liste de récompenses accordées à la France ? Aucune. — Le bon marché existe en France, je le veux bien; mais le bon marché dont il est question ne signifie pas autre chose que ceci :

En France, sous le régime écrasant des taxes, il se trouve quelques industriels qui peuvent, à cause de leurs débouchés plus étendus, produire relativement à meilleur compte que d'autres, ou qui, plus intelligents, ont adopté les progrès que la science, luttant contre les lois fiscales, s'exténue à rechercher sans cesse. Est-ce là du bon marché réel? Je le nie. Le bon marché réel est celui qui, pour le même objet et à salaires égaux ou équivalents, aurait démontré la supériorité d'un pays sur tous les autres, ce qui aurait établi du même coup l'excellence de ses institutions économiques. Le bon marché est une chose relative, le bas prix est une chose positive, et ces deux termes de la proportion économique sont loin de pouvoir se confondre ensemble.

Or, s'il est vrai que les Expositions universelles, telles que celle que nous avons vue, ne doivent plus être renouvelables, je pense que leur seul avenir est, désormais, dans la mise en pratique unique du programme de la classe quatre-vingt-onze, par des concours périodiques, réellement internationaux.

Ceci dit, nous remarquerons que sur quinze médailles d'or, une est donnée à la Belgique, et une au Brésil; la France s'est arrogée tout le reste. Que signifient treize médailles d'or sur cinq cent vingt-deux exposants français, dont deux cent quatre-vingt-dix-neuf appartenant à Paris? quand sur cinq exposants, la Belgique en obtient une, et quand le Brésil qui ne figure même pas comme exposant dans cette classe, est récompensé pour l'extrait de viande qu'on y produit *d'après le procédé de Liebig!*

Faut-il ajouter que, sur soixante et une médailles d'argent, cent dix médailles de bronze et cent vingt-neuf mentions honorables, c'est-à-dire sur un total de trois cents récompenses, en dehors des médailles d'or, l'Autriche a obtenu treize récompenses, l'Italie, ce pays si décrié, huit récompenses, la Belgique cinq, la Prusse, le Wurtemberg, la Bavière et Bade neuf, l'Égypte, le Portugal, l'Espagne, l'Angleterre, la Suède et le Canada ensemble dix récompenses, et que tout le reste, c'est-à-dire deux cent cinquante-cinq récompenses, ont été données à la France?

La statistique est en vérité impitoyable, et, devant ses constatations, qui osera arguer des décisions du jury, pour exalter la manifestation économique de la classe quatre-vingt-onze, et s'appuyer sur elle?

En cet état, comment le jury aura-t-il pu établir que « le travail national lutte énergiquement, et *souvent avec succès, contre la concurrence étrangère!*

Ce n'est pas contre la concurrence étrangère que lutte le travail, mais contre des réglementations économiques qui l'écrasent, ce à quoi, en conscience, il épuise son énergie, en n'obtenant qu'un succès partiel et restreint à certaines industries, que son climat et sa nature même favorisent plus que toute autre chose.

— Marseille joue dans cette classe un rôle secondaire ; à peine trois exposants y figurent-ils ; ce sont : M. Brunet, dont je me suis déjà occupé et qui y a obtenu une médaille d'argent, pour sa fabrication considérée au point de vue économique ; M. Cauvet et MM. Melchion et Chappaz, aussi récompensés, mais à d'autres titres.

— M. Cauvet, qui a été contraint de renfermer son exposition de feuilles d'étain et de plomb et de capsules d'étain pour bouchage, dans un endroit peu favorable à l'examen, a été récompensé dans la classe quarante. Cela signifie que sa fabrication est bonne ; mais il y avait, surtout pour ce genre de produits, à tenir compte de l'exploitation et des prix.

L'étain a varié en 1866 de deux cent cinquante francs en janvier à deux cent quinze en décembre ; le plomb, de quarante-neuf francs cinquante centimes à quarante-sept francs cinquante centimes dans la même période, ce qui est moins considérable : malgré cela, la production de M. Cauvet s'est maintenue à un niveau constant ; elle est pour l'étain en feuilles de six mille kilogrammes par mois, et pour les capsules de cinquante à soixante mille par jour. Le plus fort débouché de cet exposant est à Paris. Sa consommation annuelle est de cent mille kilogrammes d'étain et cent mille kilogrammes de plomb. Ajoutons que ses prix sont extrêmement modérés, ce qui semblerait être démontré par l'importance de son chiffre d'affaires dans la capitale de l'Empire.

— MM. Melchion fils et Chappaz, admis dans les classes soixante-douze et quatre-vingt-onze, ont été récompensés dans la classe soixante-douze où ils ont envoyé des liqueurs. Dans la classe quatre-vingt-onze, ils ont exposé des vermouths et des bitters d'une excellente qualité et cotés à des prix très-accessibles ; leur fabrication très-importante tient un rang honorable à Marseille, et je suis étonné de son absence au catalogue des récompenses de la classe dont je m'occupe, laquelle clôt, du reste, la liste générale des exposants marseillais.

Classe quatre-vingt-douze. — *Spécimens de costumes populaires.*

Cette exhibition était intéressante ; des comités départementaux se sont organisés et ont apporté les éléments les plus curieux.

Pourquoi n'y avait-il pas de comité départemental des Bouches-du-Rhône ?

Chose bizarre, c'est un fabricant de la Chaussée-d'Antin, à Paris, qui s'est donné la mission de représenter les Bouches-du-Rhône par des costumes arlésiens !

L'originalité des types de ces différents départements était un admirable commentaire de la décentralisation, par l'art instinctif, varié, prime-sautier qu'ils avaient mission de révéler aux yeux étonnés.

Bien mieux, si l'on accepte la morale de cette exposition, telle que l'a posée le secrétaire du comité de cette classe, M. Ernest Dréolle, et qui est celle-ci : « Nulle part ne s'offre le spectacle attristant de « populations privées des vêtements les plus indis- « pensables, et ni le travail ni l'esprit industrieux « ne font défaut, en France, pour utiliser les moin- « dres ressources, » que faut-il penser de l'absence de Marseille et de son département tout entier ?

Or on n'a qu'à consulter nos albums marseillais, pour affirmer que la matière exposable était loin de faire défaut !

CLASSE QUATRE-VINGT-TREIZE. — *Spécimens d'habitations caractérisées par leur bon marché, uni aux conditions d'hygiène et de bien-être.*

L'idée de cette classe est à elle seule un progrès, son nom dit tout. Trente-quatre exposants de tous les pays ont répondu à l'appel, sur lesquels seize sont Français.

D'après le catalogue des récompenses, la France

aurait ici une incontestable supériorité. Est-ce que le point de vue du bon marché a été suffisamment envisagé par le jury? Quoi qu'il en soit, en dehors du grand prix accordé à l'Empereur, ce qui témoigne pour le moins, chez notre souverain, d'intentions humanitaires utiles et louables, sur deux médailles d'or et sept d'argent, soit neuf récompenses, sept sont décernées à la France, une à la Belgique et une à la Prusse; celle-ci ayant trois exposants, celle-là un seul.

Dans une pareille question je sais bien qu'il faut tenir compte du climat et des mœurs; mais le bon marché des logements dépend de tant d'autres causes économiques et politiques, que, tout en constatant l'existence d'une période de progrès très-prononcé, je dois déclarer que nous sommes encore bien loin d'un résultat sérieux et pratique.

Il faut des efforts de combinaison effrayants aux Compagnies financières, pour arriver à nous montrer des habitations à quatre mille et à trois mille francs, prix d'acquisition; la question des loyers, il est vrai, a fait un grand pas avec la Société de Mulhouse, mais il faudrait étendre les résultats qu'elle a obtenus, non-seulement à toute la province, mais encore à Paris où le problème paraît presque insoluble.

Nous verrons dans la lettre VII, chapitre II, comment à l'étranger, en Belgique par exemple, le programme a été compris et réalisé.

Pour ce qui concerne Marseille, ses architectes et ses entrepreneurs se sont complétement abstenus.

On construit pourtant à Marseille, et la question du bon marché y est aussi palpitante que partout ailleurs. Mais pour que cette importante question y trouvât une solution prompte et sérieuse, je persiste à penser que l'intelligence supérieure de M. Mirès devait rester l'inspiratrice des transformations projetées, car ce dont nous a doté la Compagnie immobilière, loin de nous consoler, augmente nos regrets.

Classes quatre-vingt-quatorze et quatre-vingt-quinze. — *Produits de toutes sortes exposés par les ouvriers chefs de métier; instruments et procédés de travail qui leur sont spéciaux.*

Là où la main de l'ouvrier au service de son intelligence est indispensable, là où s'arrête le rôle des engins mécaniques, là commencent les admissions dans les classes quatre-vingt-quatorze et quatre-vingt-quinze.

Presque toutes les inventions y avaient leur place, elles y sont venues. Bon nombre d'entre elles ont été d'admirables révélations. Deux cent trente exposants français, contre vingt étrangers, ont obtenu la plupart des récompenses.

Eu égard à l'absence d'adversaires en nombre

suffisant, leur triomphe a été complet, j'ajoute même justifié, en ce qui concerne les ressources intellectuelles de notre pays.

Une invention, essentiellement humanitaire, a été celle qui a valu le grand prix de la classe quatre-vingt-quatorze à M. Henri Dufresne, pour son procédé de dorure sur cuivre et sur argent, sans danger pour les ouvriers.

Les médailles d'or révèlent en outre un *tour tournant carré*, de M. Bastié, qui est une véritable merveille.

Mais je ne puis ici faire une revue complète des inventions remarquables de la classe quatre-vingt-quatorze. Je m'arrête, et en terminant, j'ajoute que les récompenses de la classe quatre-vingt-quinze, décernées le 31 octobre, représentent pour la France la dextérité et l'habileté du travailleur, comme celles de la classe quatre-vingt-quatorze représentent les ressources ingénieuses de son esprit inventif.

II

LES AUTRES VILLES DES BOUCHES-DU-RHÔNE.

RÉCOMPENSES DÉCERNÉES.

Hors concours.

M. Haas, manufacturier, associé au jury de la classe trente-cinq, membre des classes cinquante-sept et quatre-vingt-quinze. — Aix et Paris.

Médailles d'argent.

MM. Coupin, chapeaux, à Aix. — C. Coq, machines à fabriquer les chapeaux de feutre, à Aix.

Médailles de bronze.

La Société de Charbonnage des Bouches-du-Rhône. Lignites de Fuveau.
MM. Mey, pâtes alimentaires, à Aix. — Auber, blés, à Aix. — Louis Faucon, vins de Muscat, à Graveson. — L'École des Arts et Métiers, à Aix.

Mentions honorables.

MM. Roman, vues photographiques, à Arles.— Pourcin, cires d'Algérie, à Aix.

La liste qui précède est tout le bilan des Bouches-du-Rhône; elle présente donc neuf récompenses sur vingt-deux exposants, sans y comprendre les récompenses et les exposants de Marseille déjà étudiés.

Or, si l'on groupe en un seul, le nombre des exposants du département tout entier, on arrive avec peine à un total de cent industriels pour représenter à l'Exposition universelle la richesse et les produits des Bouches-du-Rhône.

La statistique nous apprend que, sur cinq cent quarante et un mille neuf cent cinquante-sept habitants, ce département en compte cent quarante-sept mille neuf cent trente-huit consacrés à l'agriculture dont un seul a exposé; deux cent cinquante-sept mille quatre cent quarante-deux, consacrés à l'industrie, sur lesquels cent ont exposé, c'est-à-dire un sur deux mille cinq cent soixante-quatorze; et encore il faudrait déduire un certain nombre d'artistes qui sont comptés parmi les professions libérales chiffrées à vingt-huit mille neuf cent quarante-neuf personnes. Le commerce, comptant quarante-deux mille huit cent trente-cinq représentants, le clergé et les professions diverses, en comptant vingt-sept mille trois cent cinquante-trois, il reste trente-sept mille quatre cent quarante-deux personnes sans profession, pour compléter le total ci-dessus déclaré.

Ce chiffre d'exposants est en vérité trop minime. Quand on songe qu'en Belgique, ce pays si puissant par l'industrie, on a compté non pas un exposant sur deux mille cinq cent soixante-quatorze industriels, mais un exposant par trois mille cinq cents habitants, on ne peut s'empêcher de conclure que le département des Bouches-du-Rhône est loin d'avoir tenu son rang dans le grand concours de 1867.

Aix a réuni le plus grand nombre d'exposants des villes secondaires des Bouches-du-Rhône, ils sont au nombre de douze.

Selon l'habitude que j'ai prise, j'enrôle, parmi les exposants de cette ville, les artistes qui y sont nés. Il me semble que le talent est une de ces choses qui tiennent au pays natal, et je crois que dans ses œuvres l'artiste conserve toujours quelques traces des impressions de son enfance. Aussi, quoique son auteur habite Lyon, je cite hardiment une délicieuse *Rébecca*, statue en marbre de M. Fabisch, né à Aix et de plus élève de l'école d'Aix.

Je revendique pour Aix, le *David combattant Goliath*, cette nerveuse et puissante statue en marbre de M. Ramus, élève de Cortot et qui habite Paris. J'y joins aussi *la Jeune fille à la source*, de M. Truphème, élève de M. Bonassieux, et le mignard *Berger Lycidas sculptant le bout de son bâton*, marbre du même artiste, ornant le palais de Fontainebleau. M. Truphème né à Aix, a choisi Paris pour sa résidence.

Un architecte, M. J. Huot, élève de son père et de M. Vaudremer, doublement Aixois par la naissance et le domicile, a exposé un projet de musée et d'école de dessin pour la ville d'Aix. L'architecture en est simple et gracieuse et lui fait le plus grand honneur. J'en dirai autant de son projet *d'asile pour les aliénés*, qui réunit l'élégance du style aux qualités pratiques les plus remarquables.

Les gravures d'architecture de M. Revoil, dont le nom est très-connu, sont d'une délicatesse et d'une finesse admirables. Elles font partie d'une intéressante série où se déroule l'histoire de l'*architecture romane du midi de la France*. M. Revoil habite Nîmes, mais il est né à Aix.

Charleval, dépendant de l'arrondissement d'Aix, a produit M. Jules Fesquet, élève de Dantan et habitant Paris. Son *jeune faune jouant avec un bouc* est un véritable bijou.

L'industrie entre maintenant en lice. Voici d'abord la fabrication des chapeaux de feutre de M. Haas, qui a émerveillé les visiteurs de la galerie des machines, pendant toute la durée de l'Exposition ;

Puis une machine de M. Coq, servant à bâtir et à poncer mécaniquement les chapeaux de feutre, et qu'on ne peut guère décrire. Contentons-nous de dire qu'elle est pratique et fort ingénieuse.

Citons aussi la fabrication de chapeaux de M. Coupin, comme ayant tenu un rang distingué au Champ de Mars.

Les cires d'Algérie de M. Pourcin, les blés et les

farines de M. Auber, les pâtes alimentaires de M. Mey, qui utilise spécialement les blés algériens, nous servent de transition pour arriver à M. Poitevin, qui expose ce succulent pain d'Aix, dont toute la Provence connaît la supériorité. Je m'étonne du silence qu'a gardé le jury à son sujet; il est probable que la production de cet exposant ne se chiffrant pas à un *million de kilogrammes quotidiens*, on n'a pas songé à s'enquérir de la qualité du produit. Dans cette même pensée, j'ai cherché les calissons d'Aix et ses biscotins; ils sont complétement absents. C'est un fabricant de Paris qui seul en a exposé. Voilà une décentralisation étrange !

Les vins ont peu d'exposants dans notre département. M. Louis Faucon, à Graveson, près Château-Renard, a envoyé au Palais du Champ de Mars des vins du Mas de Fabre; ce sont d'excellents muscats grenaches et blancs. De Tholonet, M. Aurélien Houchard a expédié aussi des vins de même nature.

Mais pourquoi donc avons-nous si peu de viticulteurs ?

Ainsi qu'on a pu le voir, par la liste des récompenses qui commence ce chapitre, j'ai classé la Société des charbonnages des Bouches-du-Rhône parmi les exposants de ce département. J'ai pensé, en effet, que l'existence d'un siége social à Paris, n'enlevait pas à Fuveau le mérite de sa fécondité en excellents lignites, puisque c'est là une richesse du sol ; mais d'autre part, comme j'ai déjà longuement traité la question des houilles, je ne m'étendrai pas sur les lignites de Fuveau, dont la production est très-connue ; j'ai voulu seulement rendre aux Bouches-du-Rhône ce qui n'appartient pas à Paris.

C'est la même raison qui me fait passer rapidement devant l'exposition de M. Jourdan, fabricant de savons, égaré à Aix, alors que tous ses confrères sont à Marseille. Serait-il allé chercher un refuge dans cette ville contre les difficultés usinières du grand centre marseillais? C'est chose fort possible et peut-être intelligente.

Les échantillons de papier et des pâtes destinées à sa composition, exposés par M. Bordone, fabricant à Barbentane, et qui font partie de la classe du matériel et des procédés de la papeterie, nous servent de transition pour arriver à cet autre matériel, si peu représenté dans notre département, celui des exploitations agricoles et rurales avec les ouvrages y relatifs.

Nous trouvons ici deux exposants :

L'un, M. Vidal, à Port de Bouc, a exposé un ouvrage et un appareil de pisciculture marine. M. Vidal a une connaissance profonde de cette science toute moderne.

Je lui recommande un autre ouvrage exposé : le *Dictionnaire des pêches* de M. de la Blanchère, que j'étudierai dans ma septième lettre. L'autre exposant est M. Maiffredy, dont je m'occuperai plus bas à l'occasion de la ville d'Arles.

Voici l'École des Arts et Métiers d'Aix ; elle figure sous trois rubriques différentes dans le catalogue. On la voit d'abord dans la classe cinquante-trois, la mécanique générale, avec l'école d'Angers et de Châlons, exposant, hors concours, de fort belles machines à vapeur de huit, quatorze et vingt chevaux ; puis on la retrouve dans la classe suivante, celle des machines-outils, exposant une admirable machine raboteuse, seule cette fois, mais hors concours, sous le patronnage du ministère des travaux publics ; puis on la découvre encore dans la classe quatre-vingt-dix, celle de l'enseignement des adultes, toujours sous le couvert du dit ministère ; et enfin, au catalogue des récompenses, elle reste seule avec une médaille de bronze.

D'où je conclus que les objets par elle exposés étaient exécutés avec une grande supériorité, mais que sa force et son organisation sont inférieures à celles de plusieurs autres écoles du même genre, telles que l'École des Arts et Métiers de Nuremberg à laquelle est revenue une médaille d'or.

J'avais cependant ouï dire que la direction qu'on imprimait aux études, dans l'école d'Aix, était de premier ordre ; aussi ne puis-je m'empêcher d'être surpris de ne lui voir attribuer qu'une médaille de bronze. En comparant sa situation à celle des autres écoles exposantes, elle aura pu juger de ses côtés faibles, et je suis assuré qu'elle y portera promptement remède.

— Arles me reste à voir. Je débute par un reproche. Comment est-il possible que cette ville ait abandonné, à des costumiers parisiens, le privilége de représenter les pittoresques costumes arlésiens! Ses habitants ne savent-ils pas que leurs femmes sont les types les plus purs de la beauté provençale et qu'un art exquis éclate dans leurs coiffures et dans ce foulard qu'elles attachent sur leurs épaules avec une si gracieuse négligence?

Même reproche pour les célèbres saucissons qui n'ont brillé que par leur absence au Champ de Mars. Ce précieux fin-manger est partout excepté ou il doit être. A Arles même il est souvent difficile de se le procurer, et au Champ de Mars on ne le trouve pas.

Je n'ai que deux exposants à Arles, mais ils ont bien leur mérite.

Les vues photographiques de M. Roman sont extrêmement réussies; il doit être content de sa mention honorable. Arles, récompensée pour la photographie à l'égal de Marseille, en face de Paris, et dans un concours international, est une excellente note. L'arrondissement d'Arles, du reste, a produit plusieurs photographes distingués, entre autres, un inventeur qui tient un rang honorable à Paris, il a nom M. Geymet, natif de Mouriès, et j'aurai l'occasion de parler, dans ma lettre septième, des merveilles photographiques qu'il a produites; ce sont de vrais tours de force scientifiques.

Puisque je parle d'inventeurs, je veux accorder un éloge et un blâme en même temps à un inventeur salonnais.

Conçoit-on que Salon ait un Chassepot et qu'il ne l'ait pas exposé? L'inventeur est M. Ollagnier, son fusil est adopté par plusieurs manufactures d'armes de Belgique, et notamment à Liége. M. Ollagnier, qui ne croyait d'abord faire qu'un simple fusil de chasse, perfectionné, dans le but innocent de pouvoir tuer douze perdreaux à la minute, se trouve tout à coup transformé en Dreyse et en Chassepot auxquels il ne le cède en rien.

Je ne lui souhaite pas de mal, mais j'aime mieux qu'on lui commande mille fusils pour la chasse aux animaux que cent mille pour la chasse aux hommes.

En dehors de cela, le fusil Ollagnier est d'une manœuvre plus simple que celle de tous les autres fusils à aiguille, et de plus il coûte moins cher.

Et, s'il nous faut absolument payer des fusils, je préférerais certainement payer celui-là plutôt qu'un autre.

Le dernier exposant dont j'ai à parler est M. Maiffrédy, au Mas-de-Vert, près d'Arles.

M. Maiffrédy est un des rares agriculteurs que nous possédions dans le département des Bouches-du-Rhône. Il a exposé au Champ de Mars un très-beau dessin d'exploitation agricole, qui témoigne de sérieuses études sur cet important sujet. Il eût été à souhaiter que ce dessin fût accompagné d'un mémoire sur lequel on aurait pu appeler l'attention du jury.

Ceci dit, prenons congé des Bouches-du-Rhône et entrons dans le Gard.

LETTRE TROISIÈME.

DÉPARTEMENT DU GARD.

I
NÎMES.

RÉCOMPENSES DÉCERNÉES.

Prix des Beaux-Arts.

M. Jalabert, peintre, deuxième prix.

Médailles d'or.

MM. Flaissier, tapis. — Arnaud Gaidan, tapis.

Médailles d'argent.

MM. Clément Gravier, tapis. — Pallier, lacets. — Samuel Guérin, passementeries. — Germain fils, bonneteries.

Médailles de bronze.

MM. Rouvière Cabane, reps Gobelins. — Sagnier Teulon, tissus de soie. — Ducros et Robert, châles brodés, —

Brunel et Cie, châles brodés. — Guérin Laget et Cabanis, passementeries. — Guérin neveu, Laget et Cabanis, bonneteries et filets. — Garnier Lombard, soies écrues et teintes. — Rouvière-Cabane, pierres de taille. — Pétry, saucissons.

Mentions honorables.

Mme veuve Daumezon, tapis. — MM. Nègre Fiedler, matières premières pour la parfumerie. — Cadel fils aîné, soies écrues et teintes. — Roman et Cie, châles brodés. — Chardonnaut et Ducros-Odrat, suc de réglisses. — Bergeron, sémaphore pour chemin de fer. — Marvegeols, vins rouges 1866. — Dumont et Massip, vin à bon marché, classe quatre-vingt-onze. — Guirard, vins à bon marché, classe quatre-vingt-onze.

Nîmes et Marseille se complètent mutuellement; l'une possède ce que l'autre ne possède pas. Cependant Nîmes me paraît plus favorisée que Marseille sous le rapport de la variété des industries, et sous le rapport du nombre de leurs représentants. Je ne parle pas de la spécialité qui prospère chez elle à un si haut degré; je me place à un point de vue plus synthétique.

Ainsi elle compte quarante exposants, sur une population de soixante mille habitants environ; ce qui donne un exposant par quatorze-cent-vingt-huit habitants, lorsqu'à Marseille c'est un exposant par trois mille qu'il faut compter.

Si l'on pousse plus loin la comparaison, et si l'on établit une proportion entre le nombre d'exposants et le nombre de récompenses, on trouve que plus de la moitié ont obtenu des distinctions. Il y a, en effet, vingt-cinq récompenses à Nîmes ; en cela, nous retrouvons une proportion analogue à celle que nous avons indiquée pour Marseille.

. A la seule inspection de la liste, on s'aperçoit bien que Nîmes a su maintenir sa supériorité dans la tapisserie ; seulement, on dirait que les soieries n'ont pas tout à fait répondu à leur ancienne splendeur.

Quoi qu'il en soit, parcourons rapidement les classes dans lesquelles elle s'est fait représenter à l'Exposition.

Nîmes a donné naissance à trois vaillants artistes, mais tous les trois lui ont préféré le séjour de Paris.

— M. Jalabert, qui a obtenu le deuxième grand prix de peinture, est élève de Paul Delaroche. Son tableau *Une veuve* est plein de grâce et d'expression. Son *Christ marchant sur la mer* est une œuvre grandiose et émue ; une *Maria Abruzeze* et deux portraits complètent son exposition et sont de véritables bijoux.

— M. Jourdan est l'élève de M. Jalabert ; en lui on sent percer le maître. Sa *Léda*, en dehors du sujet déjà bien usé, est exécutée avec un talent admirable, et ses *Secrets d'amour* sont un petit chef-d'œuvre de mignardise et de finesse.

— La sculpture en bronze est représentée par M. Vidal, élève de MM. Rouillard et Barye, deux noms célèbres. M. Vidal expose un *Taureau* et un *Cerf mourant* que je m'abstiendrai de décrire ; mais en disant aux connaisseurs : c'est du véritable Barye, j'aurai dit plus en moins de mots.

— La classe des meubles de luxe, ce triomphe du goût parisien, nous offre deux exposants nîmois.

L'un, M Mora, expose un guéridon d'une exquise élégance. J'aime moins sa mosaïque de Rome ; c'est une œuvre de patience, mais j'avoue n'en pas comprendre le mérite ; pourquoi imiter et aller chercher Rome ?

L'autre, M. Bernard-Hoen, expose un meuble chapier du style Renaissance. L'exécution en est exacte et digne d'éloge. Mais encore une fois pourquoi s'enchaîner ainsi au passé, puisqu'on ne fait pas mieux quand on le copie, et qu'on peut le surpasser quand on s'inspire de ses leçons.

— La classe dix-huit, contenant les tissus d'ameublements, constitue la véritable exhibition de Nîmes. Pour les tapis, en dehors de Paris, Aubusson et Beauvais, elle n'a de rivales en France qu'Abbeville, Amiens et Tourcoing. Mais pour le reps et les tapis de table, elle n'a que Paris qui lutte avec elle.

Aussi, quelle splendide réunion d'industriels que celle composée de M. Arnaud-Gaidan, avec ses tapis veloutés de haute laine, ses tapis de foyers et ses élégantes tentures ; de M. Flaissier, de M. Rouvière-Cabanne, de Mme Daumézon, de M. Gravier, avec leurs étoffes de couleurs vives et harmonieuses, que nos décorateurs savent si bien chiffonner ou étendre sur nos meubles, avec ce goût exquis et caractéristique de la France.

— Passons rapidement à travers la classe vingt-cinq, où Nîmes nous offre les essences de MM. Nègre et Fiedler, seuls exposants de cette catégorie, ce qui ne les a pas empêchés d'obtenir une récompense, et arrivons au groupe du vêtement (groupe quatre), où nous trouvons un certain nombre de Nîmois.

La filature et le moulinage des soies fines ont lieu notamment dans les départements du Midi de la France.

Le Gard tient un des premiers rangs dans ce genre de travail, au point de vue de l'importance de la production.

Les médailles d'or y sont cependant absentes; serait-ce une négligence du jury? Nous n'avons pas les éléments suffisants pour l'établir.

Mais, ce que nous pouvons affirmer, c'est que Lyon doit la plus grande partie des forces vitales de son industrie aux institutions qu'on y a établies en faveur du travail des soies. Là est un de ses triomphes les plus complets; de là lui est venu son grand prix, motivé par le jury sur l'admirable organisation de ses institutions industrielles.

Voilà un exemple à suivre, et je ne saurais trop engager les villes du Gard à le faire au plus vite.

Je m'étonne d'autant plus de l'espèce d'échec que subit ce département pour l'industrie de la soie, que peu de pays peuvent, mieux que lui, la faire prospérer.

Les magnaneries sont nombreuses, dans le Gard, il y a même une institution spéciale, la ferme de Mas-Lecomte, qui a pour but de donner une instruction professionnelle aux jeunes gens. En dehors des cours d'agriculture, ils y suivent un cours spécial comprenant toutes les branches de la production de la soie.

La ferme de Mas-Lecomte, reçoit chaque année trente-trois élèves et a produit des sujets très-distingués. Je ne conçois pas pourquoi elle n'a pas exposé.

Ajoutons qu'en 1840 le Gard affectait à la sériciculture quinze mille hectares de terrain, et qu'il récoltait, à ce que disent les statistiques, deux millions six cent quatre-vingt-seize mille deux cent quatre-vingt-un kilogrammes de soie.

Ce chiffre déjà ancien, supposait une industrie florissante, et l'absence des médailles d'or en 1867, pourrait, si l'on ne tenait pas compte de la maladie qui sévit depuis si longtemps sur ces précieux insectes, faire croire qu'aucun progrès n'a été accompli.

Or, sans aller si loin, on pouvait cependant espérer mieux et de Nîmes et du Gard tout entier.

En effet, on nous apprend qu'aujourd'hui les

soies ouvrées dans cette ville et ce département, sont de provenances étrangères, telles que la Perse, la Chine et le Japon, et que les industriels s'approvisionnent à Marseille, où se trouve le plus grand marché des cocons secs et des déchets de soie des provenances ci-dessus désignées.

Quoi qu'il en soit, les médailles d'argent sont nombreuses pour le Gard et réparties dans les villes dont je donnerai bientôt les noms.

A Nîmes, les exposants de soierie sont relativement en nombre considérable.

Je citerai M. Samuel Guérin (médaille d'argent), qui a exposé des lacets et cordons de soies ouvrées et jusqu'à des ressorts pour crinolines ; MM. Guérin, Laget et Cabanis (médaille de bronze), qui ont exposé des lacets et des cordons ; M. Pallier, (médaille d'argent) qui a exposé des tresses de cordons, des lacets et aussi des ressorts d'acier pour crinolines. Ces ressorts d'acier, au milieu d'une fabrication de soieries, m'ont fortement intrigué ; sont-ils là pour le métal ou pour les fils qui les recouvrent? sans doute, c'est une espèce de défi jeté aux tranchants des lames d'acier; à leurs morsures on oppose un obstacle, en même temps qu'on les pare elles-mêmes d'une robe finement tissée.

Citons encore M. Garnier-Lombard (médaille de bronze), qui a exposé des soies grèges et ouvrées, des soies et des cordonnets à coudre teints et écrus, d'une finesse extrêmement remarquable et d'une qualité exceptionnelle; M. Cadel (mention honorable), qui a exposé des soies à coudre; et, enfin MM. Sagnier-Teulon (médaille de bronze), dont les tissus brochés et unis sont de soie pure mélangée d'or d'une manière irréprochable.

— La section des châles (classe trente-deux) comprend un certain nombre de fabricants nîmois. Trois centres de production se partagent la France: Paris, Lyon et Nîmes.

La spécialité de Nîmes est le châle à bas prix. La production générale des châles brochés, en France, s'élève annuellement à vingt millions de francs; de même que les soieries représentent une valeur annuelle de cent vingt millions de francs; c'est assez dire sur quelle base riche et féconde s'exerce l'activité de l'industrie nîmoise. Sur trente-six exposants français, composant cette classe, Nîmes en compte cinq dont trois récompensés. C'est d'abord MM. Ducros et Robert, avec leurs châles brochés de forme longue et carrés (médaille de bronze); MM. Brunel et Cie, avec des châles en laine brochés, longs et carrés (médaille de bronze); M. Roman (mention honorable); M. Saurel et enfin M. Prade-Foule, qui ont adopté le même genre de fabrication.

— La section des objets accessoires du vêtement (classe trente-quatre) a valu aux deux Nîmois qui s'y trouvent, deux récompenses. Cette classe ne contient pas moins de douze séries très-importantes : la bonneterie, les boutons, les bretelles et jaretières, les gants de peau, les éventails, les parapluies, les ombrelles, les cannes, fouets et cravaches, les chemises, les objets de lingerie pour les femmes et les enfants, les corsets, les jupes-cages, ainsi que les jupons à ressort.

C'est dans la première série, la bonneterie, que M. Germain fils a obtenu la médaille d'argent, et MM. Guérin, Laget et Cabanis la médaille de bronze.

Peu et bon paraît être ici la devise de Nîmes.

— Les coiffures, les perruques et les postiches de M. Teissier, qui sont soigneusement exécutés, ont été rangés dans la classe de l'habillement des deux sexes.

Les artistes de cette spécialité n'ont guère la coutume de rester dans les villes de province ; ils viennent tous ou presque tous à Paris, où leur qualité de méridionaux est recherchée comme une garantie d'habileté, m'a-t-on dit; cette réputation n'est pas usurpée. M. Teissier fait donc de la décentralisation à sa manière.

Mais il y a une autre raison qui fait déserter la province, et surtout le midi de la France, par ceux qui s'adonnent aux ouvrages en cheveux ; c'est, paraît-il, parce que les cheveux recueillis dans l'ouest de la France, dont la vente se centralise à Paris, sont plus beaux que ceux du centre et du Midi. Et puis Paris consomme tant de chignons !

Croirait-on qu'il se vend annuellement en France soixante-huit mille kilogrammes de cheveux? au prix moyen de soixante-cinq francs, cela représente quatre millions quatre cent vingt mille francs ; or, ces mêmes cheveux ouvrés et préparés atteignent jusqu'à la somme de cent quarante fr. le kilogr.

— Les robinets en fonte et en acier de M. Jayet sont les seuls objets qui représentent l'exploitation des mines et la métallurgie de Nîmes à l'Exposition.

Mais nous verrons bientôt que ces exploitations, assez importantes dans le Gard, ont un autre centre placé dans le même département, la ville d'Alais.

La classe désignée par le catalogue sous le nom de *produits agricoles (non alimentaires) de facile conservation* a été divisée en plusieurs régions par les auteurs du système de classification. La région dans laquelle se trouve placé le Gard est celle du froment, du vin d'exportation et de la soie. Le nombre des concurrents est fort restreint; pour ce qui concerne Nîmes et le département tout entier le chiffre se réduit à *un*, qui est M. Lichaire, exposant du vin, des fourrages et diverses céréales.

Cette classe était d'autant plus intéressante, qu'il y était prévu le cas où toute une contrée aurait exposé un ensemble de ses produits. C'était un excellent moyen d'apprécier à quel degré se trouvent les exploitations rurales et l'agriculture dans les divers départements; il est à regretter que le Gard ne se soit pas fait représenter par un nombre plus considérable d'exposants et de produits.

Il en est de même pour la classe des produits chimiques représentée, pour Nîmes, par M. Dumas, qui expose de fort belles colles fortes et gélatines, ainsi que par MM. Chardonnaud et Ducros-Odrat (mention honorable), qui exposent des sucs de réglisse; les industries chimiques sont assez nombreuses dans le Gard, mais elles sont disséminées et j'aurai l'occasion de m'en occuper au chapitre suivant. Les arts usuels, qui contiennent tant de produits divers, n'ont fourni pour Nîmes, qu'un exposant dans chacune des branches suivantes :

Les exploitations agricoles, le matériel des chemins de fer, les machines-outils, et le matériel des travaux publics.

C'est d'abord M. André, qui expose une ingénieuse émondeuse d'amandes, accompagnée d'un broyeur pétrisseur; c'est ensuite M. de Roverive, avec une fort curieuse scie à pédale; c'est encore M. Bergeron, qui a exposé un cœur de croisement de voies en fonte durcie, redoutant moins, par conséquent, l'usure d'ordinaire si rapide, et un sémaphore à colonne de fonte de neuf mètres cinquante de hauteur, conforme au type adopté par la Compagnie de Paris à Lyon et à la Méditerranée; cet exposant a obtenu une mention honorable.

C'est enfin M. Rouvière-Cabane, dont l'intelligente direction donnée à ses carrières de pierres de taille de Beaucaire, a mérité une médaille de bronze.

Les pâtisseries sèches de Mme Villaret et les saucissons de M. Pétry, qui sont tout ce que présente le groupe des aliments, nous servent de transition pour arriver aux classes de la boisson.

Voici donc la grande classe du vin, ce triomphe de la France, qui n'avait même pas besoin d'être unanimement sanctionné par les verdicts du jury pour être et rester sans conteste.

J'aurai à m'en occuper longuement au sujet du département de l'Hérault, aussi me bornerai-je à citer ici les exposants qui appartiennent à Nîmes.

La classe soixante-treizième, où sont rangés les vins rouges de MM. Bonnat-Lamoureux, à la chaumière près Nîmes, ceux de M. Marvejols (mention honorable), et enfin où la Chambre de commerce, représentée par son président, M. Guiraud, figure pour ses alcools, est spécialement la classe de la *qualité* du vin; on retrouve en effet dans la classe quatre-vingt-onze, la classe du bon marché, une foule de nouveaux exposants qui tendent surtout à réaliser le bas prix réel de cette précieuse boisson.

C'est dans cette classe quatre-vingt-onze que figurent M. Guirard et MM. Dumont et Massip, propriétaires vinicoles, dont le jury a apprécié les tendances économiques en attribuant à chacun d'eux une mention honorable.

Nous terminerons cette revue nécessairement succincte, en félicitant le comité départemental de son intéressante exhibition de costumes des femmes de Beaucaire, placée dans la classe quatre-vingt-douze. Si tous les départements l'avaient imité, cette partie de l'Exposition aurait puisé de nouveaux charmes dans une série de révélations piquantes et tout à fait inattendues.

II

LES AUTRES VILLES DU DÉPARTEMENT DU GARD.

RÉCOMPENSES DÉCERNÉES.

Médailles d'or.

Compagnie des mines de la Grand-Combe. — M. Merle, industrie soudière et produits divers, à Alais.

Médailles d'argent.

M. Louis Boudon, soies grèges et ouvrées, à Saint-Jean du Gard. — Mme Chambon, soies grèges et ouvrées, à Saint-Paul la Coste. — MM. Gibelin et fils, soies grèges et ouvrées, à Lasalle. — Brouilhet et Cie, soies grèges et ouvrées, au Vigan. — Teissier du Cros, soies grèges et ouvrées, à Valleraugue. — Dumas et Martin, soies grèges et ouvrées, à Lasalle. — Les Forges d'Alais, fers et houilles, à Alais.

Médailles de bronze.

MM. Platon, coopérateur géomètre de la Compagnie de la Grand-Combe. — Barrois et Cie, soies, à Alais. — Ruas et Cie, soies, à Saint-André de Valborgne. — Boudet, soies, à Uzès. — Chambon, saucissons, à Beaucaire. — Cappeau, vins, à Roquemaure. — Édouard Bibard, contremaître, chez M. du Cros, à Valleraugue.

Mentions honorables.

MM. Vernet frères, soies, à Beaucaire. — Beau et fils, minerai d'antimoine et produits divers, à Alais. — Société des mines de Servas, bitume, Alais. — MM. Carenore et Bonifas, réglisse, à l'Habitarelle. — Causse, collections de vins, à Massereau, près Sommières. — De l'Espinasse, vins rouges 1864, à Sauve. — Baculard, vins rouges 1865, à Roquemaure.

Ainsi que l'on peut déjà le voir par cette nouvelle liste, les exposants sont plus disséminés dans le Gard que dans les Bouches-du-Rhône.

En effet, en dehors de Nîmes nous comptons trente-cinq exposants, sur lesquels vingt-trois ont obtenu des récompenses.

La population du Gard comprend quatre cent vingt-deux mille cent sept habitants, qui ont fourni en tout soixante-quinze exposants; c'est donc un exposant par six mille trente habitants, alors que les Bouches-du-Rhône en comptent un par cinq mille quatre cent vingt habitants.

Cette plus-value est due principalement à l'importance de la ville de Marseille. Mais nous avons vu que, comparés l'un à l'autre proportionellement à leurs populations, le chef-lieu du Gard était plus fertile en industries que le chef-lieu des Bouches-du-Rhône.

Avant d'entreprendre l'étude de la classe trente et un, fils et tissus de soie, je dois signaler une tentative faite par un industriel de Sommières, M. Tavernier. Cet industriel est placé dans la section des fils et tissus de laine peignée (classe vingt-neuf) où l'on ne rencontre guère de villes du Midi; Roubaix, Reims, Amiens se la partagent presque en entier. Aussi pensons-nous devoir encourager cet exposant, car, à notre avis, l'introduction d'une industrie nouvelle ou peu exercée, dans un département, est un nouvel élément de richesse dont on le dote. Sans doute les laines peignées et les fils de *China grass peignée* de M. Tavernier ne luttent pas encore, au point de vue de l'importance industrielle, avec ceux de Roubaix, de Reims et d'Amiens; mais que faut-il pour établir une rivalité salutaire? de la persévérance.

La section des fils et tissus de soie (classe trente et un) a recruté, en ce qui concerne le Gard, les plus nombreux exposants et les plus nombreuses récompenses dans les villes suivantes : à Saint-Jean du Gard, avec M. Boudon; à Alais, avec M. Barrois; à Lassalle, avec MM. Dumas et Martin, Gibelin et fils, Martin et Cie; à Saint-Paul la Coste, avec Mme Chambon; à Beaucaire, avec MM. Vernet frères; au Vigan, avec MM. Brouilhet et Baumier, qui ont exposé des soies pour tulles, et des soies gréges à tours comptés; à Saint-André de Valborgne, avec MM. Ruas et Cie; à Valleraugue, avec M. Teissier du Cros, et enfin à Uzès, avec M. Boudet.

Ce court exposé indique suffisamment que la décentralisation industrielle est en pleine période de prospérité dans ce département, ce qui, sans doute, a sa cause dans le sage parti qu'ont pris les intéressés de se mettre hors de la portée des taxes, généralement plus onéreuses dans les grands centres, tout en groupant autour d'eux leurs appareils de production.

Traversons la classe des dentelles, tulles, broderies, passementeries (classe trente-trois), qui a trouvé à Anduze un exposant, MM. Brès, Fabre et Rouverol, et arrivons à la classe de la métallurgie et des mines (classe quarante).

J'ai déjà parlé, à propos de Marseille, de diverses productions houillères qui ont d'intimes rapports avec le département du Gard. Le bassin du Gard est, en effet, un grand centre de cette exploitation; mais le cadre de mes études, limité à la division par département, m'interdit de faire des excursions au dehors. Je me contenterai donc de signaler la remarquable exposition des forges d'Alais qui ont un siége social à Paris, et où figurent des fers et des échantillons de houille d'un très-bel aspect.

Signalons encore la Compagnie des mines d'asphalte de Servas, avec ses belles roches d'asphalte et de mastic; cette Compagnie est dirigée par M. Beau, qui a exposé de son côté parmi divers produits intéressants un très-riche minerai d'antimoine.

Cette dernière sorte de minerai est encore exploitée à Castillon de Gagnères, par M. de Laromède; l'exhibition de cet exposant contient aussi de beaux spécimens de houilles.

Les produits chimiques d'Alais se sont fait représenter par M. Merle; il y a là des chlorures de chaux, des soudes, des alumines, accompagnés de leurs sulfates divers, du chlorure de potassium, du carbonate de potasse, ainsi que les sels divers de soude, de potasse, et de magnésie révélant une fabrication hors ligne, qu'on a reconnue telle par une médaille d'or.

Uzès et l'Habitarelle produisent d'excellents sucs de réglisse, à en juger par les beaux échantillons de MM. Abaurit et Vincent à Uzès, et de MM. Carenore Bonifas et Cie à l'Habitarelle (commune de Marsac); ces deux exposants clôturent la liste des objets appartenant au groupe des matières premières.

Le groupe suivant : *Les arts usuels*, ne nous offre que deux exposants, mais ils représentent à eux deux ce que les richesses du Gard offrent de plus fécond.

En effet, la carte topographique exposée par M. Ledoux, ingénieur à Alais, est des plus complètes et des mieux exécutées; quant à l'autre exposant, il n'est autre que la célèbre Société des mines de la Grand-Combe dont la production est énorme.

Cette Compagnie n'a pas exposé d'échantillons, mais elle a exhibé des plans et des coupes géologiques, des plans en relief, et, ce qui est plus éloquent encore, des albums administratifs appuyés de documents statistiques. Une médaille d'or lui a été décernée par le jury international, ce qui sanctionne, aux yeux du monde industriel, ses mérites administratifs aussi bien que sa richesse extractive.

En parcourant les diverses classes qui nous séparent de celle des vins, nous remarquons les intelligents outils agricoles de M. Clausel à Sauve; leur disposition commode et le bon choix des bois employés, méritent une distinction. Nous remarquons encore les conserves de fruits et légumes de M. Féline à Alais, ainsi que les saucissons de M. Cambon à Beaucaire; cette ville, voisine d'Arles, ne pouvait manquer d'être sa rivale, et, en exposant ce délicat comestible, elle a du moins fait preuve d'une louable diligence sinon d'une supériorité affirmée.

L'industrie vinicole, comme celle des soies, se

trouve répartie dans un certain nombre de villes secondaires du département qui nous occupe.

Quoique les récompenses aient été rares dans cette fraction des exposants du Gard, et précisément par ce fait, nous devons les féliciter sincèrement d'avoir participé au concours international.

Nous enregistrons donc avec plaisir les vins de M. de l'Espinasse, à Sauve (mention honorable); ceux de M. Baculard (mention honorable) et ceux de M. Cappeau (médaille de bronze), tous deux à Roquemaure; les vins de M. Causse, à Massereau, près Sommières; ceux de M. Chameski, à Ribaute, canton d'Anduze; ceux de M. Lichère, à Rapatel; ceux de M. de Monteynard, à Montfrin, et enfin ceux de M. Pille, à Saint-Geniès de Comolas.

En terminant notre étude du département du Gard, complimentons les frères de l'École chrétienne d'Alais, pour leur acte de présence au Champ de Mars. J'ajoute que cet éloge a d'autant plus de prix, qu'il s'adresse au seul représentant, dans ce département, des manifestations instructives du groupe dix et de la classe quatre-vingt-dix, consacrés spécialement à l'enseignement.

Je ne sais pas si l'on peut baser, pour le Gard, une appréciation statistique sur ce fait, mais j'aurais préféré trouver chez lui un plus grand nombre d'exposants du groupe dix, dont j'ai déjà suffisamment établi le but sérieux et utile.

LETTRE QUATRIÈME.

LE DÉPARTEMENT DE L'HÉRAULT.

I

COUP D'ŒIL GÉNÉRAL.

RÉCOMPENSES DÉCERNÉES AU DÉPARTEMENT
DE L'HÉRAULT.

Grands prix.

M. Cabanel, peintre, premier grand prix de peinture.— M. Marès, propagateur du soufrage de la vigne, deuxième grand prix de la classe soixante-treize.

Médailles d'or.

M. Sahut, collection de graines et plantes.— MM. Faulquier, Cadet et Cie, bougies, savons et cires. — M. Louis Barral, frontignan, muscat 1848-1858-1866. Frontignan. — Le département de l'Hérault, vins à bon marché (classe quatre-vingt-onze).

Médailles d'argent.

MM. Lauret frères, bonneterie, à Ganges. — MM. Sagnier et Cie, romaines et bascules (classe cinquante-trois), à Montpellier. — MM. Sagnier et Cie, bascules à dix ponts indépndants pour wagons (classe soixante-trois), à Montpellier. — M. Thomas-Bertrand des Balances, vins de Xérès, à Béziers. — M. Azaïs Marès de Méze, vins de 1866. — M. E. Guibal, vins de 1866. — M. Cazalis Fondoux, vins de 1866. — M. Dardenne, vins de 1866. — M. Bouchet, collection de vins de l'Hérault, 1865, à Mauguin. — M. Leignadier, collection de vins rouges, à Puissolicon.

Médailles de bronze.

M. Baudassé-Cazotte, cordes harmoniques, à Montpellier. — La Compagnie des houillères de Graissesac, Houilles, à Montpellier. — MM. Cazalis et Cie, acide tartrique et tartre, à Montpellier. — M. Prévost, acide tartrique, à Montpellier. — M. Thibault, cuirs et veaux, à Montpellier. — M. Stanislas Vernières, veaux, à Aniane. — M. Roques, peaux de mouton, à Montpellier. — M. Cambon, saucissons, à Montpellier. — M. Georges Barral, vins rouges et alicantes, à Frontignan. — M. Nayral, muscat de Frontignan, à Frontignan. — MM. Lacrouzette et Bellonnet, muscat de Frontignan. — MM. Wachter et Cie, vins d'imitation, à Cette. — M. Boyer, eaux-de-vie de Montpellier, à Beziers. — M. Chailler-Guérin, trois-six de vins, à Florenzac. — M. Daurel, muscat, à Béziers. — M. Granel, pique-poul de 1863, à Gourgazeau. — M. Augustin Fau, effilochage de laines, à Lodève (classe quatre-vingt-onze). — Exposition collective des villes de Lodève et Bédarieux, tissus (classe quatre-vingt-onze).

Mentions honorables.

M. Gras, impressions diverses, à Montpellier.— MM. Lanet père et fils, foudres de différentes formes, à Cette. — M. Hortolès, cotons courte soie, à Montpellier.— M. Émile Nourigat, sériciculture, à Lunel.— M. Almairac, vermout, à Cette. — M. Chateauneuf, vins, à Balaruc-les-Bains. — M. Dellard, muscat, à Montpellier. — M. L. Kœster et Cie, collection de vins imités, à Cette. — M. Benezech, vins rouges de 1866, à Frontignan. — M. B. Sipierre, vins blancs, à Puisserguier. — MM. Wimberg et Edwerd, vins et liqueurs, à Cette.

En commençant l'étude du département de l'Hérault, je dois faire remarquer que les industries de même nature y étant fort peu centralisées, j'ai pensé ne pas devoir faire de séparation entre le chef-lieu et les autres villes secondaires. En effet, la population de ce chef-lieu, qui est de quarante-quatre mille sept cent quatre-vingt-douze habitants, ne tient pas, dans le chiffre total de la population du département, qui est de quatre cent neuf mille trois cent quatre-vingt-onze habitants, la place que tient celle de Nîmes. Or, si nous avons compté quarante exposants à Nîmes, sur soixante-quinze exposants afférents au département, nous n'en comptons que vingt-sept à Montpellier sur un total de soixante-seize exposants fournis par le département tout entier.

La classe des vins, qui est extrêmement divisée, comprend, à elle seule, trente-trois exposants.

Complétons, avant d'aller plus loin, les renseignements de statistique par lesquels nous avons l'habitude d'entamer notre travail.-La proportion du nombre des exposants de l'Hérault avec sa population totale, est d'un exposant par cinq mille trois cent quatre-vingt-six habitants. C'est donc une plus-value sur le chiffre donné par le département du Gard; elle a sa cause principale dans l'importance de l'industrie vinicole de l'Hérault. Quant à ce qui concerne Montpellier, le rapport est d'un exposant par seize cent cinquante-cinq habitants, alors que nous avons compté à Nîmes un exposant par mille quatre cent vingt-huit habitants.

Il n'est pas inutile, peut-être, de donner à ces aperçus statistiques leur véritable valeur.

Quelle est la situation des industries en face d'une exposition universelle? Quel but se propose une exposition universelle? Telles sont les premières questions qu'ils soulèvent.

Les industries se trouvent en face d'une juridiction à deux degrés : les comités d'admission et les jurys. D'autre part, le but que se propose une exposition universelle est, avant tout, de représenter d'une manière synthétique et analytique, à la fois, le travail des populations de chaque pays du globe. Appel a été fait à tout le monde, mais je ne veux pas examiner les motifs qui ont amené des abstentions.

16

En effet, l'abstention naît, ou bien d'un sentiment d'infériorité, ou d'une négligence coupable, ou d'un égoïsme blâmable. Au point de vue de l'économie sociale, ces trois causes d'abstention sont également mauvaises; elles décèlent ou l'absence de moyens ou l'instinct des monopoles, ce qui, dans aucun cas, n'est une bonne note industrielle. Je suppose donc que tout ce que le travail avait de valide a répondu à l'appel.

A ce moment commence le rôle des comités d'admission. Assurément, il y a eu dans leur fonctionnement un certain nombre d'irrégularités, portant sur des cas particuliers dont on ne peut guère se préoccuper dans un aperçu synthétique; ce sont là des unités qui disparaissent dans les divisions par cent et par mille.

En conséquence, j'estime que les comités d'admission ont choisi, parmi ce que l'industrie avait de valide, tout ce qui offrait une certaine surface par le mérite et la production: c'est là le premier degré. Ensuite est arrivé le jury qui, malgré les vices de son fonctionnement, n'en a pas moins signalé toutes les industries qui s'étaient distinguées.

Ici encore, les omissions ne portent que sur des unités d'une mince importance dans notre synthèse; j'admettrais même volontiers que tel qui n'a obtenu qu'une mention honorable, méritât une médaille d'or; et que tel qui a obtenu une médaille d'or, eût été plus justement apprécié par une mention honorable.

En tirant de ces considérations les conclusions auxquelles elles conduisent, nous admettrons que le rapport entre le nombre des exposants et le chiffre de la population indique des tendances laborieuses, une production importante et une supériorité intellectuelle facilement appréciables, si de la synthèse on descend aux détails minutieux de l'analyse; que la décentralisation des industries hors du chef-lieu annonce ou des richesses du sol ou des situations économiques meilleures; et enfin que leur réunion dans les grands centres indique un travail manuel plus varié et un débouché plus considérable.

Quant aux récompenses, elles n'ont pas besoin de commentaires; or celles décernées au département de l'Hérault sont remarquables par leur nombre comme par leur objet, ainsi qu'on peut s'en assurer en parcourant la liste placée en tête de ce chapitre.

Il y a, en effet, quarante-six récompenses sur soixante-seize exposants; et vingt-cinq sont consacrées aux vins de l'Hérault, dont nous nous occuperons dans un chapitre spécial.

II

BEAUX-ARTS ET INDUSTRIES DIVERSES DU DÉPARTEMENT DE L'HÉRAULT.

C'est à Montpellier que l'illustre peintre Cabanel a vu le jour. On s'attendait au premier abord à voir dans ses tableaux, cette fougue, cette ardeur, cette furia dont on veut bien accorder le monopole aux hommes du Midi. Il n'en est rien, et en cela nous sommes d'accord avec un de nos critiques les plus compétents, M. Olivier Merson.

Élève de M. Picot, prix de Rome, M. Cabanel possède une habileté extraordinaire, et cependant on reste froid devant un grand nombre de ses tableaux. La grâce et l'élégance sont ses qualités particulières; il plaît, et le grand prix qui lui est accordé est la constatation de sa vogue proclamée par le jury.

M. Cabanel a exposé trois tableaux et trois portraits. Les tableaux sont la *Naissance de Vénus*, la *Nymphe enlevée par un Faune*, et le *Paradis perdu;* parmi les portraits, nous distinguons celui de l'Empereur et celui de M. Rouher. La pièce capitale de cet artiste est certainement le *Paradis perdu*. Tout est admirable dans l'exécution de ce tableau. Les moindres finesses du faire y sont soutenues avec une netteté et une précision qui confondent le spectateur.

La conception en est nouvelle, mais il faut un certain travail pour en comprendre complétement l'esprit. Quelles que soient les critiques qu'on ait prodiguées à ce tableau, il est assurément le chef-d'œuvre de son auteur.

Parlerai-je du portrait de l'Empereur? ce portrait fait avec une adresse consommée me paraît cependant manquer d'énergie. A côté de la sincérité de la ressemblance on y trouve une faute de tact que nous serions tenté de prendre peut-être pour une manifestation. C'est l'idée bizarre qu'a eue l'artiste, de laisser le manteau impérial, cet « insigne de la puissance souveraine, » traîner négligemment sur un meuble, comme un objet inutile. Notre collaborateur à l'*Exposition universelle illustrée*, M. Merson, déjà cité, a relevé cette singularité en termes assez vifs; mais nous n'y voyons, en réalité, que l'intention d'effacer les hochets du pouvoir pour ne laisser en relief que l'homme qui l'exerce.

M. Glaise, aussi de Montpellier, élève de M. Devéria, a exposé un tableau et une lithographie. Cet artiste, moins goûté que M. Cabanel, n'en a pas moins un talent réel. Les *écueils* qui ornent la galerie de la présidence du Corps législatif, sont extrêmement réussis et révèlent, avec l'habileté, toutes les qualités que donne l'inspiration.

Passons des beaux-arts au domaine de l'industrie.

Il y a à Montpellier un imprimeur, et un imprimeur distingué; c'est M. Gras (mention honorable). A l'Exposition, on les compte, les imprimeurs du Midi, et cependant il n'y a pas de raison pour que ce genre de travail y soit inférieur. Les ouvrages de M. Gras, son album d'épreuves typographiques et ses épreuves de gravures sur bois sont des plus remarquables. Il est probable que le voisinage de l'école de médecine a influé sur l'art typographique de Montpellier à cause des planches gravées avec soin que nécessitent les traités de chirurgie et de médecine.

Et à ce sujet nous nous demandons pourquoi la classe des instruments de chirurgie dont M. Mathieu, à Paris, a obtenu le grand prix, n'a trouvé aucun exposant dans la ville de Montpellier? Passons devant M. Baudassé-Cazotte (médaille de bronze), à Montpellier, qui a exposé des cordes harmoniques et des instruments à cordes. Signalons la parfumerie de M. Cavalier, à Montpellier, pour arriver à M. Miquel à Saint-Pons. M. Miquel est, dans le groupe du Midi où s'exerce l'industrie des fils et tissus de laine cardée, le seul exposant de l'Hérault. Cependant les tissus à bas prix tels que les draps unis et façonnés ont un centre important à Carcassonne, Mazamet, Saint-Pons et Bédarieux.

Voici la bonneterie représentée par M. Laurent

à Gange (médaille d'argent), qui a exposé des bas, des chaussettes de coton, de fil d'écosse et de soie.

Les produits de l'exploitation des mines et de la métallurgie nous sont représentés par la Compagnie des quatre mines de Gressesac à Montpellier; ses houilles, ses briquettes de houille et son coke métallurgique ont obtenu une médaille de bronze.

Cette Compagnie et celle des mines de Lamaloue qui fournissent d'excellent cuivre, sont tout ce que nous offre en fait de richesses métallurgiques, le département de l'Hérault.

Je suis surpris de ne découvrir qu'un seul exposant pour représenter l'industrie des foudres et des tonneaux. Or M. Lanet, à Cette, qui a exhibé un foudre ovale et un foudre rond, a recueilli une mention honorable; ceci est un avertissement pour ceux qui se sont abstenus.

Sur les quatre exposants qui représentent à l'Exposition la grande classe des produits agricoles (non alimentaires) de facile conservation, et où se trouvent précisément les cocons de vers à soie, nous trouvons trois récompenses dont une médaille d'or. M. Sahut à Montpellier, qui l'a obtenue, a exposé une splendide collection de graines et de plantes. M. Hortolès fils, à Montpellier, et M. Émile Nourigat, à Lunel, ont obtenu chacun une mention honorable, le premier pour ses cocons courte soie et le second pour ses produits divers de sériciculture. Les produits généraux du département qui nous occupe étaient ensuite représentés, à titre de renseignements, par la Société d'agriculture de Montpellier.

L'Hérault est un des centres principaux de la production séricicole; il prend son rang après le Gard, l'Ardèche, la Drôme et Vaucluse, avant l'Isère, les Bouches-du-Rhône et le Rhône. Il y a près de trente ans, l'on y consacrait déjà deux mille cinq cent quatre-vingt-douze hectares de terrain produisant un million deux cent quarante-huit mille neuf cent soixante-douze kilogr. de soie.

Les produits chimiques de l'Hérault ont envoyé à Paris quatre représentants, tous de Montpellier. Trois récompenses ont été décernées, dont une médaille d'or et deux médailles de bronze. Citons MM. Faulquier Cadet et Cie (médaille d'or), qui ont exposé de l'acide stéarique, des bougies stéariques, des chandelles et enfin des machines à couper le savon ; M. Cazalis (médaille de bronze), qui a exposé des tartres et de l'acide tartrique ainsi que les matières premières dont il les retire. M. Prevost, qui a adopté la même spécialité; et enfin, M. Sanguinède qui a exposé des sucs de réglisse.

Les cuirs et les peaux ont réuni dans l'Hérault quatre représentants, sur lesquels trois ont obtenu des médailles de bronze; ce sont MM. Thibaut à Montpellier, et Vernière à Aniane, avec leurs beaux cuirs tannés. M. Roques, à Montpellier, avec ses peaux de mouton pour bazanes, et ses peaux d'agneau mégissées pour gants; enfin M. Giraud, à Aniane, avec ses peaux de veau préparées et cirées.

Le groupe des arts usuels comprend sept exposants de l'Hérault, sur lesquels deux ont obtenu une médaille d'argent. Voici d'abord M. Cazalis à Montpellier, qui dans la classe du matériel et des procédés des exploitations rurales et forestières, a exposé le plan de la propriété d'Aresquiès, commune de Vic, canton de Frontignan; c'est ensuite M. Théron à Béziers, qui expose, comme spécimen de matériel des usines agricoles et des industries alimentaires, des bondes métalliques, des robinets régulateurs et des bouchons automatiques très-ingénieux; on voit que nous approchons de la classe des vins.

La mécanique générale nous montre avec M. Sagnier (médaille d'argent), des romaines, des bascules, des balances Roberval, ainsi que des engins roulants en fer, perfectionnés et d'une construction irréprochable; avec M. Formis, à Montpellier, un moulin à vent très-perfectionné, mais qui ne ressemble guère à celui qu'a exposé M. Henry-Lepaute à Paris, près duquel tous les visiteurs du Champ de Mars s'arrêtaient avec admiration.

Il est certain qu'employer le vent comme moteur est une grande économie; mais le système des grandes ailes entraîne avec lui tant de dangers et tant de chômages que nous serions tenté de lui préférer le système de M. Lepaute. Il se compose essentiellement de deux petites roues à lames inclinées semblables à celles des ventilateurs et qui, portées sur un pignon à la manière des girouettes, utilisent d'une façon constante les moindres courants atmosphériques. Ces roues, placées au sommet d'un échafaudage élevé, n'offrent aucun danger et sont, en raison de leur élévation, mieux exposées à l'action des courants que les ailes des autres moulins. Seulement, est-on bien sûr que la force qu'elles produisent suffise à la mouture du blé?

Le matériel du filage et de la corderie nous révèle deux exposants; ce sont MM. Gros et Mauri, à Soubès, et M. Sehet, à Lodève, qui ont envoyé chacun au Champ de Mars, des rubans de cardes d'une belle qualité.

Nous retrouvons M. Sagnier, déjà nommé, dans la classe soixante-trois : Matériel des chemins de fer. C'est là que cet exposant a trouvé une seconde médaille d'argent. Sa machine décuple pour régler les ressorts de locomotives, est infiniment remarquable ; elle est composée de dix ponts à bascule indépendants, ayant chacun une portée de huit mille kilogrammes. A côté se trouve un pont à bascule, accompagné de son appareil de calage, ayant une portée de trente mille kilogrammes.

Le groupe des arts usuels se termine avec M. Poujol, à Bédarieux, qui a exposé de beaux échantillons de ciment romain.

Le groupe des aliments, où nous rencontrons les excellents saucissons de M. Cambon (médaille de bronze), à Montpellier; les fruits confits, les dragées et les pralines de M. Caisergues, à Montpellier, et enfin les vermouts de M. Almairac (mention honorable), à Cette, nous sert de transition toute naturelle pour arriver à l'important chapitre des vins.

III

LES VINS DE L'HÉRAULT.

Je suis heureux de saisir l'occasion, que me fournit ce département, de parler des vins, car ils tiennent une place importante au Champ de Mars.

La viticulture est comme je l'ai déjà constaté, une des plus grandes richesses de la France; et, malgré les nombreuses réclamations qu'a soulevées la répartition des médailles, il faut convenir que le jury a placé notre pays à la tête de toutes les nations.

Les erreurs ont porté, spécialement, sur l'appréciation entre les différents crus français; les juges qu'on avait choisis pouvaient être de très-forts dégustateurs en matières de coupages, mais leur palais était trop perverti pour qu'on pût trouver en eux de véritables œnophiles.

Ajoutons que les organisateurs de l'Exposition n'avaient sans doute pas prévu un concours important d'exposants, car ils avaient relégué l'exhibition vinicole dans une galerie étroite et obscure.

Il y a en France quatre-vingt-un départements où la culture de la vigne s'étend sur deux millions deux cent quatre-vingt-sept mille huit cent vingt-un hectares de terrain. Leur production moyenne est de cinquante millions d'hectolitres, représentant, pour les propriétaires qui livrent leurs vins au commerce, une somme totale de sept cent cinquante millions de francs par année.

L'année 1865, qui a fourni soixante-huit millions neuf cent quarante-deux mille neuf cent trente-un hectolitres de vin, semblait annoncer, en tenant compte du grand développement de la viticulture, un chiffre annuel devant dépasser constamment le chiffre de cinquante millions déjà mentionné. Mais l'oïdium est un fléau terrible que l'on combat énergiquement, mais qui résiste souvent aux efforts de la science. Il était logique de voir les préoccupations du jury se porter, spécialement, sur les effets de ce fléau redoutable. Un grand prix a été réservé à celui qui aurait, non-seulement le mieux réussi à combattre le fléau, mais encore à propager le seul remède dont nous disposions, le soufrage, parmi nos cultivateurs que l'esprit de routine empêche trop souvent d'adopter les progrès de la science moderne. Or c'est un grand honneur pour le département de l'Hérault et pour Montpellier, que d'avoir mérité dans la personne de M. Marès cette illustre récompense.

La propriété viticole est extrêmement divisée en France ; elle se partage entre plus de deux millions deux cent mille propriétaires, ce qui établit une moyenne d'un hectare pour l'étendue de chaque propriété.

Le commerce auquel donne lieu la production vinicole française est considérable. Pour Paris seulement, la consommation annuelle est de trois millions six cent mille hectolitres, ce qui accorde environ cent quatre-vingt-trois litres à chaque tête d'habitant. Si nous prenons pour base le chiffre de sept cent cinquante millions, comme représentant la valeur des vins fournis par les propriétaires, nous déduirons que Paris en consomme annuellement pour cinquante-quatre millions de francs, prix de propriétaire ; mais, si l'on ajoute à ce chiffre les droits d'octroi, qui, pour Paris, sont de vingt-un francs l'hectolitre, nous verrons que de ce seul fait, sans tenir compte des frais de transport, le prix de consommation a été augmenté de soixante-quinze millions six cent mille francs.

L'occasion serait belle pour nous appesantir sur l'injustice de cet impôt, injustice qui pour ne pas être la même dans toutes les villes de la France, n'en entrave pas moins le commerce des vins, et, ce qui est plus terrible encore, charge inégalement les consommateurs de toutes les classes. Je l'ai déjà fait remarquer à propos des taxes sur les matières premières, dont je me suis occupé à l'occasion de Marseille, les réformes économiques concernant la liberté du commerce, sont complétement illogiques, tant que portant sur le commerce extérieur, elles ne porteront pas sur le commerce intérieur. Les pays qui nous environnent et dont le sol ne favorise pas la viticulture, n'ont pas tardé à comprendre que tous leurs efforts doivent aboutir à aplanir l'entrée de notre vin chez eux. Qu'en adviendra-t-il? simplement ceci : que les commerçants trouvant un avantage réel à exporter leur vin, se consacreront à l'exportation et réduiront ainsi le commerce intérieur. Le vin deviendra plus rare en France, et en économie, le mot rare est synonyme du mot cher. Depuis 1861, l'exportation a cru de soixante pour cent pour le vin et de quatre-vingts pour cent pour les eaux-de-vie; en Angleterre seulement ce développement a été de cent vingt pour cent entre 1865 et 1866.

Il est assez bizarre qu'au moment où les chemins de fer rapprochent toutes les distances, on maintienne à la porte de chaque ville cet écrasant bloc de granit qu'on appelle les taxes fiscales, dans le but, fort intelligent en vérité, d'arrêter hors des villes, les précieuses denrées qui s'y précipitent à toute vapeur! On dit que les chemins de fer ont une essence éminemment économique, pourquoi maintenir alors l'élévation des prix de transport? Une sorte de logique aussi peu justifiée que celle qui inspire le maintien des taxes, se révèle ici de nouveau.

Pour les vins, cette richesse de la France, ne faudrait-il pas aplanir tous les obstacles? Il n'en est pas ainsi et les prix que nous avons énumérés, c'est-à-dire les prix de vente par le propriétaire, ne seraient rien sans les transports, les taxes, et le bénéfice des intermédiaires, qui forment un total formidable. Mais ce n'est pas celui, hâtons-nous de le dire, que concourt à payer le commun des consommateurs.

Comment arrive-t-on à rendre à ces derniers la boisson du vin presque accessible? Par des coupages, par des mélanges, par des additions d'eau; et voilà comment il peut se faire que l'on vende pour cinq ou six francs, par exemple, une bouteille de *clos-vougeot*, qui coûte huit francs sur les lieux. Quant aux eaux-de-vie c'est encore le même système de mélange avec les alcools de betterave, que le Nord jette, depuis quinze ans, en profusion sur tous les marchés.

A l'Exposition, les deux millions deux cent mille propriétaires viticulteurs de France ont été représentés par six cents exposants, de même que les quatre-vingt-un départements où l'on cultive la vigne, ont été représentés par soixante-cinq départements. Ces chiffres sont bien minimes. Pour le midi de la France, spécialement, les chiffres nous paraissent encore plus minimes. Nous avons vu ce que fournissait le Gard; l'Hérault tout en le surpassant par le nombre des exposants, n'en a envoyé que trente-trois, ce qui est réellement bien peu de chose.

L'art de cultiver la vigne et d'en extraire le vin a, dans le département de l'Hérault, une antiquité incontestable. Pline a constaté que les Gascons et les Languedociens excellaient dans l'art de faire le vin; il ajoute même, malicieusement, qu'ils étaient les premiers falsificateurs du monde. Mais Pline est suspect; ce compatriote d'Horace, ne voulait probablement pas voir de rival au Falerne, qu'a si souvent chanté le célèbre Flaccus.

Les vins doux de l'Hérault ont toujours eu une réputation européenne, et le muscat-frontignan et le lunel sont des vins doux de premier rang.

Les vins rouges de l'Hérault sont généralement jugés inférieurs à ceux de la Gironde et à ceux de la Bourgogne. Ils sont très-riches en alcool, et sont surtout employés à renforcer les vins à bouquet, affaiblis par un premier coupage.

Le muscat-frontignan a obtenu une médaille d'or en la personne de M. Louis Barral; arrivent ensuite les médailles d'argent avec les vins de Xérès de M. Bertrand des Balances, les vins blancs de l'Hérault de M. Azaïs-Marès de Mèze ; puis les autres vins de diverses dates, 1865-1866, de MM. Guibal, Cazalis-Fondoux, Dardenne, Bouchet et Leignadier. Les médailles de bronze se présentent ensuite avec les Frontignan, vins rouges et d'Alicante de M. Georges Barral ; les muscats frontagnan de M. Nayral, de M. Lacrouzette et Bellonnet, et enfin les vins d'imitation (à ce que dit le Catalogue !!!) de MM. Warchter et Cie à Cette.

Citons encore les vins de M. Chateauneuf à Balaruc-les-Bains ; ceux de M. Challier-Guérin à Florenzac, du docteur Chrétien à Montpellier, de M. Cazalis et de M. Dellard également à Montpellier ; citons aussi les vins de M. Laurel à Béziers, de M. Massonaud à Lunel, de M. Sipierre à Puisserguier, de M. Sabattier à Cette, de M. Viala à Lunel, de MM. Winberg et Edwerd ainsi que M. Kœster encore à Cette, de M. Vincent à Assax, de M. Raynaud aîné à Lunel, de M. Granel à Gourgazeau, de M. Benezech à Frontignan, et terminons cette nomenclature par les eaux-de-vie de Montpellier de M. Boyer à Béziers.

Il est à remarquer que la plupart des exposants de l'Hérault ont été rangés dans la classe soixante-treize, où sont réunies, ainsi que je l'ai déjà dit, toutes les boissons fermentées, considérées seulement au point de vue de leurs qualités essentielles. Or, on trouve dans la classe quatre-vingt-onze, qui fait partie du groupe du bon marché, deux exposants inscrits : le Comité agricole de l'Hérault et M. Gaston Bazile, propriétaire vinicole. Le jury a apprécié la production économique du département de l'Hérault, au moyen d'une médaille d'or collective décernée au département tout entier. L'abstention presque complète des viticulteurs dans la classe quatre-vingt-onze, semble prouver que le but qui a présidé à la création du groupe dix, n'a pas été bien compris par la généralité des exposants du département qui nous occupe. Je suis certain qu'un grand nombre d'entre eux ont pensé que, se faire inscrire dans la classe quatre-vingt-onze, c'était dénoncer une qualité inférieure pour leurs produits. Cette crainte a une certaine apparence de logique, si l'on se souvient par quelles étranges falsifications on arrive à abaisser le prix du vin. Si l'on pouvait affirmer une solidarité d'opinion entre nos gouvernants et les organisateurs du groupe dix, il serait bien curieux de faire ressortir les étonnantes contradictions qui en seraient la conséquence.

Cependant nous relevons, dans les opinions émises par le jury, au moyen des récompenses, des encouragements donnés à *des imitations*. Assurément celui qui parvient à imiter quelques vins spéciaux possède, à nos yeux, un mérite scientifique incontestable. Mais les résultats qu'il obtient n'ont pour nous aucune valeur, si, au tour de force scientifique, ne se joint pas le mérite d'un prix inférieur, en excluant complétement toute ombre de falsification. La falsification n'existe, en effet, que lorsque l'on donne comme pur un vin tout à fait étranger à la provenance dont on le baptise. S'il en est ainsi, comment le jury a-t-il pu encourager l'imitation, et cela dans la classe soixante treize, où les qualités du crû peuvent seules régner?

Je ne terminerai pas ce chapitre sans témoigner ma surprise au sujet de l'absence presque complète, à en croire le catalogue, des exposants et des récompenses des eaux-de-vie de Montpellier. L'art de la distillerie est héréditaire à Montpellier, depuis Édouard Adam. Je suis également surpris de ne point avoir vu figurer des appareils de distillation construits dans cette ville, qui est par excellence celle des eaux-de-vie.

Désireux de combler cette lacune et de donner aux fabricants de l'Hérault quelques renseignements qui leur seront utiles, j'ai choisi comme type des appareils les plus parfaits que l'Exposition nous ait révélés, celui de M. Savalle, dont je m'occuperai particulièrement dans ma lettre septième.

IV

LE GROUPE X.

Si l'absence des exposants viticulteurs dans le groupe dix nous a fait dire que le sens de ce groupe n'avait pas été compris par une grande partie des exposants, nous devons constater avec plaisir que d'autres ont comblé la lacune, sinon en très-grand nombre, du moins en nombre suffisant.

En première ligne, nous devons signaler l'exposition de l'Ecole chrétienne de Béziers, dirigée par le frère Seuffroy, et nous remarquerons à ce sujet que, dans les trois départements déjà parcourus, l'instruction primaire est surtout représentée par l'Institut des Frères de l'École chrétienne. Nous avons déjà dit notre opinion à leur égard, nous n'y reviendrons pas dans ce chapitre, mais nous les féliciterons de nouveau d'être partout sur la brèche à combattre l'ignorance.

Une autre étude réclame notre attention.

La part qu'a prise le département de l'Hérault à l'exhibition des vêtements à bon marché, dans la classe quatre-vingt-onze, est relativement très-importante. Les villes de Lodèves et de Bédarieux ont voulu montrer ce qu'elles savaient faire dans une industrie que Roubaix et un grand nombre d'autres villes du nord exercent avec éclat.

Nous savons, certes, parfaitement, que de grandes manufactures peuvent produire des tissus à teintes riches, à dessins variés et à prix élevés; nous savons aussi que la science mécanique facilite admirablement l'industrialisation du luxe; mais ce qui nous occupe, ce sont les étoffes appelant l'attention par leur bonne qualité et leur prix modéré. Lodèves et Bédarieux se sont unies, et, collectivement, ont offert à nos yeux une très-remarquable collection de draps de molletons et de tricots, qui dépassent ceux du nord par leur bon marché et qui, comme fabrication, ne leur céderaient en rien si le choix des matières premières employées y était plus soigné. Quoi qu'il en soit et malgré la récompense un peu trop modeste dont les a gratifiées le jury, leur exposition a été une véritable révélation; elle prouve qu'elles possèdent tous les éléments nécessaires pour égaler la fabrication Roubaisienne. L'exposition collective de Lodèves et Bédarieux était composée notamment de MM. Martin frères, Puech, Fournier et Vallot, Teisserenc-Visset frères et fils; Vitalis frères, tous à Lodèves; et de M. Villarel à Bédarieux.

En dehors de cette exposition collective, nous voyons également figurer comme exposant, M. Augustin Fau et Cie, dont les effilochages de laine ont obtenu une médaille de bronze spéciale.

Pour donner une idée de la situation des tissus qui intéressent le département de l'Hérault telle qu'elle s'est révélée à l'Exposition universelle, qu'il nous soit permis de reproduire ici une remarquable étude sur Roubaix, publiée par un de nos collaborateurs et amis, M. Alfred Sirven, dans *l'Exposition universelle illustrée*.

« En dehors de l'actualité que l'Exposition universelle donne aux questions de tissage, par l'exhibition des produits eux-mêmes, l'attention est appelée sur les questions économiques qui intéressent l'industrie lainière par la polémique récemment échangée dans nos journaux.

« Un différend, qui date de longtemps, règne entre les fabricants de tissus, les imprimeurs sur étoffes et les teinturiers.

« Ce différend est entièrement basé sur la plus-value acquise par le produit ouvré en deuxième main sur le produit transformé à son arrivée de l'importation.

« Nous étions tributaires des pays étrangers, notamment de l'Australie, qui nous a fourni vingt-trois millions de kilogrammes de laine en 1865, et aussi de Belgique, d'Espagne, d'Allemagne, de Turquie, d'Algérie et de la Plata, qui nous en ont fourni pour cinquante millions de kilogrammes environ ; l'Exposition universelle de 1855 a diminué le rôle de ces approvisionnements extranéens.

« En effet, notre production et notre commerce

d'exportation ont puisé dans l'exposition de 1855 des perfectionnements et un développement nouveau.

« Des méthodes de peignage et de filature, d'ingénieux moyens d'impression, l'introduction de la machine simplifiant le travail de l'ouvrier, la découverte des couleurs d'aniline, des procédés d'apprêts introduits en France, ont tendu constamment à abaisser le prix de nos productions, tout en conservant leur antique supériorité.

« Les filatures de laine et coton de Roubaix, ses tissages pour robes, jupons et ameublements, ses teintures et ses apprêts ont atteint un degré de perfection qu'exigeait, du reste, la lutte provoquée par le traité de commerce de 1860 contre les fabriques anglaises rivales de Bradford, de Leeds et autres. Non-seulement Roubaix rivalise avantageusement avec l'admirable production anglaise, mais encore cette ville active est à même de suivre les caprices de la mode et du goût, ce qu'aucune ville étrangère ne peut lui disputer.

« C'est là une des grandes forces de l'outillage roubaisien ; car le progrès moderne a vu quelques fabriques françaises rester stationnaires pour n'avoir pas voulu suivre les fluctuations de la mode et du goût. La véritable puisssance et le grand élan de Roubaix sont donc dans l'immense variété de ses tissages pour robes.

« Roubaix est dans l'art du tissage ce que fut,

dans la littérature, le romantique au classique. On appelait, en effet, *classiques* les anciens tissus, et le mot *romantique* s'applique très-bien aux conceptions capricieuses qu'enfante la mode, conceptions dans lesquelles l'industrie a trouvé une mine inépuisable.

« Une des conséquences du traité de commerce que nous avons déjà cité, fut l'avénement de l'outillage mécanique.

« Cet avantage est peut-être le plus important de tous ceux que prétend avoir introduits cette demi-réforme économique. Mais comme rien n'est absolument mauvais ni absolument bon, même dans les modifications commerciales, nous devons à notre impartialité de signaler que, tout en stimulant la concurrence française, le traité de commerce de 1860 n'a pas résolu les questions les plus épineuses des taxes douanières.

« Un événement fâcheux pour l'industrie cotonnière est venu favoriser le développement de l'industrie roubaisienne, au détriment de l'industrie rouennaise : je veux parler de la guerre d'Amérique.

« A ce moment, un véritable déclassement d'articles s'est produit; parmi les étoffes pour robes, l'indienne surtout a subi un sérieux échec au bénéfice de Roubaix. Nouvelle preuve que rien n'est absolument mauvais; mais de peur de tomber dans les doctrines de Pangloss, nous persistons à croire que l'équilibre entre la prospérité des uns et la prospérité des autres eût été maintenu, si les réformes économiques, prenant un objectif moins spécial, eussent été complétées par des mesures plus libérales.

« Le jury de l'Exposition universelle de 1867 a attribué à la classe vingt-neuf treize médailles d'or. Dix sont revenues à la France, deux à la Grande-Bretagne, et une à la Saxe. Roubaix figure sur la liste pour quatre médailles d'or.

« Les prix des tissus de Roubaix varient depuis soixante-quinze centimes jusqu'à six francs le mètre. Aussi voit-on que pour dix francs, la femme pourrait se confectionner une bonne robe; mais il y a plus encore, car nous avons vu afficher, dans certaines maisons de détail, des robes de dix mètres pour la modique somme de six francs cinquante centimes.

« Qu'es-tu devenue, pauvre robe d'indienne de nos grand'mères, que Jouy fabriquait, et qui coûtais vingt et trente francs?

« Nous ne saurions mieux terminer cette analyse qu'en jetant un coup d'œil sur la situation des ouvriers qui concourent à la fabrication roubaisienne. Il ne nous est pas possible de tenir compte ici des troubles récents qui ont ému cette laborieuse cité.

« Nos renseignements particuliers posent devant nous un point d'interrogation.

« C'est celui-ci : vingt mille ouvriers environ tissent à la main, neuf mille cinq cents tissent à la mécanique, et les salaires sont : pour les premiers deux francs cinquante centimes par jour, pour les seconds deux francs vingt-cinq centimes. Pourquoi cette différence?

« Il y a donc vingt mille ouvriers qui gagnent deux francs cinquante centimes, et à peine dix mille qui gagnent deux francs vingt-cinq centimes, alors que toutes les statistiques nous démontrent l'augmentation du salaire provenant de l'emploi des machines.

« Le dernier mot n'est donc pas dit pour Roubaix. De nouveaux progrès doivent y marquer leur place, empêchant ainsi des troubles qui, entre nous, pourraient bien ne pas avoir d'autres causes que la différence des salaires que nous venons de signaler.

« Nous sommes à même de résumer par un chiffre l'état commercial de Roubaix, en disant qu'en 1865 il s'est fait pour quatre cent cinquante et un millions d'affaires.

« Nous regrettons vivement que les statistiques de 1866 et 1867 ne nous permettent pas d'établir des comparaisons dont nous aurions pu tirer des conséquences essentiellement pratiques et instructives. »

Les conclusions de cette étude serviront d'enseignement et d'exemple aux industriels de Lodèves et de Bédarieux, et nous espérons qu'ils sauront en profiter, avec cette vivacité d'intelligence et cette énergie d'exécution qui caractérisent nos populations du Midi.

Nous ajouterons aussi aux renseignements donnés par notre confrère, que Roubaix après avoir obtenu quatre médailles d'or dans la classe vingt-neuf, qui est à vrai dire celle des *qualités artistiques* des tissus, l'exposition collective de cette même ville a obtenu une médaille d'or dans la classe quatre-vingt-onze après Elbeuf et Rouen.

En 1855, c'est l'Allemagne qui avait eu les honneurs du concours, et quand ce concours n'aurait servi qu'à signaler, dès cette époque, à nos manufacturiers la nécessité du bon marché, cela aurait été un résultat suffisant. En 1855, en effet, on avait institué une classe appelée Galerie de l'économie domestique. Tous les comptes-rendus contemporains s'accordent à déclarer que l'expérience avait été loin d'être décisive, que la tentative était à recommencer. Mais les mêmes comptes-rendus reconnaissent que, pour ce qui touche les tissus, un grand enseignement était ressorti de la comparaison. Or, si nous pouvons en dire autant pour l'Exposition de 1867, lorsqu'elle nous apprend que la France n'a pas de rivale, aussi bien dans la classe vingt-neuf, que dans la fraction de la classe quatre-vingt-onze, où celle-ci reparaît au point de vue du bon marché, malheureusement, si nous

nous plaçons au point de vue de la pratique des institutions économiques qu'exigeraient, en 1867, les théories du dixième groupe, nous ne pouvons ajouter que l'expérience a été concluante.

Nous dirons, au contraire, comme M. Louis Reybaud disait en 1855 : « L'expérience a été incomplète, elle est à suivre ou à recommencer. »

LETTRE CINQUIÈME.

LE DÉPARTEMENT DE VAUCLUSE.

I

COUP D'ŒIL GÉNÉRAL.

LES RÉCOMPENSES.

Médaille d'or.

M. Olivier (maison Perret et ses fils), industrie soudière et produits divers.

Médailles d'argent.

MM. Monestier ainé, soie et soieries, à Avignon. — Pernod, garance et extraits, à Avignon.

Médailles de bronze.

MM. Bon de Chabran, soies, à Avignon. — A. Gat, soies, à Avignon. — Franquebalme et fils, soies, à Avignon. — Beaux, Mahistre-Rousset et Estanove, soies écrues et teintes à Avignon. — Meynard et Compagnie, soies, à

Valréas. — Marquis de Lespine, huile, à Avignon. — Fabre, garance, à Carpentras. — François Alexis, huile à Avignon. — Crespe, briques réfractaires, à Bollène. — Perre, décortiqueurs, à Saint-Roch, près Avignon. — Berger-Cadet, tuyaux à gaz et à eaux, à Bollène. — Laforce, tuyaux en terre, à Bollène. — Bonfils, truffes à Carpentras. — Rousseau, truffes, à Carpentras. — Le comte de Melissy, vins de la Nerthe 1864, à Orange. — Berton frères, vins rouges 1859, à Condorcet. — Arnous et Fournon, vêtements confectionnés, pour hommes et enfants, classe quatre-vingt-onze, à Avignon.

Mentions honorables.

MM. Guilbert d'Anelle, vitraux, à Avignon. — Blanc et Rochas, soies, à Malaucène. — Lassarige, soufre à Apt. — Constantin, glucose, à Avignon. — Nicolas Sautel, grenache blanc, à Mazan.

Dans ce département, comme dans le précédent, les exposants sont répartis d'une façon très-variée entre diverses villes secondaires.

Avignon n'en compte que quatorze, et cependant le total qui est afférent au département tout entier s'élève à quarante-un.

Quant à la proportion entre les récompenses et le nombre des concurrents, elle est en tout semblable à celle que nous avons déjà signalée dans d'autres chapitres; elle est supérieure à la moitié, puisque vingt-cinq récompenses ont été décernées sur quarante-un exposants.

La population du département de Vaucluse, est de deux cent soixante-huit mille deux cent cinquante-cinq habitants; elle est, par conséquent, inférieure à celle de chacun des départements déjà étudiés; mais loin d'offrir une proportion plus grande d'exposants, Vaucluse ne fournit que celle de un exposant sur six mille trois cent quatre-vingt-sept habitants, chiffre qui se rapproche beaucoup de celui obtenu pour le Gard, mais qui diffère d'une manière notable de celui obtenu pour l'Hérault.

Avignon, avec quatorze exposants sur trente-six mille quatre-vingt-un habitants, ce qui constitue une proportion de un sur deux mille cinq cent soixante-dix-sept, est certainement moins favorisée que Nîmes et que Montpellier.

Je m'attendais à mieux de ce département surtout en ce qui concerne les soies et les garances. Mais nous ne devons pas oublier que si les récompenses qui lui sont décernées doivent être appréciées par comparaison avec celle des départements voisins, il faut aussi tenir compte, et cela à sa louange, de leur nombre très-honorable, en face des concurrents du monde entier qui étaient entrés en lice au Champ de Mars.

Voici comment se décompose le nombre des exposants de Vaucluse : quatorze, à Avignon; six, à Carpentras; trois, à Orange; trois, à Bollène; trois, à Valréas; deux, à Mazan; deux, à Châteauneuf; ensuite viennent Albergaty, St-Roch, Longchamps, Malaucène, Apt, Sorgues, St-Privaz et Condorcet, chacun avec un seul exposant.

Quant à la nature des industries qui ont été distinguées par le jury, à en juger par les deux seules médailles d'argent, qui figurent dans la liste ci-dessus, ce sont les soies et la garance.

Il faut remarquer, en effet, que la médaille d'or que j'ai enregistrée, appartient en commun à MM. Perret et Olivier, l'un à Lyon, l'autre à Avignon; mais j'ai tenu à compter à la ville d'Avignon cette récompense qui est donnée à une grande industrie chimique, à laquelle elle a sans doute une part importante.

II

BEAUX-ARTS ET INDUSTRIES ARTISTIQUES.

Il n'y a pas de ville du Midi qui n'ait donné le jour à quelque artiste. Avignon en a produit deux, et Carpentras, un, qui, selon l'habitude, sont venus demander à Paris la lumière et les grands horizons de l'intelligence artistique.

Le premier, M. Imer, né à Avignon, est peintre et paysagiste distingué: sur ses trois tableaux un seul respire la Provence; — car, en fait de paysage, se souvenir de son pays c'est le peindre. — Je veux parler de l'*Étang de Soumabre*, charmante toile d'une vérité exquise, où se révèle une science profonde de la couleur et une richesse de palette très-enviable.

M. Laurens, né à Carpentras, expose en même temps de la peinture, de la gravure et de la lithographie. M. Laurens est un talent hors ligne; sa toile : *Sur les toits de Téhéran*, est une œuvre d'exquise originalité; mais où cette originalité éclate dans toute sa splendeur, c'est dans les eaux-fortes de cet artiste. Ces eaux-fortes décèlent une main sûre et ferme; on sent l'inspiration dans cette fermeté; pas d'hésitations; pas de lenteurs; les traits se coulent tout d'un jet, et produisent *les Truands de campagne*, par exemple, que j'ai sous les yeux.

En lithographie, c'est la douceur et la finesse qui se révèlent dans cet étrange cerveau d'artiste; c'est lui et ce n'est pas lui; on sent la même fermeté, tempérée par je ne sais quelle mollesse, comme dans le *dormoir*, où M. Laurens reproduit une des plus jolies œuvres de M. A. Bonheur.

M. Laurens est un véritable méridional, il a toutes les fougues et toutes les ardeurs de ses compatriotes, mises au service d'un talent réel.

Voici maintenant un sculpteur, M. Falconis, d'Avignon; je n'ai vu de lui qu'une seule statue en plâtre, c'est une *Anéphore algérienne*; l'exécution en est irréprochable,.... mais quel singulier sujet!

Le matériel des arts libéraux nous ramène auprès de M. Chancel qui fabrique, à Albergaty, de nombreuses sortes de papiers, mais dont j'ai déjà

18

parlé au sujet de Marseille où est situé son principal établissement.

M. Chancel a un concurrent à Longchamps près le Thor, M. Redon, qui a exposé des papiers et des pâtes à papier.

La fabrication du papier est aujourd'hui répartie dans tant de départements, que les anciennes spécialités sont complétement disparues. Sait-on que la France possède cent quarante cuves pour faire du papier à bras; deux cent soixante-dix grandes machines, fabricant des papiers blancs et de couleurs, collés et sans colle; et enfin deux cent trente machines pour la fabrication du papier d'emballage. Tous ces engins occupent trente-quatre mille ouvriers, dont onze mille femmes, et produisent cent vingt-neuf millions de kilogrammes de papier par an. Cette fabrication absorbe cent quinze millions de kilogrammes de chiffons, dont un grand nombre est importé, au rebours du produit lui-même dont l'exportation n'est encore qu'à son début.

A Orange, nous découvrons un fabricant de pianos : c'est M. Meissonnier, qui a exposé un piano à sons prolongés.

Ce piano est une espèce d'*orgue à cordes;* il rend des sons d'une douceur et d'une harmonie remarquables.

Nous trouvons, dans la même ville, un décorateur d'un excellent goût : c'est M. Saunier. Il expose des carrelages en faïence émaillée, d'un joli effet, et dont les dessins sont aussi riches que variés.

Rentrons à Avignon.

Aussi bien, M. Guilbert d'Anelle nous y attire avec ses vitraux peints, aux couleurs vives et brillantes, faisant ressortir merveilleusement un dessin pur et correct.

De nos jours, on dédaigne un peu trop les vitraux, ou plutôt, on veut trop en spécialiser l'emploi aux monuments religieux ou aux édifices publics.

Pourquoi cette tendance exclusive?

Est-ce que la maison particulière n'est pas aussi digne que l'édifice public de recevoir ce genre de décoration?

Pourquoi ne progresserait-on pas dans cette industrie éminemment artistique, comme on le fait dans une foule d'autres? Qu'on me permette de rappeler ici que cet art a été longtemps exclusivement particulier aux méridionaux, car presque tous les vitraux qui se trouvent en Italie sont dus à Guillaume de Marseille ou à ses compatriotes.

Aussi nulle part ne pousse-t-on la peinture sur verre à un aussi haut degré de perfection qu'en France.

Cet art a eu ses célébrités comme la peinture et la sculpture ; Pinaigrier et Angrand Leprince s'y sont distingués d'une façon remarquable.

La peinture sur verre est une des manifestations les plus complètes de l'art que nous appélons aujourd'hui industriel et décoratif.

Lorsque, pour la première fois, on imagina de clore ainsi les fenêtres des abbayes et des églises du moyen âge en Allemagne, ce fut sur l'initiative de saint Benoît Biscop.

Les premiers vitraux qui y furent connus sont ceux des monastères de Hirschan et de Tegernsee; tout joyeux de cet ornement ingénieux et nouveau, l'abbé Gosbert, du monastère de Tegernsee, remerciait ainsi un noble comte qui avait fait les frais des vitraux de son abbaye : « Jusqu'à présent les fenêtres de notre église n'étaient fermées qu'avec de vieilles toiles. Grâce à vous, pour la première fois, le soleil promène ses rayons dorés sur le pavé de notre basilique en pénétrant à travers les peintures qui s'étalent sur des verres de diverses couleurs.

« Tous ceux qui jouissent de cette lumière nouvelle admirent la variété étonnante de ces ouvrages extraordinaires, et leur cœur se remplit d'une joie inconnue. »

Dans les temps modernes, l'art des vitraux a été de ceux qui se sont réveillés avec honneur.

Mais là comme partout, si les procédés d'exécution se sont perfectionnés, les conceptions n'ont pas suivi le mouvement du progrès.

Les verrières de Saint-Denis, tout bien exécutées qu'elles sont, ne sont pas un chef-d'œuvre de bon goût, et les scènes qui y sont représentées jurent d'une manière singulière avec l'ensemble de la galerie et le lieu où elles sont placées.

A l'Exposition universelle le goût est uniforme, et, tout en évitant de tomber dans les exagérations des verrières de Saint-Denis, fort peu d'artistes se hasardent à abandonner les vitraux d'église.

Il y a là, pour eux, cependant, un avenir nouveau et une mine encore inexploitée.

III

INDUSTRIES DIVERSES.

Comme dans les autres départements du Midi déjà passés en revue, les soieries n'ont pas brillé d'un très-vif éclat dans le département de Vaucluse.

Avignon est pourtant une des villes où cette industrie a été anciennement implantée. Dès 1570 elle montait ses métiers en même temps que Nîmes, Saint-Étienne et Saint-Chamond.

On a imputé tout d'abord à la révocation de l'édit de Nantes la première déchéance qu'a subie cette industrie; mais on voit qu'elle s'était un peu relevée il y a trente ans, puisque le département de Vaucluse consacrait à la sériciculture trois mille neuf cent quatre-vingt-cinq hectares, produisant six cent soixante mille six cents kilogrammes de soie. L'exposition de 1867 nous a révélé dans la section chinoise, dans la section japonaise, dans la section italienne, des productions bien supérieures à la production française; nous croyons que la maladie des vers à soie, cet autre édit de Nantes, est pour beaucoup dans cette inégalité. Quoi qu'il en soit, nous relevons avec plaisir parmi les exposants de la classe trente et un, ceux que Vaucluse à délégués au Champ de Mars.

Chacun a pour ainsi dire sa spécialité; MM. Beaux, Mahistre, Rousset et Estanove exposent des soies pour machines à coudre, pour dentelles et pour lisses; M. Monestier, des soies grèges et ouvrées avec des tissus; M. Gat des cocons, des soies grèges et ouvrées; M. Bon de Chabran, des soies moulinées; M. Franquebalme, des soies grèges et ouvrées, tous à Avignon; à Malaucène, nous trouvons MM. Blanc et Rochas, avec leurs soies grèges et ouvrées; et à Valréas, M. Meynard, qui, outre des soies grèges et ouvrées, expose des cocons et des graines de vers à soie.

Si du domaine de la soie nous passons à celui des matières premières, nous mentionnerons les beaux soufres natifs en roches et en poudre, de M. Lassarige à Apt; les produits bitumineux de M. Roux à Sorgues; puis, parmi les produits agricoles, les huiles d'olive, les garances, les amandes et les graines diverses de M. le marquis de Lespine; les huiles spéciales pour graisser les machines, de M. Alexis; ainsi que les huiles d'olive épurées, pour l'horlogerie, de M. Constantin, tous deux à Avignon. Mentionnons encore les garances de M. Fabre, à Carpentras, et les cocons de vers à soie accompagnés de soies gréges et moulinée, exposés par M. Rieu, à Valréas. Ce dernier exposant se trouve, je ne sais comment, figurer dans la classe quarante-trois, alors que tous ses collègues ont été placés dans la classe trente et un.

Il y a, à Saint-Privas, une ferme école, dont le directeur, M. Fabre, que j'ai déja nommé, a obtenu une médaille de bronze pour ses garances. Cette ferme n'a pas exposé comme établissement d'enseignement professionnel et je le regrette.

Avec la classe des produits chimiques nous trouvons les garances et leurs dérivés exposés par M. Pernod à Avignon. Je ne sais quel avenir est réservé aux couleurs dont la garance est la base, mais je crois que l'aniline, une fois entrée dans le domaine réellement pratique, lui fera une concurrence redoutable.

Passons rapidement devant les pyrites de fer et de cuivre, les acides sulfuriques, azotiques et chlorhydriques, ainsi que les sulfates de soude, de cuivre, et les chlorures de chaux de M. Olivier, pour arriver à M. Crespe qui se trouve dans la classe quarante-sept comme exposant un modèle de hauts fourneaux, et qui est récompensé dans la classe cinquante et un, pour ses briques réfractaires.

En parcourant les procédés des exploitations rurales, signalons la curieuse machine de M. Bonnet à Avignon, servant à arracher la garance ; ainsi que l'appareil à décortiquer le riz et autres graines exposé par M. Perre aux ateliers Saint-Roch, près d'Avignon. Nous donnerons, en passant, nos meilleurs encouragements à tous ceux qui arrivent par d'ingénieux mécanismes à supprimer les travaux ingrats qui ne sont pas faits pour des mains qu'une intelligence humaine dirige. Il faut, à ces inventeurs, d'autant plus de persévérance, qu'ils ont à lutter contre la routine, quand il s'agit de faire adopter leurs outils. On sait, en effet, par quelle espèce de frayeur les populations des pays chauds ont vu inaugurer le battage des gerbes, avec le fléau. Chez ces peuples, on trouvait établi depuis la plus haute antiquité, le dépiquage accompli par le piétinement des animaux, et cependant, chose singulière, en Espagne, on se sert depuis des temps immémoriaux du *trillo*, dont l'action se rapproche plus de la machine à battre que le piétinement dont j'ai déjà parlé.

Les tuyaux de terre réfractaire de M. Berger-Cadet, à Bollène, les régulateurs universels de M. Meynard, à Valréas, ainsi que les diverses espèces de tuyaux pour conduite soit d'eau soit de gaz, soit aussi pour les cheminées et les pompes aspirantes exposées par M. Laforce à Bollène, terminent le groupe des arts usuels.

L'attrayante odeur des truffes exposées par M. Bonfils et M. Rousseau à Carpentras, nous fait prendre la route de la galerie des boissons qui l'avoisine.

Il y a aussi des vins dans le département de Vaucluse, et pour être peu connus, ils n'en sont pas, je crois, moins dignes de notre attention. Les vins de la Nerthe ont un fumet particulier que je suis loin de dédaigner; riches en couleur, légèrement capiteux, ils sont aussi comme la plupart des vins de l'Hérault destinés à guérir la *chlorose aqueuse* que nos *ultra-baptistes* de toutes les grandes villes imposent aux vins des crus les plus répandus dans la consommation.

M. Berton, à Condorcet, ainsi que M. le comte de Melissy, au château de la Nerthe, à Châteauneuf, ont exposé diverses sortes de vins rouges et de vins blancs.

De Mazan, deux propriétaires vinicoles ont envoyé des vins, dits de liqueurs, et aussi des vins blancs et rouges; ce sont M. Richier et M. Sautel. Orange a aussi voulu exhiber le produit de ses vignes et M. le baron de Serres-Monteil s'est chargé de ce soin en envoyant des vins de sa propriété.

Voilà tout ce que nous fournit à Vaucluse la fameuse classe soixante-treize.

C'est toujours un moment critique à passer que de toucher au groupe dix, en ayant pour objectif nos départements du Midi.

La matière y manque souvent aux études et, au risque de me répéter, je ne puis m'empêcher de le déplorer.

Comment se fait-il qu'aucun établissement d'éducation ne se soit montré dans ce département?

Ce n'est pourtant pas ce qui y manque; laïques ou religieux y possèdent des institutions considérables. Quand ce ne serait que le collége des Jésuites d'Avignon. Comment se fait-il que ces soldats de l'enseignement supérieur aient déserté le combat?

Je le connais très-particulièrement ce collége, et pour cause. Quels excellents maîtres, mais quels mauvais précepteurs! Il n'y a pas de milieu avec ces illustres envahisseurs : ou il faut être avec eux, ou il faut être contre eux. On les aime et on les déteste en même temps, on aime leur dévouement et on hait leur despotisme spirituel. Étrange destinée! c'est de chez eux que sont sortis les esprits célèbres, qui tout en démontrant, par leurs œuvres, la supériorité de l'enseignement qu'ils avaient reçu, leur portaient les plus terribles coups. Cela rassurerait nos libres penseurs en fait d'enseignement, s'ils ne se souvenaient du petit nombre de ceux qui ont eu l'énergie, en écoutant leurs leçons, de conserver l'indépendance de leur raison!

Croyez que s'ils n'ont pas fait acte de présence au Champ de Mars, c'est que jaloux de garder pour eux leur excellente méthode d'enseignement, ils ont craint les traits satiriques que l'on n'aurait pas manqué de leur adresser.

Ont-ils bien fait? ont-ils mal fait? Que sais-je! dirait Montaigne; comme Montaigne, je le dis.

Le directeur de la ferme école de Vaucluse, tout en persistant à ne pas s'inscrire comme chef de cet établissement, a cependant exposé dans la classe quatre-vingt-dix, un ouvrage contenant des principes et un cours d'agriculture. Je regrette de ne pas avoir pu en prendre connaissance pour en rendre compte dans cette étude du département de Vaucluse.

Un autre ouvrage figure encore dans la classe quatre-vingt-dix, il est de M. Bremond, à Châteauneuf de Gadagne; il y est traité d'une manière pratique de la taille des arbres, dont il contient une démonstration complète. Si à ces deux exposants nous joignons MM. Arnoux et Fournon, qui doivent une médaille de bronze à leurs vêtements confectionnés à des prix très-modérés, il ne nous restera plus qu'à clore cette lettre pour arriver au dernier département que nous ayons renfermé dans le cadre de cet ouvrage.

LETTRE SIXIÈME.

LES DÉPARTEMENTS DU VAR ET DES ALPES-MARITIMES.

I

COUP D'ŒIL GÉNÉRAL.

RÉCOMPENSES.

Hors concours.

MM. Méro et Boyveau (associés au jury). — Matières premières de parfumerie, à Grasse.

Médailles d'or.

M. Chiris, matières premières pour la parfumerie, à Grasse. — M. Roux, plaques de fer, à Toulon.

Médailles d'argent.

M. Nègre, héliographie, à Nice.

Médailles de bronze.

MM. Dufrêne, sécateurs, à Cannes. — Hugues, parfumerie, à Grasse. — Rancé, parfumerie, à Grasse. — Isnard-Maubert, parfumerie, à Grasse. — Séméria, parfumerie, à Nice. — Corneille et Fabre, soies, à Trans. — Mayrargues, huiles, à Nice. — Latil, cuirs, à Toulon. — Peyrne, cousins, cuirs, au Mourillon. — Boccardo, charcuteries, à Nice. — Musso et Compagnie, fruits confits, à Nice. — École maritime de Toulon, travaux d'élèves.

Mentions honorables.

MM. Ninck, dentier et prothèse dentaire, à Nice. — Baysselance, plan en relief d'une partie des Pyrénées, à Toulon. — Galliena et Céra, marqueteries, à Nice. — Warrick, matières premières de parfumerie, à Nice. — Villazel, huile d'olive, à Grasse. — Riondé, vin rouge, à Hyères.

En réunissant le Var et les Alpes-Maritimes dans cette dernière lettre départementale, j'ai voulu surtout tenir compte, au département du Var, de la situation gênée dans laquelle l'a placé son démembrement encore trop récent pour que les industries déclassées par l'annexion aient pu y rétablir leur gîte.

J'ai aussi voulu consacrer dans ce volume une place à nos compatriotes de fraîche date, pour y noter le rôle joué par eux dans la bataille industrielle qui vient de se livrer à Paris, et en tirer un présage pour l'avenir.

Le nombre total des exposants des deux départements réunis est cinquante, dont vingt-quatre appartiennent au Var et vingt-six au nouveau département des Alpes-Maritimes. La comparaison serait incomplète si nous ne donnions, au moins par villes un peu importantes, le dénombrement des exposants.

Toulon en compte dix; Grasse, dix; Nice, treize; Cannes, trois; Fréjus, quatre; Draguignan, deux; Hyères, deux; Trans, Aups, Solliès-Toucas et le Mourillon complètent le nombre annoncé.

On voit donc que, si le Var possédait encore Grasse et Cannes, il aurait compté treize exposants de plus, ce qui lui en aurait constitué trente-sept.

Quant aux récompenses, sur le total de vingt-deux, Grasse en absorbe six, Cannes, une, Nice, huit, Trans, le Mourillon et Hyères, chacun une, et il n'en reste que quatre pour Toulon; ce qui donne sept récompenses pour le Var actuel et quinze pour les Alpes-Maritimes. Arrivons maintenant au rapport entre le nombre des exposants et le chiffre de la population.

Le nouveau Var possède trois cent quinze mille cinq cent vingt-six habitants et les Alpes-Maritimes cent quatre-vingt-quatorze mille cinq cent soixante-dix-huit habitants, ce qui fournit le rapport d'un exposant pour treize mille cent quarante-six habitants pour le Var, et un par sept mille huit cent vingt-neuf pour les Alpes-Maritimes.

On voit que la dernière proportion se rapproche considérablement de celles que nous avons l'habitude de trouver dans les divers départements étudiés.

N'oublions pas que, pour nous, le nombre des exposants est la mesure de l'activité industrielle d'un pays.

Si nous reprenions, spécialement à ce point de vue, la statistique du Var, nous verrions que sa moyenne, déjà bien au-dessous de celle des autres départements, a encore baissé depuis son démembrement et que la ville de Grasse a emporté avec elle sa renommée en matière de parfumerie.

Il serait injuste de ne pas reconnaître aussi l'apport de Nice. Cette petite capitale du printemps, avec sa riche auréole d'étrangers, a appelé dans son sein un certain nombre d'industries de luxe qui se sont fait remarquer à l'Exposition. Nous pensons que sa nouvelle qualité de ville française, lui fera perfectionner de plus en plus les industries qu'elle possède déjà.

II

BEAUX-ARTS ET INDUSTRIES ARTISTIQUES.

Un peintre, M. Cordouan, né à Toulon, commence la série des exposants auxquels je consacre cette lettre.

M. Cordouan habite Toulon, et est élève de M. Paulin-Guérin ; son tableau représentant la vue d'un village algérien, *Berckadem*, révèle les qualités d'un excellent paysagiste.

Deux portraits remarquables dus à M. Bonnegrace, un Toulonnais devenu Parisien, attirent notre attention. L'un d'eux, surtout, dont l'original est bien connu, est fait avec un tact et un goût irréprochables ; c'est bien là le romantique Théophile Gautier, le feuilletoniste officiel.

M. Bonnegrace a parfaitement saisi son sujet et l'a merveilleusement reproduit.

Voici le dernier artiste que nous ait envoyé Toulon, c'est M. Tournemine, qui a choisi aussi Paris pour sa résidence. M. Tournemine est élève de M. Isabey.

Trois tableaux de cet auteur se font remarquer par la fraîcheur de leur coloris et le pittoresque du dessin. Ce sont, *un Café en Asie Mineure*, une *Habitation près Adalia* (Turquie d'Asie) et un *Souvenir du bas Danube*. Décrire ces tableaux, n'est pas possible à la plume : que peut-elle, en vérité, la pauvrette, avec sa liqueur noire et toujours noire, près du brillant pinceau de M. Tournemine !

L'héliographie a trouvé un remarquable inventeur à Nice. Cela n'est pas surprenant, me diront ceux qui croient le soleil indispensable en matière d'impression lumineuse. Je réponds que la science héliographique est de celles qui prospèrent dans des milieux éclairés, c'est vrai, mais surtout par les lumières des intelligences supérieures, et qu'il ne lui suffit pas d'un radieux soleil. Aussi je félicite très-chaleureusement M. Nègre de la médaille d'argent qu'il a obtenue dans le concours où tous les savants du globe avaient pris leur rendez-vous.

Donnons un regard aux remarquables dentiers de M. Ninck, à Nice, et au plan en relief des Pyrénées de M. Baysselance, à Toulon, pour nous occuper ensuite de la belle marqueterie de MM. Galliena et Céra, à Nice.

Cette industrie que l'on n'a guère coutume de rencontrer dans nos villes de province, est, sans doute, un héritage que nous a laissé l'ancienne ville piémontaise. Les divers objets d'ébénisterie, les sculptures et les mosaïques de bois de MM. Galliena et Céra sont admirablement exécutés. L'art italien y domine, ce dont nous ne nous plaignons pas, et nous sommes certain que ces exposants donneront, par leur talent, un grand développement à leur travail vraiment artistique.

Nous trouvons encore à Nice un autre mosaïste, M. Lombard; l'objet exposé par cet industriel est une table mosaïque d'une exécution très-soignée.

La mosaïque, quand elle emploie le bois, ou s'applique à des œuvres d'ébénisterie, prend le nom de marqueterie. Dans cette industrie, Paris n'a guère de rivaux en France et Nice récompensée en ce genre de travail est une excellente note pour ses délégués.

Nous rencontrons à Cannes un fabricant de rasoirs, de couteaux, et d'instruments d'horticulture, récompensé pour ses excellents sécateurs.

Je ne m'étonne plus si M. Alphonse Karr, ce Cincinnatus de la littérature, surpasse tous les fleuristes de France dans l'art de cueillir les roses. Les sécateurs de M. Dufrène doivent entrer pour une bonne partie dans les intelligentes cueillettes de l'écrivain jardinier.

Entre nous, M. Karr avec ses fréquentes apparitions dans son ancien domaine de la plume, ne ressemble-t-il pas un peu à Paul-Louis Courier vigneron ?

III

LA PARFUMERIE.

Je veux consacrer un chapitre particulier à la parfumerie. Cette industrie a brillé d'un trop vif éclat à l'Exposition universelle, par ses représentants de Grasse ou de Nice, pour qu'à mon tour je ne lui donne pas dans cet ouvrage la place qu'elle mérite. Le catalogue des récompenses attribuées à cette classe n'a pas eu assez de médailles d'or pour reconnaître l'énorme importance qu'y ont jouée nos départements du Midi, et, en première ligne, la ville de Grasse, ainsi que le démontre la liste qui commence le chapitre premier de la présente lettre.

Les produits de la parfumerie donnent lieu aujourd'hui à un chiffre d'affaires considérable, qui, s'il n'était entravé par les droits sur les matières premières, suivrait une progression plus rapide encore. On évalue à trente-huit millions environ les produits des usines françaises. Les exportations s'élèvent annuellement au chiffre de quinze millions de francs, tandis que les importations, dont la majeure partie comprend des matières premières particulières à certains pays, ne dépassent pas le chiffre de un million de francs par an.

Comme on le voit, l'exportation absorbe presque la moitié de la production totale et prendrait aussi un bien autre développement, si de nombreuses contrefaçons à l'étranger n'entravaient, de temps en temps, les opérations de cette féconde industrie.

Fixer l'arome si fugace des fleurs, le recueillir et l'emmagasiner, constitue un art délicat auquel se sont appliqués tous les peuples depuis la plus haute antiquité. L'histoire de cet art est curieuse, on peut la suivre successivement dans l'emploi des parfums aux fêtes d'Apis et d'Osiris, chez les Égyptiens, dans les baumes et les encens des Juifs, à Babylone, à Ninive et chez Sardanapale; chez les

Grecs, avec les mystères d'Éleusis ; avec les détails de la toilette de Junon et les cérémonies funéraires, chez les Romains, dont les parfums et les cosmétiques sans nombre occupaient les centaines de chambrières des luxueuses matrones ; chez les Arabes, inventeurs de l'eau de rose; dans l'Inde, en Chine, au Japon, jusque chez les sauvages.

En France spécialement l'histoire de la parfumerie prend un caractère mystérieux. Les parfums avaient un grand rôle chez les Druides ; plus tard, sous Catherine de Médicis, les parfumeurs étaient des chimistes — des alchimistes comme on disait — et si j'en crois la légende de René, ce sombre compère de la mère de Louis XIII, le poison se mêlait parfois aux combinaisons les plus exquises.

De nos jours, il n'y a plus de mystère, mais il arrive qu'involontairement certaines matières minérales dont se servent nos parfumeurs, ont, sur le corps humain et sur l'organisation, une déplorable influence. On se rappelle encore le célèbre procès perdu par un parfumeur contre une actrice qui apportait au tribunal son bras atrophié par l'usage du blanc. En cela les progrès de nos parfumeurs modernes sont concluants.

L'Exposition universelle nous a révélé, parmi les procédés divers de la parfumerie, des améliorations que je crois bon de signaler ici. Il s'agissait de trouver un moyen de diminuer le temps employé d'ordinaire à saturer les alcools des essences qu'on extrait du règne végétal. C'est à M. Piver qu'on doit cette amélioration.

L'alcool n'est pas un excellent dissolvant des parfums; il faut recourir à des huiles qui s'en saturent promptement et qu'on mélange ensuite avec de l'alcool. Or ce mélange était difficile à cause de la différence de densité des deux liquides, et il n'avait lieu que pendant l'agitation du récipient. Cela nécessitait encore l'emploi d'un ouvrier qui, au minimum, agitait pendant vingt-cinq minutes, chaque jour, le mélange essentiel, et répétait ce travail pendant vingt-cinq ou trente jours.

Le *Mélangeur* de M. Piver consiste en une série de cinq vases cylindriques portés sur un arbre horizontal et posés en biais. Le mouvement, une fois communiqué, se produit uniformément sous la double forme de rotation et de cahotement, et épuise le parfum contenu dans l'huile, lequel passe complétement dans l'alcool.

J'ai déjà dit que Grasse avait été dignement représentée; en effet, nous voyons d'abord hors concours, à cause des nombreuses récompenses antérieures qu'ils avaient obtenues, MM. Mero et Boyveau; l'unique médaille d'or de cette classe a été ensuite accordée à M. Chiris pour la finesse et la beauté de ses huiles. M. Chiris a aussi exposé des essences et des eaux distillées. Nous voyons ensuite M. Hugues, qui a exposé des pommades et diverses parfumeries; M. Rancé, M. Martelli Escoffier : ce dernier exposant a envoyé au Champ de Mars des herbes aromatiques, pour liqueurs, ainsi que des eaux distillées. Citons encore MM. Muraour et Raynaud avec leurs pommades et leurs huiles parfumées; M. Tombarelli Escoffier, M. Isnard Maubert et M. Lautier.

Nice s'est fait représenter aussi, mais d'une façon moins luxueuse. Je citerai M. Seméria, à Nice, M. Warrick et M. Bermont également à Nice, dont la fabrication est très-importante.

IV

INDUSTRIES DIVERSES

En quittant la spécialité que nous venons de traiter, nous nous trouvons en face d'une production de soie établie à Trans, par MM. Corneille et Fabre. Ces exposants sont les seuls que nous offre le Var; ils se rattachent à la nombreuse famille d'industriels que nous avons étudiée dans l'Hérault, le Gard et Vaucluse.

Le groupe V, les industries extractives, présente au contraire un certain développement.

Nous citerons la société des mines de la Madeleine, ainsi que M. Senequier, à Fréjus, qui ont exposé des houilles grasses et des schistes bitumineux ; puis, la Compagnie des mines de lignites du plan d'Aups, qui a exposé des lignites d'une belle extraction.

Dans les autres subdivisions de ce groupe nous trouvons, à la classe des exploitations forestières : M. Pascal, à Fréjus, exposant des écorces de chêne-liège ; à la classe des produits agricoles : M. Mayrargues, à Nice, exposant de l'huile d'olive et M. Villazel, à Grasse, qui a adopté spécialement la fabrication des huiles fines et épurées pour l'horlogerie.

Je signalerai aussi une des rares sociétés agricoles et horticoles du Midi qui aient pris part à l'Exposition ; c'est celle de Cannes et de l'arrondissement de Grasse, qui a exhibé un ensemble très-intéressant des produits de cette belle région.

La classe des produits chimiques se présente à nous avec un seul exposant, M. Fouque, à Nice. Cet industriel a exhibé les produits d'une industrie très-variée ; on remarque, en effet, dans sa vitrine, diverses eaux et extraits des fleurs et des fruits de l'oranger, des eaux distillées de roses et de laurier ; des carouges ; des extraits particuliers au pays, sous le nom de pectoral de Nice.

Les cuirs se partagent Toulon et Solliès-Toucas, ici avec M. Latil et ses beaux cuirs tannés, là avec

M. Amic et ses beaux cuirs tannés spéciaux aux semelles.

Les engins et les instruments de chasse, de pêche et de cueillette ne figurent pour le Var qu'en théorie; ce n'est pas que je veuille accuser les théories d'insuffisance. Je n'ai, au contraire, que des éloges à donner à l'auteur des ouvrages exposés et qui sont les suivants : les causes du dépeuplement de la mer sur les côtes de la Méditerranée, moyen d'y remédier; articles de journaux sur l'ichthyologie et la pêche côtière; manuscrit sur la nécessité de ménager les produits comestibles de la mer. Tous ces travaux, signés de M. Rimbaud, à Toulon, témoignent non-seulement d'études profondes sur le sujet qui est traité, mais encore d'une sollicitude très-louable pour les industries qui concernent la pêche.

Dans les lieux où l'eau douce n'est pas abondante, l'appareil de M. Peyrne, au Mourillon, sera d'une grande utilité. M. Peyrne, qui expose dans la classe du matériel et des procédés des usines agricoles, nous montre une chaudière avec appareil pour distiller l'eau de mer. Cet appareil a résolu entièrement toutes les difficultés; M. Peyrne aura rendu un véritable service aux industries côtières.

La Société des mines de houille et de schiste de Fréjus s'est rangée dans la classe du matériel des arts chimiques de la pharmacie et de la tannerie, pour nous montrer ses procédés et ses appareils de l'exploitation des schistes.

Les qualités, simples et ingénieuses en même temps, de ce matériel, font le plus grand honneur aux directeurs de cette compagnie.

Donnons un coup d'œil à la très-remarquable machine de M. Sauvan à Toulon. Cette machine sert à fabriquer les bouchons d'un seul coup d'emporte-pièce, et marche avec une rapidité effrayante.

Nous arrivons maintenant à l'industrie maritime, dont nous aurions longuement à parler si nous n'avions déjà, à propos de Marseille, étudié les forges de la Seyne, annexe des forges et chantiers de la Méditerranée.

Nous nous bornerons donc à signaler la belle fabrication de M. F. Roux, si justement récompensée par une médaille d'or pour ses plaques de fer doublées de cuivre, ses plaques de fer peintes, auprès desquelles se trouvent également divers outillages et mastics employés dans la marine.

Terminons notre revue de cette série d'objets en mentionnant les embarcations de M. Gioan, à Cannes, dont nous avons parlé dans la classe soixante-six *bis* à propos de Marseille où est son principal établissement.

Les aliments ont un certain nombre de représentants à Nice, et y rappellent la fabrication italienne.

M. Mayrargues, qui est déjà inscrit parmi les

producteurs d'huile, se présente ici avec des fromages. Le nombre des exposants en était restreint pour la section française, il se limitait à vingt-quatre. Sur les six médailles d'or attribuées à cette classe, qui contenait les corps gras alimentaires, le laitage et les œufs, deux sont réservées à la Suisse, une à l'Italie, une aux Pays-Bas et deux à la France.

C'est le gruyère de Suisse qui l'a emporté en première ligne, puis le fromage de l'Emmenthal, encore en Suisse; après, arrive le parmesan italien, traînant à sa suite le beurre, avec l'arrondissement de Bayeux, et le roquefort; puis enfin la Hollande avec ses fromages. Le brie et le camembert ne se montrent que dans les médailles d'argent.

L'exposition de M. Mayrargues nous fait espérer que nous aurons un jour des fromages italiens fabriqués en France.

M. Boccardo, à Nice, nous exhibe de la charcuterie. Quoique la viande de porc ait été un des premiers aliments dont nos ancêtres les Gaulois se nourrissaient, au dire de César, c'est à l'Italie que revient l'honneur d'avoir, la première, perfectionné cette industrie. Certaines épigrammes de Martial nous apprennent que la charcuterie, actuellement l'une des ressources et des richesses de l'Italie du nord, était parfaitement connue des anciens. Déjà Ovide nous avait parlé, dans un charmant récit, d'un jambon fumé appendu au plancher de la cabane de Philémon et Baucis. Or, en voyant un charcutier niçois prendre part à l'Exposition, nous espérons que les excellents procédés italiens pourront aussi être implantés en France. Ceci soit dit sans froisser l'amour-propre de nos industriels français qui, dans le nord surtout, poussent l'art de la forme à ses dernières limites, mais, malheureusement, ne nous livrent que des produits généralement fades.

Les fruits confits de M. Musso, à Nice, ses liqueurs et ses sirops ; les vins de coteaux du docteur Lefèvre, à Nice, et les vins rouges de M. Riondé, à Hyères, terminent le groupe des aliments.

Je ne sais trop pourquoi on a classé dans le groupe des *produits vivants* et spécimens des établissements de l'agriculture, les coquillages de M. Trotalas, et surtout l'ouvrage de M. Rimbaud, déjà inscrit à la classe quarante-neuf. La place de ces objets était marquée en d'autres parties du classement, et je ne m'explique pas le but qui a ici guidé les organisateurs de l'Exposition.

Nous arrivons au groupe dix et nous y constatons avec plaisir l'existence de cinq exposants.

C'est d'abord M. Giraud, à Toulon, avec une méthode de lecture, et ensuite M. Chabert, à Draguignan, avec une fort belle collection de livres classiques (classe quatre-vingt-neuf). Ces deux exposants prouvent que la propagation de l'instruction primaire a des adhérents dans le département du Var, et nous les félicitons d'avoir pris part à l'Exposition.

C'est dans le matériel de l'enseignement des adultes (classe quatre-vingt-dix) que se trouvent deux autres exposants de ce département.

L'un est l'école maritime de Toulon, qui s'est fait représenter par des travaux d'élèves; cette école est du degré supérieur; on y prépare les jeunes gens pour l'École navale, mais on peut en sortir pour occuper immédiatement des grades secondaires sur les vaisseaux de l'État; elle fonctionne sous une direction éclairée et bienveillante, l'enseignement y est extrêmement bien compris, et elle est fort appréciée, non-seulement dans le midi de la France, mais dans le pays tout entier.

Le second exposant de la classe quatre-vingt-dix est M. Roullier.

M. Roullier n'a exposé qu'un ouvrage, un volume, mais il vaut toute une bibliothèque. Jamais travail plus utile n'a été mis au jour. L'auteur est notaire et juge de paix; comme tel, il est doublement à même de connaître les nombreux embarras et les nombreux différends qui s'élèvent dans les populations rurales, par ignorance, non pas seulement du droit, mais des plus simples éléments de bornage et d'arpentage.

Tout cela est réuni dans le livre de M. Roullier; à la science du droit se joint la science mathématique; tout y est écrit simplement, clairement, sans phrase, et avec une érudition qui, très-réelle, n'a pas l'air de vous écraser du poids des cent in-folios d'où elle a été tirée.

C'est un manuel, et l'épithète *pratique* ajoutée par l'auteur, loin d'être redondante, caractérise admirablement l'essence de l'ouvrage.

Si le manuel de M. Roullier est entre les mains de tous ses justiciables, je gage qu'il n'a pas à juger beaucoup de procès ruraux. M. Rouillier produit donc la paix à sa manière ; c'est le plus bel éloge que je puisse faire de lui.

Il ne me reste, en terminant mon étude du Var et des Alpes-Maritimes, qu'à féliciter le comité départemental de Draguignan d'avoir exposé les costumes de cette région du Midi.

J'ai dit plus haut l'importance qui s'attachait à ce genre d'exhibition, je n'ajouterai donc rien à ce que j'ai déjà écrit.

Maintenant que nous avons vu dans leur ensemble et dans quelques-uns de leurs détails le rôle joué à l'Exposition par les départements des Bouches-du-Rhône, du Gard, de l'Hérault, de Vaucluse, du Var et des Alpes-Maritimes, nous allons, dans la lettre suivante, résumer nos impressions, et, joignant au précepte l'exemple, signaler diverses industries remarquables qui, étrangères au midi de la France, sont destinées à lui servir de modèle.

LETTRE SEPTIÈME.

AU PRÉCEPTE L'EXEMPLE.

I

PRÉAMBULE NÉCESSAIRE.

Après avoir étudié en détail, ayant d'abord pour objectif Marseille, c'est-à-dire la plus grande ville des départements que j'ai enfermés dans le cadre de ce volume, toutes les parties du classement de l'Exposition ; après avoir ensuite parcouru ces départements eux-mêmes pour établir, en quelque sorte, le bilan de leurs richesses artistiques et industrielles, en signalant les lacunes et commentant les effectifs, j'ai pensé qu'il était à la fois logique et nécessaire d'appuyer, par des exemples, les critiques économiques, artistiques et industrielles que j'ai semées sur ma route, dans cette longue excursion à travers les nombreuses questions soulevées par l'Exposition universelle.

PRÉAMBULE NÉCESSAIRE.

J'ai d'abord choisi un type de pays où les institutions économiques se rapprochent le plus de la perfection, la Belgique, et j'explique dans un chapitre spécial comment elle a pris part à l'Exposition.

Prenant ensuite à partie les industries purement artistiques, j'ai choisi comme type quelques œuvres des plus remarquables de l'Exposition, sans m'inquiéter aucunement des opinions du jury. Je me suis rencontré quelquefois avec les idées qu'il a manifestées par ses médailles, d'autres fois je m'en suis écarté, et j'ai la certitude d'avoir basé uniquement mes appréciations sur le mérite et la logique.

Évidemment, tout ce que l'Exposition avait de remarquable n'a pu avoir sa place dans ce livre; mais je me suis préoccupé également d'allier l'exemple aux renseignements utiles. C'est ainsi que, successivement, les mécanismes ingénieux, les appareils nouveaux, économiques et scientifiques se sont concentrés dans cette septième et dernière lettre.

J'ajoute qu'autant qu'il a pu se faire, j'ai tenu à ce que l'éloquence du dessin vînt à l'appui de mes explications.

Aussi le lecteur pourra-t-il être parfaitement juge de la manière dont j'ai rempli mon programme.

II

LA BELGIQUE A L'EXPOSITION.

§ I. — Coup d'œil général.

Voici un peuple intelligent qui a compris de bonne heure à quel point l'industrie et le commerce sont le fondement le plus solide de sa splendeur et de sa richesse.

Dans un territoire restreint, il recèle de vastes aspirations aidées par une activité féconde, et il produit à l'observateur ce singulier effet qui naît d'une spontanéité d'appréciation, lorsque, après avoir étudié l'œuvre, on remonte à son auteur et que, s'attendant instinctivement à trouver une proportion exacte, on est placé tout à coup en face d'un petit corps : on s'écrie alors au rebours d'Ésope : « Tant de cervelle pour un si petit crâne! » Telle est, du reste, mon impression personnelle.

Il existe peu d'exemples d'une homogénéité aussi rapidement établie chez un peuple d'une nationalité aussi récente.

Nous, Français, qui le regardons avec un œil paternel et peut-être un peu envieux, ne sommes-nous pas tentés de dire : Mais ce peuple, c'est nous; c'est notre langue, ce sont nos mœurs, plus.... plus une foule de libertés sociales et économiques dont apparemment nous n'avons pas encore mérité la possession et l'exercice.

Pour nous venger de ce qui nous manque et qu'ils possèdent, ces heureux Belges, nous ne leur avons pas épargné les railleries et les épigrammes ; — c'est notre manière quand notre bienveillance est manifeste, — et je pose en fait que le mot *contrefaçon* n'a pas été prononcé une fois sans que le nom de Belgique n'y ait été plus ou moins heureusement accolé.

Je veux bien accorder ce point à nos industriels français. Oui, la Belgique imite; oui, elle prend partout ce qu'elle croit bon; mais elle en fait un tout qui est bien à elle et pas à un autre, elle emprunte à la manière de ces grands écrivains qu'on ne peut accuser de plagiat, malgré l'évidence de leurs imitations.

Quelle que soit la conclusion que l'on croira pouvoir tirer de cette concession, j'écarte la question artistique, mais la question artistique seule, au point de vue de la peinture; la vieille école flamande, en effet, y a soufflé des inspirations caractéristiques, et a doué ainsi les artistes belges d'une originalité qui leur est absolument personnelle.

Quoi qu'il en soit, s'il est un pays où l'industrie règne en maîtresse et soit en honneur, c'est certainement la Belgique ; cette qualité, car c'en est une, — et les économistes qui, depuis longtemps, donnent à leurs théories, sur la prospérité des peuples, la base absolue de la facilité du travail, l'ont assez répété, — cette qualité, dis-je, est une des premières qui aient distingué ce peuple actif. Depuis quelques années, nous cherchons, en France, à nous affranchir des tributs que nous payons aux autres nations ; un tribut suppose une supériorité à celui à qui on le paye, et c'était en reconnaître une à la Belgique que d'être ses tributaires pour une foule de produits de l'industrie linière et sétifère.

Aujourd'hui l'industrie française s'est élevée au-dessus de toutes les autres, plus peut-être par le chemin qu'elle a parcouru et qui témoigne de son ardeur au travail, que par les résultats économiques obtenus ; mais aussi ses premiers représentants sont élevés aux plus hautes charges de l'État, et l'Exposition universelle qui nous offre le grandiose spectacle de tous les souverains de la terre venant rendre visite à cette autre puissante souveraine dans son gigantesque palais, est un événement bien capable d'appuyer notre assertion et d'affirmer ses conséquences. Or, parmi les souverains qui se sont, des premiers, rendus au Champ de Mars, n'est-ce pas encore un signe caractéristique que de pouvoir citer le roi des Belges ?

L'exhibition, qui résume les efforts de cette intelligente nation, est, en effet, celle qui, dans une certaine sphère, est la plus digne émule de l'Exposition française. J'écarte, bien entendu, la section anglaise, cette vieille rivale de la France, qui, hors dans les questions de goût, la côtoie souvent et la dépasse quelquefois.

Les produits belges se distinguent, en général, par une supériorité de fabrication jointe à l'avantage du bon marché.

Nous jouissons, en parcourant les galeries de cette nation, de la vue d'une foule d'objets qui sont admirablement fabriqués et établis sur des prix de revient très-inférieurs aux nôtres; n'est-il pas douloureux de dire que nous ne jouissons que de la vue?

Je ne sais plus quel est l'économiste qui s'écriait en sortant du Palais de cristal : « Les taxes et prohibitions sont un non-sens après une exposition universelle. » Cette exclamation me semble bien naturelle; à quoi sert donc de montrer le mieux si l'on ne peut en jouir, et si l'on est fatalement condamné au pire? tout cela est dit au point de vue économique, car nous ne reconnaissons en France aucun rival quand il s'agit de la perfection apportée dans l'exécution de nos œuvres aussi bien artistique qu'industrielles. Cette petite aspiration vers une situation mieux tranchée par des traités de commerce un peu plus libéraux, étant satisfaite, qu'on me permette d'y ajouter un simple aperçu statistique.

Si nous comparons le nombre des exposants français avec celui des exposants belges, nous serons tout surpris de voir que la proportion y est presque identique. On croirait au premier abord, à cause de l'exiguïté de son territoire, qu'on ne pourrait compter sur un rapport similaire entre la Belgique et la France. Il n'en est rien ; nous comptons en France un exposant sur trois mille trois cents habitants, et la Belgique en compte un sur trois mille cinq cents environ. Ce rapport paraît encore plus remarquable quand on suppute que, pour les exposants français, Paris fournit à lui seul plus de la moitié de leur nombre, et que pour avoir une capitale comme Paris, il faut une population de trente-huit millions d'hommes qui l'alimentent et la nourrissent de leurs travaux.

La Belgique est donc évidemment la nation qui doit être classée au premier rang pour son organisation manufacturière et agricole ; car si l'on réfléchit que, sur une population de cinq millions d'hommes environ, l'agriculture et la silviculture en occupent plus d'un million, et les industries diverses près d'un autre million, ce qui forme en total les deux cinquièmes du chiffre général, on pourra apprécier de quels éléments de prospérité ce pays peut disposer, et combien son organisation favorise le travail et la production.

Dans une Exposition comme celle de 1867, où le règlement général a prévu une série spéciale d'objets exposés en vue d'améliorer la condition physique et morale des populations, nous avons cru devoir faire ressortir l'enseignement qui découle pour nous de l'étude des différentes exhibitions du peuple belge.

Et maintenant, comme nous ne pouvons entrer dans une revue détaillée, nous allons choisir trois parties de la section belge, et nous nous attacherons à en faire ressortir les mérites au point de vue de notre éducation industrielle.

§ II. — Le parc belge.

Quoique, dans la grande nef des machines, on ait consacré une place assez importante à la Belgique, où l'on remarque, outre les nombreux appareils de MM. Houget et Teston, une gigantesque soufflerie de M. Cockerill, il semble que les objets véritablement typiques de l'industrie belge soient plus spécialement groupés, pour l'enceinte du Palais, dans la classe des tissus et, pour le Parc, dans cette rotonde située près de la taillerie des diamants, et qui est accompagnée d'un autre petit parc tracé le long du Jardin réservé.

Le visiteur qui aura suivi les nombreuses grilles composant la clôture de ce beau jardin, et qui se sera présenté dans le parc belge par l'allée transversale qui se dirige vers le promenoir couvert, apercevra tout d'abord deux spécimens d'habitations ouvrières, ensuite la grande rotonde, en face, l'exposition des maîtres de carrières, et enfin un charmant kiosque qui occupe le milieu d'une prairie verdoyante.

Commençons par la rotonde.

L'industrie houillère y est largement représentée. Elle occupe en Belgique une étendue de cent vingt mille quatre-vingt-dix-neuf hectares, composée de deux cent soixante-huit mines employant soixante-dix-neuf mille cent quatre-vingt-sept ouvriers. Le salaire des hommes est en moyenne de deux francs soixante par jour, celui des femmes un franc quarante, des garçons un franc dix et des filles un franc.

L'industrie des mines métalliques qui a aussi envoyé de nombreux échantillons, occupe également en Belgique dix mille neuf cent deux ouvriers, répartis sur quarante-cinq mille sept cent quarante hectares de terrain et entre quatre-vingt-deux concessions.

Outre ces deux bases fondamentales des travaux sidérurgiques et du façonnage des divers métaux, la rotonde belge nous offre les spécimens des produits industriels dont ces mêmes métaux fournissent les matières premières.

On sait qu'une des branches les plus fécondes des exportations belges, après les houilles, sont les fers et les grandes pièces métalliques qui servent à la construction des bâtiments et aux ouvrages d'art.

C'est particulièrement dans les Ardennes que des ouvriers travaillant chez eux ou réunis en atelier, fabriquent les pentures, les verrous, les charnières, les pelles, les pincettes, dont ils approvisionnent la plus grande partie de la France.

L'éperonnerie et la quincaillerie prospèrent spécialement à Herstal-lès-Liége et ont acquis une réputation justement méritée. La clouterie qui était spécialement fabriquée par des ouvriers habitant notamment les arrondissements de Liége et de Charleroi, et qui était florissante de temps immémorial, a maintenant des usines qui en ont augmenté la production au moyen de la vapeur. Depuis l'adoption de ce puissant auxiliaire du travail, la Belgique a considérablement accru le nombre de ses manufactures : elle est admirablement pourvue de combustible et certainement ce n'est pas elle qui eût laissé inactive la force motrice que l'on doit à la vapeur.

En France, nous nous préoccupons à juste titre de prévoir le moment où le combustible viendrait à manquer, ce qui doit infailliblement arriver si j'en crois certaines statistiques, et l'on est encore dans l'incertitude de savoir par quel nouvel élément il nous sera permis de remplacer la houille.

Les hasards qui ont amené sa première découverte se reproduiront-ils pour d'autres agents nouveaux? Le pétrole, sur lequel aujourd'hui se basent de nombreuses études, pourra-t-il fournir un aliment utile à nos machines et à nos cornues? Nul ne le sait, et l'Exposition universelle ne nous donne pas encore la solution du problème ; les moteurs électriques eux-mêmes ne sont pas arrivés à des prix d'exploitation pratiques, en admettant toutefois que les forces dont l'électricité peut disposer soient suffisantes et d'un usage facile : or, voilà près de neuf cents ans que nous épuisons les sources de feu que recèle la terre ; dès 1044, la houille a commencé à être connue. Une légende poétique rattache cette découverte à un hasard heureux, dont fut le héros un pauvre garçon appelé Tiel, petit-fils d'un comte de Huy, nommé Ansfrid, lequel avait pieusement ruiné sa famille en donnant tous ses domaines à l'évêque de Liége. Tiel exerçait la profession de maréchal ferrant et de bûcheron, et ce serait dans une excursion à travers les bois de Brion, qu'un génie supérieur, dit la légende, lui aurait indiqué la première mine de houille.

Aujourd'hui, c'est au génie humain, seul, que l'industrie doit demander ses ressources, et nous espérons que de Belgique, de France ou d'Angleterre surgira enfin la solution tant souhaitée et si fiévreusement recherchée.

La rotonde belge qui nous a conduit à cette petite digression, nous offre encore d'autres sujets d'études. Si des numéros inscrits sur les produits exposés on remonte au catalogue belge, du reste admirablement conçu et bien supérieur au nôtre, on sera extrêmement surpris d'y trouver, au lieu de noms d'industriels, une série innombrable de compagnies d'exploitation. Il y a peu de pays qui possèdent autant d'associations industrielles. Les capitaux y sont réunis avec une facilité merveilleuse, et il n'est pas d'exploitation un peu sérieuse qui ne donne lieu immédiatement à la formation d'une compagnie.

Cela est facile à comprendre : les chemins de fer et les chemins vicinaux y sont l'objet d'un entretien et d'une sollicitude admirables, qui favorisent leur multiplication; l'exposition du plan en relief du tunnel de Grammont nous conduit naturellement à cette constatation. De plus, la liberté de circulation, d'échanges et de transports a étendu ses bienfaits sur toutes les relations commerciales. La suppression des octrois des villes et des barrières sur les routes de l'État, l'abaissement des tarifs de douane, et la liberté commerciale, consacrée par de nombreux traités avec les puissances étrangères, ont donné aux transactions un développement très-considérable.

Aussi pensons-nous opportun de compléter nos renseignements à cet égard en nous servant de documents qui ont été mis obligeamment à notre disposition par M. Arthur Renier, secrétaire de la commission belge, et qui sont relevés sur un travail consciencieux de M. Faïder, spécialement chargé de la statistique belge; nous y trouvons des chiffres qui ont leur éloquence, mais qui remontent à 1865.

A ce moment, les importations du
commerce général s'élevaient à...... 1 364 943 353 fr.
  Celles de commerce spécial, à.....   756 420 342

Ce qui donne un total de........... 1 121 363 695 fr.

D'autre part, les exportations se divisent ainsi :

Pour le commerce général, à...... 1 204 298 664 fr.
Pour le commerce spécial, à.......   601 651 543

Au total.. .... 1 805 9502 07 fr.

La différence entre les importations et les exportations belges serait donc de trois cents millions environ; ce qui peut être considéré comme un signe de prospérité commerciale et industrielle par les adeptes de cette doctrine économique qui voit un appauvrissement résulter pour le sol du pays dont les exportations dépassent les importations; or, c'est précisément le contraire qui découle des chiffres ci-dessus indiqués.

Des produits du travail aux travailleurs eux-mêmes la transition est facile, et une fois sorti de la rotonde, le Parc nous offre immédiatement des spécimens fort intéressants d'habitations ouvrières.

Il s'est établi, en 1861, à Verviers, une Société pour la construction des maisons d'ouvriers. Le spécimen exposé par cette Société est le plus rapproché de la rotonde belge. Il se présente sous la forme d'une maison en briques, assez spacieuse, bien aérée et distribuée en rez-de-chaussée et premier étage. Ces maisons peuvent être vendues quatre mille francs et louées moyennant vingt francs par mois. Le corps de bâtiment exposé comprend deux habitations entièrement semblables. Au rez-de-chaussée, deux pièces dont une à rue, ayant quatre mètres quarante-cinq centimètres de largeur sur quatre mètres soixante-cinq centimètres de longueur; l'autre donnant sur le jardin et servant de cuisine, a deux mètres cinquante centimètres de profondeur sur quatre mètres quarante-cinq centimètres de largeur y compris l'escalier qui conduit au premier étage ; là, trois chambres complétement indépendantes, une pour les parents, une pour les garçons, une autre pour les filles. Enfin sous l'escalier s'ouvre une cave qui a quatre mètres trente-cinq centimètres sur quatre mètres cinquante-cinq centimètres, et qui est éclairée par un soupirail. La cuisine est pavée en carreaux, la chambre de devant est planchéiée en sapin, enfin la cave est plafonnée. La toiture est en tuile de Hollande, les chéneaux en zinc avec des corniches à moulures, le seuil des fenêtres et le montant des portes sont en pierres de taille, et l'escalier intérieur est en hêtre. Telle est la disposition adoptée par la Société verviétoise ; elle offre comme on voit des éléments de bien-être dont les ouvriers sont à même de pouvoir profiter. Elle ne fournit pas, il est vrai, cette espèce de confort dont s'est préoccupé Sa Majesté l'Empereur dans la maison de trois mille francs dont il a bien voulu patronner la construction, mais si l'on réfléchit à la différence bien tranchée qui caractérise les ouvriers et les pays auxquels s'adressent spécialement ces deux sortes de constructions, on comprendra sans peine que chacune d'elles puisse avoir un caractère particulier qui n'exclue point le mérite qui leur est propre.

A côté de l'Exposition de la Société verviétoise, on voit figurer une maison d'ouvriers agricoles pour la Campine anversoise, et qui est l'œuvre de M. Jacquemyns. Ce spécimen s'adresse particulièrement à des agriculteurs dont les mœurs sont plus flamandes, si je puis m'exprimer ainsi, que celles des autres habitants de la Belgique.

C'est bien là la petite maison avec sa pièce principale, dont les lits sont renfermés dans une épaisse cloison en planches, à la façon des couchettes des bateaux à vapeur. Deux couchettes sont disposées dans la cloison du fond et séparées par une armoire; à droite, en entrant, la grande cheminée flamande où l'on fait brûler d'immenses bûches, et sous le manteau de laquelle s'assoient, à droite, le vieux père, à gauche, la vieille mère.

Au fond, une autre pièce donnant accès sur un jardin; à l'extérieur on aperçoit une étable close au moyen de perches de sapin serrées l'une contre l'autre, au-dessus de la pièce du fond se trouve un grenier, de sorte que le séchoir, le lavoir et l'atelier d'hiver se trouvent juxtaposés à la chambre principale, et complètent ainsi les pièces nécessaires à ces travailleurs spéciaux.

La Campine anversoise a du reste été l'objet de nombreuses améliorations. Les canaux irrigateurs y ont été multipliés, et plus de trois mille hectares de bruyères nus et stériles ont pu être transformés en riches prairies et gras pâturages.

Le salaire agricole est cependant encore peu élevé; lors du dernier recensement qui fut fait en Belgique il ne dépassait pas une moyenne de un franc trente-six centimes par jour. La progression inverse a été suivie pour les baux et les fermages, et la valeur vénale des terres a subi une augmentation constante dans la période des dix dernières années qui viennent de s'écouler.

Nous terminerons cette étude née de la vue du parc belge par quelques mots au sujet de l'Exposition des maîtres de carrières. La pierre bleue dont est construit le péristyle à huit colonnes est appelée « le petit granit. » L'exploitation de cette pierre constitue en Belgique une industrie importante.

La valeur de ses produits atteint une moyenne annuelle de dix millions de francs, et d'après un relevé dressé le 31 décembre 1866, les carrières seules employaient sept mille soixante-seize ouvriers.

Cette pierre possède, à ce qu'il paraît, une grande résistance à l'écrasement, et chacun des fûts de colonne pris séparément pourrait supporter une charge de cent mille kilogrammes.

— Tel est l'ensemble du parc belge. Nous n'avons pas la prétention d'avoir donné à son sujet une étude complète, mais nous croyons avoir effleuré suffisamment les parties intéressantes les plus capables de contribuer à notre instruction industrielle.

§ III. — Le trophée des ateliers d'apprentissage.

Au milieu du salon des tissus belges, où sont groupées les principales manufactures abritées sous les galeries du palais de l'Exposition, on voit se dresser un trophée d'un aspect symbolique et qui attire les regards aussi bien que les interrogations.

Ce petit monument est dressé par le gouvernement belge qui a voulu donner un témoignage sensible des améliorations qu'il tend à introduire dans la situation de ses ouvriers.

Ce trophée représente, outre des spécimens des métiers, une collection des tissus de coton produits dans les différents ateliers d'apprentissage des Flandres.

Leur création fut provoquée au moment de la crise linière et alimentaire de 1847, et c'est à la louable initiative de M. Ch. Rogier, homme d'État éminent dont la Belgique s'honore, que l'on doit la fondation de ces établissements d'enseignement professionnel.

Former des tisserands habiles pour l'industrie privée, les initier à tous les procédés d'un travail varié, capable de suffire à des débouchés plus larges, populariser aussi les métiers et les ustensiles les plus perfectionnés du tissage ; asseoir sur des bases logiques et solides l'instruction professionnelle de l'ouvrier tisserand, lui fournir les éléments d'un travail meilleur et par ce moyen arriver à accroître la valeur de la main-d'œuvre, tel a été le but que l'on s'est proposé par la fondation de ces ateliers.

. Les excellents résultats que cette institution prévoyante avait pour mission de produire ont pu adoucir les effets de la crise subie au moment de la guerre d'Amérique ; aussi pensons-nous qu'il n'est pas inopportun de dire quelques mots sur son fonctionnement.

Il existe actuellement en Flandre soixante-huit ateliers d'apprentissage ; les frais de ces institutions sont supportés en partie par l'État, en partie par les provinces, en partie par les communes au profit desquelles elles sont fondées. On voit là une impulsion directe donnée à l'initiative individuelle telle que l'a si souvent encouragée notre souverain en France.

Voici du reste l'organisation sommaire de ces ateliers. Un enseignement primaire y est donné soit par l'instituteur communal, soit par tout autre agent choisi par l'autorité locale.

L'instruction professionnelle des apprentis est exercée par des contre-maîtres instructeurs spécialement choisis à cet effet.

Certaines conditions sont imposées aux apprentis pour leur admission dans ces ateliers. La condition de l'âge d'abord, qui ne doit pas être moindre de douze ans; ensuite l'aptitude voulue pour exercer la branche d'industrie qui y est enseignée, c'est-à-dire jouir d'une bonne santé et avoir les dispositions naturelles au choix de la profession qui va être l'objet de l'enseignement des ateliers.

Une mesure intelligente et favorable au développement de l'instruction primaire facilite en outre l'entrée des ateliers avant l'âge de douze ans aux enfants qui peuvent prouver qu'ils possèdent déjà les éléments composant cette même instruction primaire.

La journée du travail réglementaire est de douze heures et ne peut dépasser cette limite; en outre des commissions administratives veillent à ce que le travail soit toujours en rapport avec les forces physiques des apprentis.

Un salaire est stipulé pour eux avec les entrepreneurs d'industrie; une retenue destinée à être versée dans une caisse spéciale est employée, s'il y a lieu, lors de la sortie des apprentis, à l'achat de l'outillage dont ils auront besoin pour exercer leur métier à domicile. Cette retenue n'est jamais inférieure à cinq pour cent, ni supérieure à dix pour cent. Outre un certificat d'aptitude qu'ils obtiennent à ce moment selon leurs mérites, le gouvernement leur accorde souvent dans le cas de supériorité bien constatée une allocation qui complète ce qui ne serait pas comblé par la retenue, et cela, aussi bien pour l'achat des ustensiles perfectionnés que pour subvenir à d'autres besoins dérivant de l'exercice de leur métier. En résumé, ces ateliers d'apprentissage sont pour les campagnes ce que les écoles industrielles sont pour les artisans et les ouvriers des villes. Ils offrent, de plus, cet avantage de populariser les instruments de travail que la science met journellement à la disposition des travailleurs et dont l'adoption éprouve souvent de sérieuses résistances, soit par l'ignorance, soit par la force de l'habitude qui est tenace chez les habitants des campagnes. Ce résultat est certainement très-sérieux à constater. Longtemps les industries les plus fécondes ont tardé à prendre tout leur essor par l'obstination de ces braves artisans attachés aux instruments primitifs de leurs pères autant qu'à la chaumière qui les a vus naître.

Les diverses communes des Flandres ont fait des sacrifices remarquables pour arriver à doter ces institutions d'ustensiles perfectionnés et d'abris convenables; aussi l'industrie linière recrute-t-elle, dans ces ateliers, toute une population d'ouvriers dont l'instruction professionnelle est complète et qui contribuent à donner aux fabriques belges cet éclat et cette perfection de travail que nul ne peut se refuser à reconnaître et dont nous devons les féliciter.

§ IV. — Les roches calcaires à nitrification.

En dehors des nombreux produits réfractaires que nous mentionnons pour réparer notre omission quand nous avons parlé de l'exposition située dans la rotonde belge, et qui constituent une branche industrielle importante, dont les traités de commerce avec la France ont élargi les débouchés, il existe en Belgique une mine calcaire dont le gisement lui appartient exclusivement et dont un seul prolongement se dirige vers la Hollande. On peut voir dans la nef des machines un plan en relief construit avec la matière elle-même et représentant la physionomie de ces mines. Elles sont considérées comme inépuisables. Un dessin dû à un artiste de talent, M. Stroobant, a servi

Roches nitrifères de Ciply (Belgique).

de base à la gravure qui se trouve dans notre livre.

Ce calcaire qui est de formation toute récente, fournit à l'agriculture un agent de fertilisation extrêmement puissant. On sait combien la question des engrais préoccupe de nos jours les hommes sérieux qui veillent au maintien de la richesse du sol, cette richesse qui est la base principale de la prospérité de tous les pays.

Dès 1849 un chimiste distingué, M. Malaguti, doyen de la Faculté des sciences de Rennes, disait dans un de ses cours publics : « le cultivateur pourra un jour fixer l'azote de l'atmosphère et le transformer en nitrates qui constituent un des engrais les plus puissants. »

Ce que prévoyait le professeur la nature s'est chargée de le réaliser. Les nitrates sont recherchés précisément à cause de l'azote qu'ils contiennent; l'influence fertilisatrice de ce corps mystérieux pour le vulgaire et si parfaitement étudiée par la science, est aujourd'hui universellement reconnue. Son origine est dans la décomposition des matières animales; mais cette explication bien claire pour les lieux habituels dans lesquels se forment les nitrates, tels que les écuries, les caves, les fosses humides où se réunissent les détritus humains, n'est plus suffisante partout ailleurs où l'on retrouve cependant les nitrates. C'est alors dans l'air lui-même qu'il faut rechercher l'azote. On sait à cet égard que le contact de l'air avec les matières poreuses calcarifères et le concours de l'humidité, favorisent les combinaisons de l'oxygène nécessaire à la formation des azotates. Or il suffit de mettre à nu les gisements calcaires dont il est ici question pour que la nitrification s'y opère naturellement. En effet, comme nous l'avons dit, les nitrates sont produits par la seule action de l'air atmosphérique sur le calcaire à polypiers ; la pierre des mines de Ciply est éminemment friable et poreuse ; elle s'étale avec une grand facilité en couches disposées de manière à favoriser l'action atmosphérique et par conséquent à aider la nitrification.

L'agriculture se trouve donc dotée gratuitement d'un fertilisateur très-puissant : des essais ont été tentés et fréquemment répétés ; à la ferme *Britannia*, notamment, on a pu constater que l'augmentation des produits était considérable, et qu'elle se faisait sentir pendant plusieurs années.

Autrefois, l'exploitation des nitrières artificielles était une industrie des plus importantes ; celles de Fox-les-Caves, par exemple, qui se trouvent près des gisement nouveaux dont nous nous occupons, avait suffit à fournir de grandes quantités de salpêtre pendant la durée du premier empire.

Mais bientôt l'industrie des nitrates alcalins redevint libre, et les droits considérables qui l'embarrassaient ayant été fortement réduits, les salpêtres de l'Inde dominèrent le marché, et l'industrie des nitrières artificielles fut complétement éteinte. C'est donc une bonne fortune pour un pays que de trouver chez lui une formation nitrifère constante, naturelle, automatique, pour ainsi dire, abrégeant considérablement les anciens procédés d'exploitation, si l'on veut en retirer les principes chimiques, ou apportant une source nouvelle d'engrais dont l'abondance est si nécessaire à la prospérité de l'agriculture.

Or, la découverte nouvelle dont nous fait jouir la chimie, cette grande violatrice des secrets de la nature, nous dote d'une source extrêmement féconde d'agents fertilisateurs; tant il est vrai que la nature peut toujours nous rendre ce que nous lui enlevons, et qu'il ne faut que l'interroger dans cette langue, jadis mystérieuse, aujourd'hui si répandue qu'on appelle *science*, pour qu'elle réponde *fécondité*.

Jamais, en effet, son triomphe ne fut plus étendu qu'à notre époque. Aussi l'Exposition universelle de 1867 devait-elle s'en faire, en maintes parties de son organisation, l'interprète éloquent. Mieux que ses devancières cette exposition a dirigé ses enseignements dans un sens pratique en faisant connaître, ce qui n'avait pas encore été fait, l'emploi des matières premières, non utilisées jusqu'ici.

C'est là une condition de progrès bien digne de

nos éloges, car si l'on peut dire avec Garnier :
« Les grandes conquêtes de l'industrie se trouvent dans l'emploi des richesses naturelles non appropriées, » nous pouvons ajouter que c'est provoquer et agrandir ces conquêtes que de mettre sous les yeux des peuples les éléments qu'elles s'assimilent.

Ajoutons en terminant, que M. le ministre de l'instruction publique, toujours plein d'initiative, a voulu conserver en France la petite vitrine dont je reproduis le dessin ; et que son propriétaire, M. Bortier, la lui a gracieusement offerte.

Nous la verrons donc figurer dans les collections du ministère de l'instruction publique et nous pourrons l'étudier à loisir lorsque, l'Exposition universelle étant terminée, ses merveilles ne seront plus qu'à l'état de glorieux souvenir.

III

LES ARTS INDUSTRIELS.

§ I. — L'ébénisterie d'art.

Ceux qui ont distribué les grands prix et les médailles d'or de la classe de l'ébénisterie seraient bien étonnés, s'ils en avaient appelé au suffrage du faubourg Saint-Antoine tout entier, et si, de ce suffrage, ils avaient vu sortir la plus catégorique condamnation des verdicts qu'ils ont rendus.

C'est là pourtant ce qui serait arrivé s'ils avaient eu l'heureuse inspiration de tenter cette épreuve.

Or, savez-vous à qui le très-compétent faubourg aurait donné ses suffrages? à M. Sauvrezy ; justement celui que j'ai choisi pour servir de modèle aux ébénistes d'art de nos provinces, aussi bien qu'à ceux de Paris.

Si mon affirmation ne suffisait pas, il serait facile d'en constater la véracité en consultant les rapports des ouvriers délégués pour l'ébénisterie, remis à la Société d'encouragement qui fonctionnait au Champ de Mars.

L'ébénisterie est un art, dans toute l'acception poétique du mot. Aussi est-il complétement indépendant de la matière qu'il emploie, c'est là ce qu'on oublie trop fréquemment.

Une statue est une œuvre d'art. La statue en plâtre de M. Dubois, *le Chanteur florentin*, est une œuvre d'art; elle a été exécutée en marbre, elle va l'être en bronze.... Sera-t-elle moins œuvre d'art pour cela, ou le sera-t-elle davantage?

Telle est la singulière question que posent ceux qui prétendent que, pour qu'un meuble soit un meuble d'art, il faut que l'ébène s'y allie aux incrustations dorées, avec des moulures sur toute la surface, avec un fouillis de sculpture, de l'or, de l'argent, de la marqueterie et le reste.

Et quand l'œil effaré ne sait de plus de quel feston, de quel astragale se décrocher, on s'écrie : C'est beau ! quelle magnifique œuvre d'art !

Les caractères généraux des œuvres de M. Sauvrezy sont, au contraire, une simplicité expressive dans le dessin, un soin extrême de la silhouette au moyen des grandes lignes, une sobriété de bon goût dans les détails d'ornementation et, enfin, une harmonie parfaite dans l'ensemble, qualités qui, pour un meuble comme pour un monument sont fondamentales; car un meuble n'est pas autre chose qu'une œuvre d'architecture de dimensions réduites, et dans laquelle le bois remplace la pierre.

Les meubles qui composent l'exposition de M. Sauvrezy ne sont pas faits pour la circonstance; ils représentent *le faire* habituel de cet ébéniste, et, par cela même, sont les meilleurs modèles qu'on puisse étudier.

Celui que nous reproduisons est un meuble de cabinet. De quel style ? va-t-on me demander.

En vain lui donnerai-je le nom du meuble Renaissance, pour obéir à une stupide manie que possède notre siècle, de vouloir tout rattacher aux époques anciennes, car ce meuble est conçu dans un esprit entièrement nouveau.

Peu familiers avec les créations nouvelles, trop

imbus des préjugés de style, d'école, si l'on veut, nous subissons les conséquences de la stérilité relative des dix-huitième et dix-neuvième siècles.

Si nous appelons ce meuble : un meuble *genre Renaissance*, nous ne faisons en réalité qu'employer une métaphore, au lieu de donner un nom, ce que nos neveux seuls pourront faire en disant le *genre Sauvrezy*, comme nous avons dit le *genre Boulle*.

Donc le *meuble Renaissance* de M. Sauvrezy est en bois de poirier naturel ; la composition en est pleine de tact et de goût. Les sculptures y sont attachées avec un art infini et sans altérer en rien la pureté des lignes.

Deux nymphes de Jean Goujon en décorent les panneaux supérieurs ; deux colonnes avec chapiteaux et à cannelures en marquent les angles et en soutiennent l'architecture.

Quatre pieds gaînés, d'une silhouette neuve et gracieuse, supportent le corps du haut ; au fond, un joli panneau à compartiments orné de marqueterie se détache en complétant le meuble.

L'aspect de la gravure qui accompagne cette courte description la rendra plus claire au lecteur, et le mettra à même d'en apprécier l'exactitude.

Un autre meuble attire l'attention dans l'exposition de M. Sauvrezy. C'est une crédence, appelons-la encore si vous voulez crédence Renaissance.

Il faut remarquer d'abord dans cette crédence, la sage proportion qui a été gardée entre le corps du haut et le corps du bas ; rien de massif et rien de maigre ; quatre pilastres supportent aisément la partie pleine du corps supérieur, qui s'y repose tout naturellement. L'œil s'y dirige sans effort ; rien ne le distrait du centre logique du meuble, de ce qui constitue son véritable emploi.

L'ornementation y est sobrement ménagée, tout en conservant son rôle essentiel, qui est de marquer la physionomie de l'œuvre.

De même que dans la figure se résume l'expression humaine, de même dans le corps principal d'un meuble on concentre son caractère artistique.

C'est ainsi que de chaque côté du corps supérieur et dans les parties pleines, sont jetés avec délicatesse deux charmants émaux de *Popelin ;* deux cariatides soutiennent le corps vide du milieu et sont inspirées de l'école de *Germain Pilon*, ce qui reviendrait à dire, sans métaphore, qu'elles possèdent cette grâce, cette finesse, cette silhouette exquise qui distinguent les œuvres de cet artiste.

En dehors de cela, point d'abus de sculptures.

Que signifie, au reste, cette profusion de coups de ciseaux qui accrochent l'œil et, au lieu de le captiver, l'irritent et le fatiguent ? Un meuble tourmenté me tourmente. Si je m'entoure d'un mobilier artistique, ce n'est pas pour faire travailler péniblement mes yeux, mais pour reposer agréablement ma vue. Là est le dernier mot de l'art de l'ébénisterie.

Examinons maintenant la partie accessoire du meuble, je veux dire sa base.

Là, peu d'ornements ; à peine de quoi rehausser la nudité de bon goût des pilastres carrés légèrement gaînés ; deux médaillons en bronze argenté en marquent le centre.

Enfin un dernier coup d'œil, à distance, nous fera saisir et admirer l'unité sévère et gracieuse à la fois de cet ensemble.

Or, savez-vous d'où vient cette unité rigoureuse et séduisante qui brille dans les meubles de M. Sauvrezy? Elle vient de ce que, à la fois dessinateur, sculpteur et ébéniste, il compose, sculpte et assemble lui-même ses créations.

Pour aller plus vite, l'industrie moderne emploie plusieurs cerveaux et plusieurs bras. L'unité en souffre. Un meuble ainsi exécuté est comme un livre fait par plusieurs auteurs. Si un censeur vient examiner à son tour l'ensemble, il lui faut une grande énergie pour ne pas détruire le travail de chacun en y substituant son inspiration personnelle.

Souvent ce dernier venu se transforme en un nouveau collaborateur, et l'œuvre finale n'est plus qu'un amalgame informe.

L'exposition de M. Sauvrezy est, en outre, une preuve éloquente que l'art est absolument indépendant du luxe avec lequel on le confond sans cesse. En effet, il apporte le même soin à un meuble modeste qu'à un meuble de prix. Il n'est pas fait, il est vrai, pour cette production à la vapeur, signe de notre époque; à lui la création des modèles, à d'autres le soin de les multiplier.

Cependant je viens d'apprendre que, désireux de faciliter à ses modèles l'accès de toutes les bourses, M. Sauvrezy vient de monter un nouvel atelier dans lequel, sous sa direction, on exécutera, avec les matériaux ordinaires, tous les genres d'ébénisterie qu'il n'a l'habitude d'exécuter qu'à un ou deux exemplaires.

C'est là qu'il pourra démontrer victorieusement que l'art est absolument indépendant de la matière qu'il transforme, et que, supérieur dans toutes les spécialités, il trouvera un triomphe légitime.

Je laisse à regret cette étude; et tout en déplorant que le jury n'ait pas rendu justice à son auteur, dont la réputation n'est cependant pas à faire, je ne veux pas terminer sans signaler encore un délicieux bijou de pendule en ébène, *genre Louis XVI* composé et exécuté dans un sentiment exquis.

Cette pendule est vendue à un étranger, — à un Russe, je crois; — c'est ainsi que nos plus jolies merveilles s'enfuient hors de la France. Telle est, au reste, la conséquence de la supériorité de nos artistes. Nul n'étant prophète en son pays, un grand nombre d'entre eux sont célèbres à l'étranger avant d'être connus en France!

Qu'en disent nos Mécènes? et qu'en diront nos neveux?

§ II. — La bijouterie et la joaillerie.

Voici deux arts éminemment parisiens. La province, le monde entier sont ici humblement à la remorque de Paris.

Or quel type avons-nous choisi pour le donner en modèle? Précisément une médaille d'or, M. Duron.

Mais, ne nous avançons pas trop; qu'on me permette de citer les termes dont se servait un de nos confrères du *Siècle*, M. Alfred Sirven, à qui je dois déjà un intéressant emprunt sur les étoffes de Roubaix, et qui commence ainsi son cinquième article sur la classe trente-six :

« Si l'amour des métaphores nous eût fait comparer l'exposition de la bijouterie et de la joaillerie à un feu d'artifice, nous pourrions dire que l'œuvre de M. Duron en est le bouquet.

« Chose étrange! il y avait là un mérite réel, et le jury l'a apprécié!

« Comment donc s'est-il pu faire qu'on ait attribué à cet exposant la première médaille de sa classe? Pour qui connaît l'étonnante manière dont a fonctionné le jury, pour qui connaît les rivalités intestines, les haines sourdes et les petitesses qui furent toujours le caractère distinctif des jurys imposés et choisis parmi des rivaux, il est impossible de ne pas sentir que cette médaille d'or est la mieux acquise et la plus méritée. »

Notre confrère a touché juste; oui, cette médaille est méritée et doit avoir été enlevée de haute lutte.

L'étude de l'œuvre de M. Duron nous confirmera dans cette opinion.

On ne saurait donner un nom bien précis à la spécialité adoptée par cet artiste.

Cette spécialité tient à la fois du sculpteur, du lapidaire, du joaillier, de l'orfévre et de l'émailleur, car tous ces arts réunis concourent à l'exécution des œuvres que nous admirons dans la vitrine de cet exposant.

Mais, si l'on ne peut assigner une dénomination particulière à cette alliance heureuse des arts les plus divers, à coup sûr nul n'hésitera à reconnaître que ses produits sont la manifestation de l'art industriel dans ses inspirations les plus élevées.

Quel autre artiste qu'un orfévre saurait trouver ces formes exquises auxquelles M. Duron assujettit ses vases, ses coupes, ses buires, ses aiguières ?

Quel autre qu'un joaillier pourrait exceller plus merveilleusement dans ces montures fines et délicates, dont M. Duron entoure et soutient ses compositions? Quel autre saurait plus harmonieusement enchâsser ces émaux et ces pierres précieuses qui viennent se fondre dans l'ensemble de l'œuvre et concourir à son aspect saisissant?

La gravure qui accompagne ce chapitre nous donne un spécimen de ces créations hors ligne dans notre joaillerie française.

C'est une aiguière en sardoine orientale, chef-d'œuvre de bon goût et de délicatesse.

La sardoine, qui est une variété de calcédoine, genre agate, prend son nom quand à la condition de translucidité se joint une teinte jaunâtre ou brunâtre dont les reflets produisent des effets singuliers et inattendus.

L'aiguière dont je m'occupe est composée de deux parties qui paraissent homogènes, tant la réunion en est fondue avec art; et cependant les deux parties n'ont absolument aucun rapport.

Le haut fait partie d'un bol, tandis que le bas est un fragment de verre.

La retouche du lapidaire a su les transformer d'une façon ingénieuse, de manière à former un ensemble ravissant.

L'objet lui-même est une imitation d'une pièce qui figure dans la belle collection du Louvre et qui est justement citée comme une œuvre remarquable.

Telle est l'intelligence artistique de M. Duron, qu'il parvient, à l'aide de deux fragments de matières précieuses de nature différente, à composer un objet qui reproduit une des plus charmantes créations de nos anciens artistes.

Le goulot est en or massif poli à l'intérieur, et

bordé de feuilles découpées et émaillées en relief dans le ton vert le mieux réussi.

Un fond d'écaille en émail blanc décore l'intérieur, et sur cet émail se détache en relief un masque de satyre d'une expression fine et minutieusement rendue.

En opposition à cette figure, on voit une tête de bélier en ronde bosse, repoussée et émaillée, servant de point d'appui aux ailes d'une cariatide de femme, également exécutée en ronde bosse et repoussée.

Cette aile forme l'anse de l'aiguière ; des reflets chatoyants s'échappent de l'émail vert qui la décore.

Les chairs sont de couleur naturelle, et la chevelure est figurée en or.

Une foule de procédés des anciens émailleurs se sont perdus, n'en déplaise à notre science moderne, et pour accomplir un travail semblable on est obligé de rechercher, et de suppléer souvent, les procédés que les anciens ont poussés jusqu'à la perfection. Je n'hésite pas à affirmer pourtant que l'exécution de cette aiguière surpasse peut-être en fini celle du modèle qui est au Louvre.

L'exposition de M. Duron contient encore bien d'autres œuvres capitales dont nous ne pouvons ici faire que la description écrite, description bien pâle quand elle n'est pas appuyée du crayon éloquent de nos habiles dessinateurs.

Aiguière, par M. Duron. — Paris.

Je ne veux pas cependant passer sous silence un petit vase en *onyx oriental*.

Il affecte la forme ovoïde écrasée dans sa partie supérieure, et il a quinze centimètres de hauteur sur huit centimètres de diamètre.

L'onyx oriental employé dans ce vase est remarquable par sa beauté.

Le fond en est noir, veiné de blanc. Cette qualité est des plus rares. On sait, en effet, que l'onyx n'est autre chose que de la calcédoine, pierre dure qui fournit elle-même toute une famille de pierres colorées, telles que la cornaline, l'agate et le silex.

Cette variété de calcédoine ne prend le nom d'onyx que lorsque les diverses couleurs qui la caractérisent se trouvent réunies par zones ou par bandes.

Le premier cas est celui du vase qui nous occupe.

Or, le morceau qui a servi à former le corps du vase de M. Duron est d'une qualité toute spéciale, et, comme je l'ai dit plus haut, fort rare.

Aussi notre artiste a-t-il dû renoncer à trouver un morceau semblable pour lapider le goulot.

C'était un obstacle de plus à vaincre, après la dureté de la pierre elle-même.

M. Duron a heureusement su tourner la difficulté, en exécutant cette partie du vase en émail sur or.

Les veines y sont peintes, et l'émail imite si parfaitement la pierre elle-même — chose très-difficile à obtenir — que les parties veinées semblent transparentes et produisent une illusion complète même pour un œil exercé.

Enfin, le pied et les anses sont formés de grandes et longues feuilles émaillées, peintes et rehaussées à la manière des émailleurs de la Renaissance, avec lesquels notre artiste lutte de science et de ressources.

Il n'est pas difficile de voir, par la description de ces deux pièces, qui ne sont qu'une faible partie de l'exposition de M. Duron, à quel genre de public s'adresse cet artiste; ce public est restreint et disséminé dans le monde entier. Aussi les œuvres de M. Duron ne sont pas aussi connues du public qu'elles méritent de l'être par leur perfection. C'est pour cela même que nous avons cru devoir les signaler.

Je ne puis m'empêcher d'être surpris de ce que M. Duron n'ait pas exposé de bijoux.

En 1855 et en 1862 on admirait, les comptes rendus de cette époque le constatent, ses bracelets, ses colliers, ses émaux; cette année, il y a chez lui comme un parti pris de ne pas sortir des œuvres d'art les plus exceptionnelles. Nous déclarons ne pas deviner pourquoi, ou plutôt, nous le présumons : ses œuvres sont forcées à l'anonyme, par l'amour-propre de certains pseudo-fabricants qui ont recours à lui.

Lecteurs, soyez certains que toutes les fois que vous verrez un bracelet de bon goût, un bijou nouveau, original, exceptionnel, exquis, M. Duron doit n'y pas être étranger.

§ III. — L'orfévrerie.

L'orfévrerie est un art qui, trop souvent a dédaigné de s'associer le métier; d'abord, tous les orfévres ont visé à être des Cellini, puis, dans ces derniers temps, une réaction s'est produite, et, comme toutes les réactions outrepassent le but, a entièrement renversé l'assertion par laquelle commence ce chapitre.

L'Exposition est alors arrivée; là, nous avons pu juger des ravages exercés par l'*industrialisme* poussé à ses dernières limites, et nous avons pu souvent constater que les procédés merveilleux de la dorure et de l'argenture, n'ont servi qu'à recouvrir des formes pitoyables et des repoussés sans art.

C'était la robe d'or sur des haillons, c'était le quatre-vingt-treize de l'art; c'était, en quelque sorte, l'irruption aux Tuileries du populaire déguenillé se parant des rideaux dorés et des velours arrachés aux lambris.

Chose étrange, l'art sous les haillons reste noble, mais les haillons n'acceptent pas de contrastes, et ne gagnent rien à s'affubler de riches ornements.

Il y a cependant quelques orfévres qui ont su

garder leur dignité d'artistes, sans délaisser le progrès purement industriel.

A ceux-là, il fallait réserver la plus haute récompense et marquer ainsi la véritable route que doit suivre dans notre siècle l'art appliqué à l'orfévrerie.

Il suffit de jeter un coup d'œil sur les élégantes théières et sur le milieu de table dont nous donnons les gravures, pour reconnaître en leur auteur M. Mousset, un de ces orfévres qui ont au plus haut degré le sentiment artistique; mais il faut aussi étudier ces couverts de forme svelte et gracieuse exposés dans la même vitrine, car ils recèlent tout un monde nouveau dans l'argenterie.

M. Mousset nous a prévenus, du reste, par une étiquette placée dans sa vitrine, laquelle porte ces mots :

Nouvel alliage d'argent sans *cuivre*. Tout ou du moins presque tout est dans ce dernier mot; trouver un métal qui, comme le bronze, le cuivre, ou l'argent pût subir facilement toutes les opérations de la fonte, du moulage et du frappage; qui, en ayant le brillant de l'argent, soit massif et inoxydable comme lui, plus inoxydable même, et enfin, revînt à un prix moins élevé, était un problème admirable dont la solution était un véritable bienfait.

Dans un tel problème, il y avait deux parties distinctes ; trouver le nouvel alliage, ensuite, le perfectionner et le rendre propre aux travaux artistiques et industriels.

La première partie fut l'œuvre de MM. de Ruoltz et de Fontenay ; la seconde, est celle de M. Mousset.

Certes, en tant que vulgarisatrice des formes artistiques protégées par les métaux précieux qu'on choisit par excellence, l'or et l'argent, la méthode galvanique était un bienfait, surtout quand l'art avait sa part dans les produits créés. Mais nul ne peut nier que l'argenture ne soit insuffisante pour une foule d'objets usuels, et que notamment les divers ustensiles de table présentent ce grave inconvénient de se désargenter au bout d'un certain temps aux parties les plus utiles, et de produire, outre un effet désagréable, des résultats nuisibles à la santé.

Le métal nouveau de M. Mousset n'a aucun de ces inconvénients, car il est massif, et de plus il possède avec la propriété d'être moins sensible aux actions sulfureuses, la précieuse qualité d'être d'un prix très-modéré.

Comme il contient de l'argent, il représente une valeur réelle, comme il coûte moins cher, il est à la portée des bourses les plus modestes.

Puisqu'il est écrit que dans ce volume où les matières les plus diverses se pressent et s'accumulent, en véritable reflet qu'il est du *Babel méthodique* du Champ de Mars, je n'hésite pas, à côté des questions d'art, à traiter des questions économiques, en exhibant des chiffres.

Qu'on me permette donc de reproduire ici un petit calcul que j'avais fait pour mon usage personnel.

Je suppose qu'un jeune ménage veuille se pourvoir d'argenterie de table, et je suppose également qu'au bout de seize années, il fasse une liquidation de son avoir en argenterie.

Voici le calcul : il a acquis d'abord une douzaine de couverts argentés, des meilleurs bien entendu. Il les a payés soixante-douze francs.

Au bout de huit ans, il les aura fait réargenter trois fois en dépensant quarante-cinq francs chaque fois, puis, la neuvième année, il lui faudra renouveler son argenterie, la réargenture devenant impossible. Nouveaux frais; il acquiert moyennant soixante-quatre francs une nouvelle douzaine parce qu'il aura revendu huit francs ses vieux couverts.

Trois nouvelles réargentures seront nécessitées pour arriver à la seizième année et à ce moment il aura dépensé quatre cent six francs.

Ajoutons, si vous voulez, les intérêts composés de cette période, soit cent quatre-vingt-neuf francs vingt centimes. Ce qui élève le total à cinq cent quatre-vingt-quinze francs vingt centimes.

Voici le moment de la liquidation.

Il revend huit francs ses vieux couverts et la perte sèche au bout des seize années se réduit à cinq cent quatre-vingt-sept francs vingt centimes.

Comparons ces chiffres avec ceux du métal *tiers-argent* qui est le nom du métal de M. Mousset. L'achat de la douzaine a été effectué au prix de cent quatre-vingt-huit francs, ajoutons les intérêts composés de cette somme pendant seize années, soit cent quarante-cinq francs quarante centimes. Total trois cent trente-trois francs quarante centimes.

Il liquide et revend ses vieux couverts pour leur valeur intrinsèque de cent dix-sept francs.

Donc, l'usage, pendant seize années, d'une argenterie quotidiennement employée lui aura coûté deux cent seize francs quarante centimes, soit environ treize francs cinquante-cinq centimes par an.

Ne serait-il pas intelligent de ne point laisser inutilement dormir, en argent massif, dans un tiroir, des sommes qui, employées avec sagesse suffiraient à compenser annuellement dix fois la valeur de l'achat du couvert en tiers-argent? Je veux bien que des souvenirs qui empruntent leur valeur à leur matière elle-même, perpétuent l'usage de l'argent massif pour certaines œuvres; mais pour les objets usuels, pourquoi ne pas adopter les progrès nouveaux?

L'argent massif est aussi bien un signe de richesse que de vanité, et je sais bien que longtemps encore le préjugé luttera contre le progrès.

Mais je m'adresse de préférence à ceux qui ont déjà intelligemment adopté l'argenture galvanique et je leur dis : puisque vous suivez la pente des idées nouvelles, ne vous arrêtez pas et suivez-la jusqu'au bout. C'est de la logique, c'est de l'économie bien entendue; et quand je me suis placé à ce point de vue pour étudier les produits exposés par M. Mousset, j'y ai apporté la conviction de rendre un véritable service à ceux qui me liront.

§ IV. — Les Mosaïques d'Auneuil.

L'art de terre, si en honneur aujourd'hui, et si admirablement manifesté par la céramique, a fait des prodiges à l'Exposition universelle; nul ne peut le nier.

Or, en choisissant de préférence les œuvres de M. Boulenger d'Auneuil, je n'ai pas la prétention de lui assigner l'unique premier rang dans cet art, mais je tiens essentiellement à constater que ce fabricant lui a donné une impulsion toute particulière, dans ses applications à l'ornementation de nos édifices.

La brique est devenue, dans ces derniers temps, un des éléments les plus répandus de nos constructions, grâce à des procédés de fabrication qui simplifient admirablement la main-d'œuvre, aussi bien qu'au bon marché de la matière première.

La matière première qu'emploie M. Boulenger, est la même que celle des briques, mais il a su la plier à toutes les conditions de couleur, de nuance, de forme; il en coule des carreaux mosaïques non pas à incrustations de carrés composant un dessin par leur multiplicité, mais à incrustations de courbes dont les différentes parties ne sont autres que le dessin lui-même se détachant sur un fond uni, avec ou sans relief.

Aussi M. Boulenger peut produire des planchers de salons d'été, dont la richesse des couleurs, la variété des tons et des dessins n'auraient rien à envier aux plus splendides tapis d'Aubusson ou des Gobelins.

Cet artiste ne se contente pas d'exécuter des dessins de décoration tels que les emploient les fabricants de tissus, il aborde aussi la figure et la représentation de la nature. Je pourrais citer tels de ses panneaux, tels de ses parquets qui sont de véritables tableaux.

A l'Exposition universelle et dans le Parc réservé, M. Boulenger avait construit un charmant pavillon polychrôme, orné de colonnes et de panneaux décoratifs, encadrant de fort beaux médaillons; tout cela était en terre cuite à grand feu sans émail, de couleurs différentes et produisant à l'œil un effet doux et harmonieux.

Une des plus grandes difficultés à vaincre dans ce genre de travail, est certainement cette porosité de la terre, qui permet à l'humidité de s'exhaler en efflorescences d'un aspect désagréable, et qui, à la longue, détériorent les plus charmantes décorations.

L'artiste dont je m'occupe, a triomphé heureusement de cet obstacle; et, si des résultats déjà nombreux ne témoignaient pas complétement en faveur de sa fabrication, le pavillon polychrôme du Champ de Mars, soumis, pendant toute la durée de l'Exposition, aux intempéries de l'air et adossé à une tranchée où toutes les infiltrations, non-seulement aqueuses, mais des ruisseaux à immondices, pouvaient avoir accès, prouverait surabondamment que le succès de M. Boulenger est des plus réels.

Quant aux couleurs variées qu'obtient cet artiste, elles sont dues à des oxydes métalliques incorporés à ses terres, soit artificiellement, soit naturellement ; elles possèdent donc toute la fixité qui est particulière à ces couleurs dont la céramique enrichit ses magnifiques émaux.

Nos architectes savent déjà quel puissant secours ils trouvent dans les mosaïques polychrômes d'Auneuil, car je connais un grand nombre de salles de bains, de salons d'été, de serres et pavillons de fleurs, qui leur doivent leurs plus délicats ornements.

En résumé, en pliant la matière argileuse et siliceuse aux inspirations de l'art le plus pur, M. Boulenger est un de ces rares mais habiles ouvriers qui, sans manier la soie et la pourpre, tissent avec de la terre et peignent avec des métaux d'inusables tapis et d'éternelles couleurs.

IV

LES ARTS MÉCANIQUES.

§ I. — Le treuil-parachute.

L'invention se meut dans un cercle immense, elle touche par la variété de ses créations aussi bien au hochet de l'enfant qu'aux plus hautes questions de l'ordre social.

Il y en a de saisissantes par l'inattendu de leurs effets, d'autres qui sont plaisantes, d'autres qui sont terribles, d'autres enfin qui sont tellement techniques que peu de personnes sont aptes à les comprendre.

Celle dont j'entreprends l'explication est extrêmement sérieuse. Elle est digne, par ses résultats admirables, de fixer l'attention de tout le monde, et quoiqu'une certaine classe de praticiens, les ingénieurs surtout, soient plus spécialement capables d'apprécier le mécanisme qui en est la base, j'ai la conviction que tout le monde peut sentir son mérite réel et sa haute portée philanthropique.

Or j'admire, quant à moi, l'étonnante contradiction que manifestent les opinions émises par le jury dans la distribution des médailles, et je ne comprends pas que de la même main on récompense les engins de destruction tels que le canon Krupp, et les appareils protecteurs tels que le treuil-parachute de M. Bernier.

D'une part, on double les chances de mort pour les soldats des champs de bataille, où un amour-propre stérile entraîne les peuples; de l'autre, de généreux chercheurs garantissent contre les accidents de la bataille industrielle ces autres soldats du progrès et du bien-être social, qui luttent contre les obstacles que la nature nous oppose.

Combien de fois n'a-t-on pas enregistré ces événements terribles qui font tant de veuves et d'orphelins, et où de courageux mineurs, des carriers, des constructeurs, des manœuvres employés dans les chemins de fer, sur les quais, dans les ports et les navires pour le maniement des ancres, trouvent un jour la mort par une rupture de câble, de chaîne, de treuil, de roue et d'autres engins servant à la manœuvre des fardeaux?

L'homme qui, à ces terribles hasards des travaux dangereux mais utiles, aura su trouver un remède, l'homme qui aura su opposer à l'aveugle force de la matière la prévoyance protectrice du génie mécanique, n'aura-t-il pas bien mérité de la patrie?

Eh bien, cet homme, l'Exposition universelle nous l'a révélé; tous les jours, infatigable et convaincu, il est là, auprès de son appareil, expliquant les résultats merveilleux de son invention et les

LES ARTS MÉCANIQUES. 349

moyens qui lui servent à les obtenir, au public intelligent qui se presse autour de lui et l'écoute attentivement.

A toute démonstration, il faut une mise en scène.

Ici, la mise en scène est des plus simples, et nos gravures donnent une idée exacte: des poulies, des roues, des chaînes, et au bout des chaînes d'immenses blocs de pierre de deux mille kilogrammes.

Il va se produire ici une foule d'accidents ; à chaque seconde, un fardeau énorme se balancera sur notre tête, prêt à choir en broyant tout sur son passage, et à chaque seconde, une véritable Providence mécanique arrêtera la masse redoutable qu'elle semble soustraire pour un temps aux lois de la pesanteur.

Il y a trois actes dans ce drame palpitant des chutes meurtrières.

Il y a l'imprudence et la fausse manœuvre;

Il y a la rupture imprévue d'une ou de plusieurs pièces du mécanisme ;

Il y a le bris de la chaîne ou du câble qui attachent le fardeau et l'élèvent dans l'espace.

Voici les imprudences :

Un homme tourne sans peine une manivelle, le fardeau s'élève.

Il a omis, par une distraction inconcevable, de laisser fonctionner l'encliquetage du rochet de retenue qui a pour but d'empêcher le fardeau de retomber; il se repose, il lâche la manivelle; le fardeau, sollicité par son poids, va redescendre avec une rapidité effrayante, imprimer à la manivelle un mouvement vertigineux, et renverser l'ouvrier d'un coup mortel dans la poitrine ou dans le visage.

Mais non! la manivelle reste telle qu'il l'a laissée, et il peut, sans accident, reprendre son ouvrage en réparant son oubli.

Ce n'est plus un homme qui tourne une manivelle; c'est à la vapeur que ce soin est confié. Or, l'emploi de la vapeur rend encore plus fréquent l'accident provenant de l'oubli de l'encliquetage sur le rochet de retenue.

Le fardeau est arrivé à sa destination; quinze mètres le séparent du sol : Halte! s'écrie-t-on d'en haut; et le manœuvre qui veille sur la machine place la courroie sur la poulie folle.

Si le cliquet est à son poste, rien de plus simple; le fardeau ne bouge pas. Mais si le cliquet a été oublié, la pierre retombe avec une vitesse qui croît comme les secondes multipliées par elles-mêmes.... près de là, sont les charpentes et sur elles des ouvriers tranquillement occupés à sculpter une façade.

La pierre, dans sa course désordonnée, frappe le coin de l'échafaudage; les planches basculent, et voilà des hommes lancés par les airs avec une puissance inouïe, puis, retombant à quelques centaines de mètres de là, broyés, écrasés, sans compter ceux qui peuvent se trouver dessous.

Or, rien de cela ne peut arriver avec l'appareil que nous étudions; le cliquet est oublié? n'importe, le fardeau demeure où la vapeur l'a amené.

Ce que le manœuvre vient de faire pour arrêter le mouvement de l'appareil élévatoire, je veux parler du débrayage de la courroie, il peut arriver que le hasard ou la négligence le produise. Le résultat reste le même, on le comprend sans peine; le mécanisme parachute de M. Bernier agit instantanément, et les accidents sont encore évités.

Il s'agit maintenant de descendre un fardeau chargé à un cinquième étage, par exemple.

Le manœuvre présume trop de sa force, il veut peser sur la manivelle en sens inverse, il est forcé de soulever le cliquet pour opérer la descente, mais le mouvement est incommode, aussi difficile pour la force humaine que de courir à reculons, et on ne peut en aucune façon employer la vapeur à cet usage. Qu'arrive-t-il? Les travailleurs sont entraînés, jetés contre terre, et le fardeau est précipité de toute sa hauteur.

La disposition du treuil de M. Bernier empêche tout mouvement de descente par la manivelle. Force est au manœuvre de prendre le frein, sorte de courroie de fer qui frotte sur la roue, et règle la descente à volonté. Donc, pas d'imprudence possible, pas d'accident, car où l'on supprime la cause on supprime les effets, et on aura beau tourner la manivelle à reculons, elle sera entièrement affolée.

Si, par impossible, le frein se casse, et si l'homme qui le tient reçoit un choc capable de le lui faire lâcher, le parachute agit et le fardeau reste suspendu.

Poussons à l'extrême les chances de rupture de l'appareil; ne supposons pas seulement un bris de roue, de dents, de noix ou de frein, supposons que l'appareil élévatoire lui-même auquel sont adaptés ces roues, ces noix, ces chaînes, ces cliquets, a été mal assujetti; le fardeau est aux deux tiers de sa course aérienne, le treuil se détache, le point d'appui manque : tout va s'écrouler....

Pure illusion; le fardeau reste suspendu dans l'espace et semble attendre qu'on ait réparé l'accident.

Continuons : aussi bien, cette démonstration est palpitante.

Tous les accidents sont arrivés, hors un seul, le bris de la chaîne.

Celui-là est le plus terrible; il survient par cause d'usure, de fausse position des anneaux, de chocs brusques; il se produit sans prédisposition apparente, et la chaîne qu'on a examinée le matin sans qu'elle présentât le moindre défaut, va se briser dans dix minutes et laisser

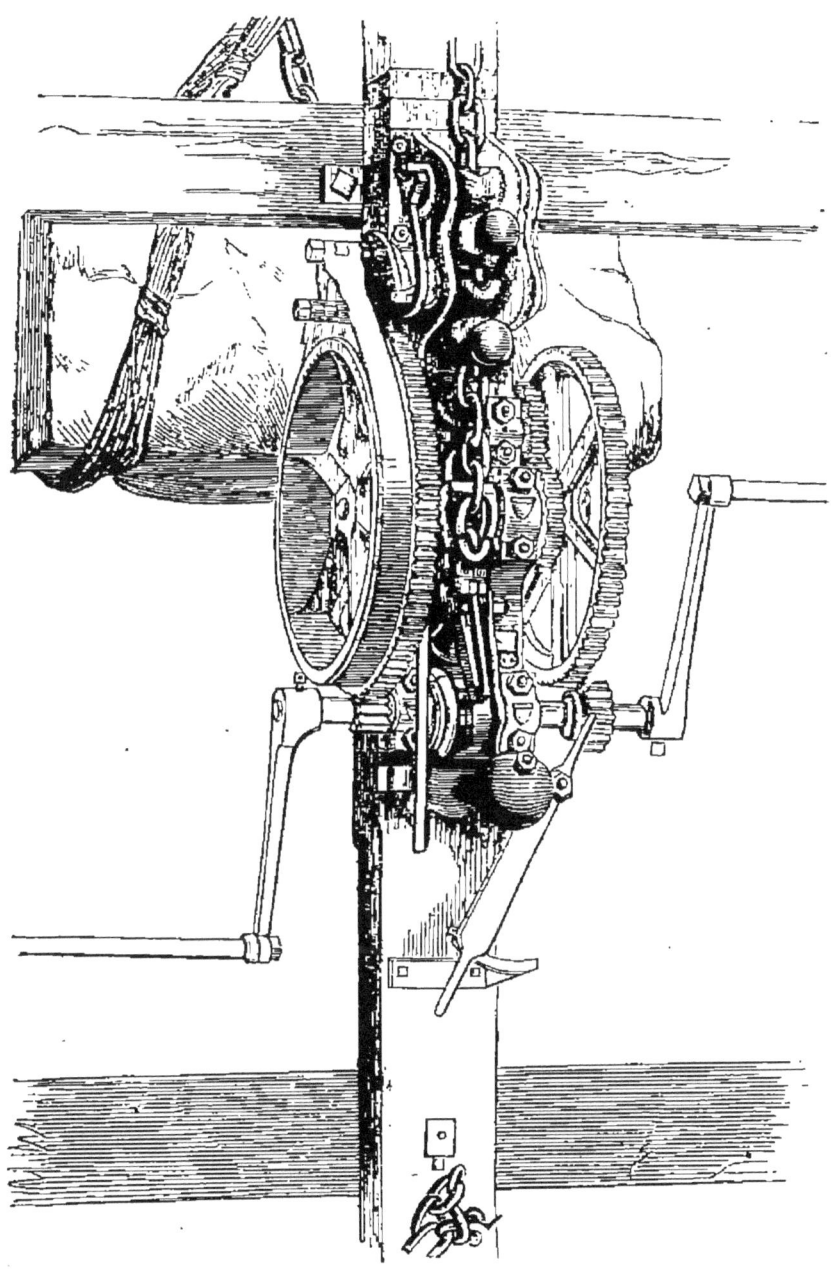

Fig. 1. Treuil à double noix portant son parachute.

choir d'une hauteur de quinze mètres un bloc de pierre de plusieurs milliers de kilogrammes.

Eh bien, que la chaîne se brise entre la poulie et le point de suspension du fardeau; qu'elle se brise entre la poulie et le point où s'exerce l'effort élévatoire, le fardeau descendra d'un centimètre à peine et s'arrêtera. Pas de vitesse acquise, pas de bris, pas d'accident possible; le treuil lui-même est devenu tout à fait étranger au fardeau.

Jusqu'ici je n'ai parlé que des appareils élévatoires destinés à la construction; M. Bernier a plusieurs applications différentes de son parachute, et les voici :

Une plate-forme est-elle destinée à monter ou à descendre : notre exposant a prévu le cas où la chaîne se romprait aussi bien au point d'attache que dans tout le parcours de la chaîne elle-même; pas la moindre secousse n'est produite, quelle que soit la vitesse ascensionnelle au moment de l'accident.

En outre, la disposition adoptée dans cette application, permet d'arrêter le plateau au moment et à l'endroit que l'on désire; par exemple, le plateau descend-il ou monte-t-il dans un puits à étages, on peut l'arrêter successivement à chaque étage.

Il y a là tout une nouvelle série d'applications que l'on saisit au premier coup d'œil.

Supposons maintenant deux bannes montant et descendant alternativement, ce qui revient à indiquer le mouvement de deux seaux dans un puits.

Substituons à la banne deux plates-formes, si l'on veut deux fardeaux de quelque proportion qu'ils soient, et énumérons les accidents qui peuvent survenir.

La chaîne de la banne qui descend casse-t-elle, rien n'est dérangé dans l'appareil, l'autre banne continue de monter et celle-ci de descendre.

Est-ce, au contraire, la banne qui monte, dont le point de suspension se rompt? — Tout mouvement cesse.

Les deux chaînes des deux bannes cassent-elles, tout mouvement de descente ou de montage cesse également, jusqu'à réparation de l'accident.

Mentionnons encore un perfectionnement du treuil-parachute.

Si l'on voulait dans un treuil ordinaire, pour un motif quelconque, changer de vitesse ascensionnelle, et par conséquent diminuer ou augmenter l'effort élévatoire quand le fardeau est déjà à une certaine hauteur, il faudrait, sous peine de chute immédiate dont il y a de fréquents exemples, le redescendre entièrement avant de pouvoir changer l'engrenage, ce qui ne remplirait aucunement le but.

Notre exposant a trouvé le moyen de faire cette

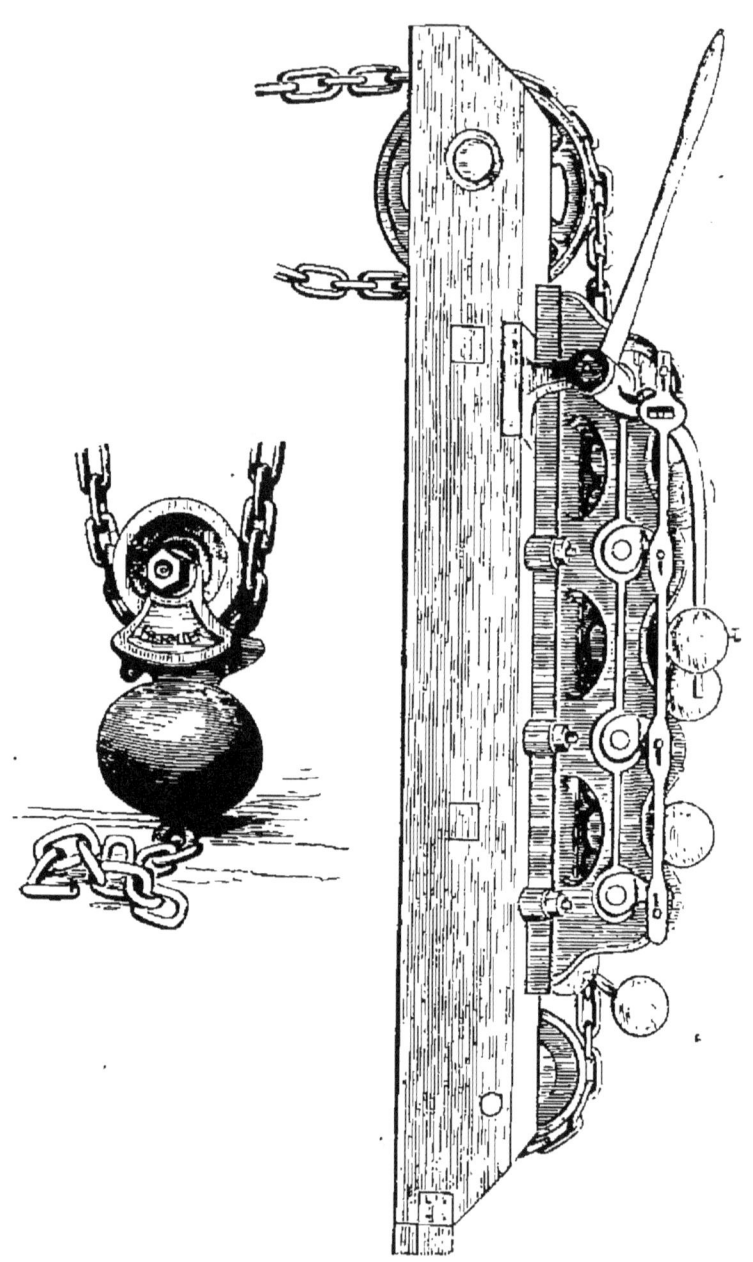

Fig. 2. Parachute automatique et guide tendeur de sûreté.

opération au moment que l'on voudra sans redescendre le fardeau ; et pour cela, il le laisse reposer sur le parachute pendant la substitution qui s'effectue à vue d'œil, d'un engrenage quelconque capable aussi bien de ralentir que d'accélérer l'ascension ou la descente.

Ici se place naturellement une observation : le treuil parachute appartient à la classe cinquante-trois, mécanique générale ; ce n'est que par un hasard exceptionnel qu'il s'est trouvé récompensé dans la classe cinquante-trois et dans la classe soixante-cinq contenant le matériel des chantiers.

Or, comment peut-il se faire qu'un objet dont la base est un problème de mécanique résolu, et l'application une amélioration dans le matériel des chantiers, ait obtenu dans la première une médaille de bronze, et dans la seconde une médaille d'argent? Une médaille d'or eût été à peine une récompense suffisante.

Y a-t-il donc plus de mérite à appliquer la solution d'un problème qu'à découvrir cette solution elle-même?

La justesse de mon observation apparaîtra plus évidente en poursuivant l'étude de l'exposition de M. Bernier.

Ses appareils se divisent logiquement en deux parties distinctes : l'une comprend les moyens d'élever facilement, et sans les inconvénients ordinaires, les fardeaux les plus lourds.

L'autre comprend, une fois le fardeau élevé, les moyens de l'empêcher de retomber et de produire ainsi des sinistres. La première serait donc plus spécialement une garantie contre les chances de rupture ; la seconde une protection contre les effets des ruptures survenues en dehors de toute prévision.

La base essentielle de la première partie est l'emploi de la *double noix* et du *guide-tendeur*, qui ont pour but de prévenir l'un, l'usure rapide de la chaîne, l'autre, la fausse position des anneaux, tous deux causes de rupture.

On sait que la noix est une sorte de main de fer ayant plusieurs empreintes où vient s'appliquer chaque maille de chaîne qui, ainsi maintenue solidement, permet un effort direct plus énergique.

Mais une seule noix laissait éprouver à la chaîne un frottement considérable sur le bâti en fonte, car la chaîne tend sans cesse à se déplacer en subissant et faisant subir à la noix des morsures profondes.

Or, du moment où une autre noix tournant en sens inverse, apportera à la noix qui subit l'effort élévatoire des maillons déjà placés avec une exactitude mathématique, il y aura économie de force et simple roulement au lieu d'un glissement pénible et détériorant.

Peut-on dire ici, selon le vieil axiome de mécanique, que ce que l'on gagne en force, on le perd

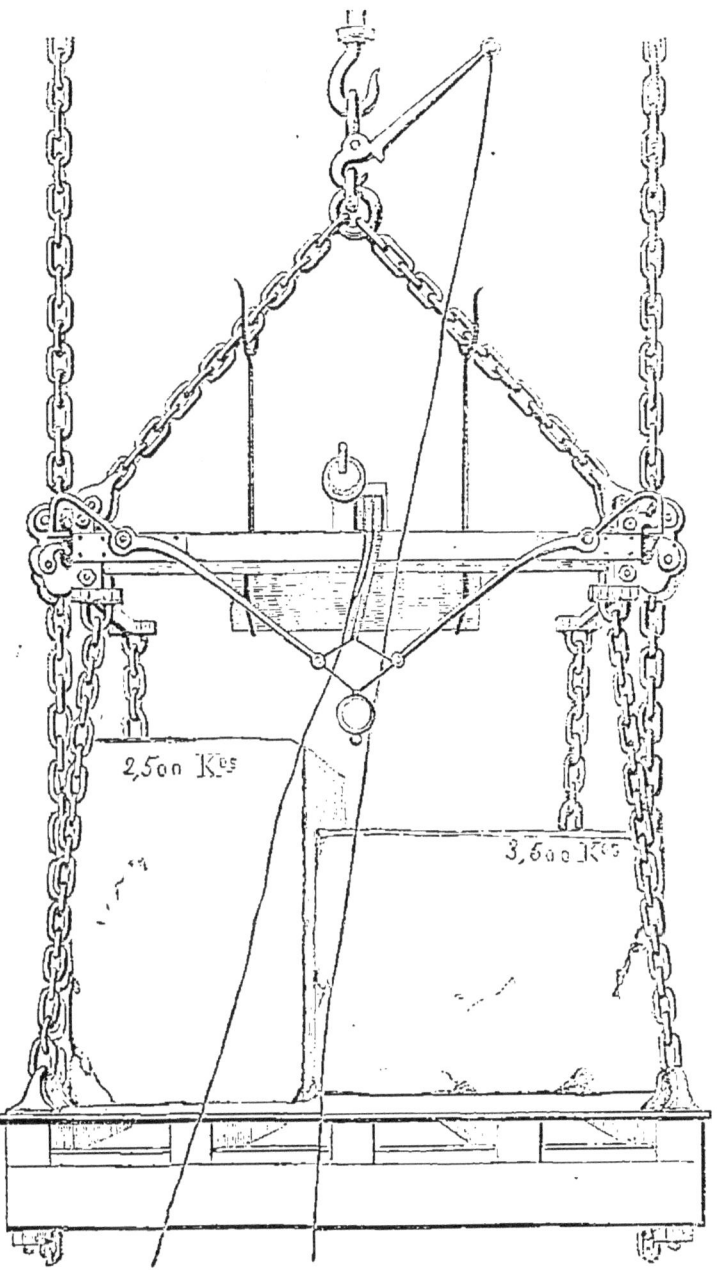

Fig. 3. Spécimen d'une installation avec parachutes mobiles agissant sur les chaînes fixes servant de guide.

en vitesse? Non, car il y a diminution de résistance par suite du roulement substitué au glissement, et par suite du maintien plus assuré de la chaîne chargée, dont le poids se répartit sur sept mailles au lieu de trois, comme cela a lieu d'ordinaire dans les treuils à noix triangulaires.

Le *guide-tendeur* est simplement un boulet placé à quelques centimètres du sol, et obligeant la chaîne, quelque vitesse qui lui soit imprimée, à conserver toujours la même direction et à entrer légèrement tendue et droite dans le treuil.

Cette amélioration est excellente, surtout dans le cas de descente rapide du fardeau — descente que le frein de M. Bernier règle à volonté — en empêchant l'entrée désordonnée de la chaîne dans la première noix.

La deuxième partie, qui est essentiellement le parachute, consiste en une sorte de fort cliquet en fer forgé et taillé de manière à pouvoir s'engager dans les intervalles des mailles de la chaîne, pour retenir cette chaîne en cas de recul.

Lorsqu'une série de ces forts cliquets agit sur la chaîne qui passe sous leurs empreintes, on dirait qu'une main invisible soulève, en courant sous un clavier, toutes les touches d'un piano.

La chaîne est alors enclanchée, c'est-à-dire pénètre dans l'empreinte comme le doigt dans la touche, et ne se soulève que si l'opération du montage s'effectue sans accident. Au moindre accident, recul, enclanchement et cessation de la descente du fardeau qui reste suspendu d'autant plus solidement qu'il est plus lourd.

Selon que notre exposant fait agir cet enclanchement sur la chaîne mobile ou sur une chaîne de sûreté, il obtient cinq séries distinctes d'effets.

Si l'enclanchement agit sur la chaîne élévatoire elle-même, et au-dessous du point de suspension aérien près des roues et des noix, tous les accidents résultant de l'imprudence, fausses manœuvres, rupture du mécanisme, mais non de rupture de la chaîne, sont évités.

Si l'enclanchement agit au-dessus du point de suspension aérien, mêmes avantages et, de plus, neutralisation des effets d'une rupture de la chaîne élévatoire dans la moitié de sa longueur, c'est-à-dire entre les engrenages et le point de suspension aérien.

A l'apparition de la chaîne de sûreté sur laquelle agit l'enclanchement, on obtient les résultats suivants :

L'enclanchement est-il placé au-dessous du point de suspension aérien du fardeau, et agit-il sur la chaîne de sûreté, il annule immédiatement les effets d'une rupture de la chaîne dans toute sa longueur, et produit les autres avantages déjà mentionnés.

Un plateau ou un récipient quelconque porte-t-il avec lui ses parachutes ou enclanchements, ces enclanchements n'agissent sur une ou plusieurs chaînes fixes, lesquelles ne subissent aucun effort, qu'au moment précis de l'accident, et parant à toute éventualité : bris de chaîne dans toute sa longueur, fausses manœuvres, rupture du mécanisme ou du treuil.

Enfin, deux plateaux ou récipients, montant et descendant, sont-ils réunis par une chaîne de sûreté munie de deux enclanchements agissant en sens inverse : neutralisation des effets de ruptures déjà indiqués, et cela pour les deux plateaux, dans quelque situation que se produise l'accident.

Généraliser l'emploi de ces appareils simples et utiles serait un bienfait; il n'est pas de chantier de travaux publics, pas de mines, pas de chemins de fer, pas de ports, de quais, de docks, de magasins généraux, de navires pour la manœuvre des ancres, où son usage ne soit appelé à rendre d'immenses services.

Cette invention a un caractère d'utilité tellement universel, que je souhaite de la voir mettre au rang des obligations imposées aux entrepreneurs dans l'intérêt de la sécurité générale.

Elle est aussi nécessaire aux travailleurs, que les parapets au bord des rivières, les postes de pompiers dans les villes, et la vaccine chez tous les peuples.

Pénétré de cette vérité, j'ai voulu avoir l'opinion d'un homme compétent sur ces sortes de matières, d'un homme dont le nom fait autorité, et voici ce que M. Viollet-le-Duc a bien voulu extraire de son rapport au jury sur le matériel des chantiers, en réponse à ma demande :

« De nombreuses expériences faites avec les appareils de M. Bernier, nous ont démontré que par suite d'accidents très-graves, tels qu'une rupture de chaîne, par exemple, un bloc de pierre pesant deux mille kilos, éprouve un abaissement d'un centimètre au plus.

« Il est à désirer que dans tous les chantiers on prescrive l'emploi des monte-charges à parachute. »

Ces quelques lignes, qui sont un résumé succinct de notre étude sur le parachute de M. Bernier, en sont également le meilleur corollaire; aussi serons-nous heureux de voir que, prenant en considération ses qualités incontestables, la presse, l'autorité et les entrepreneurs, unis d'un commun accord, en propagent l'usage général, et en préconisent les avantages sociaux.

§ II. — Les machines-outils.

Dans la partie de ce volume où toutes les classes de l'Exposition sont passées en revue, j'ai donné une idée de l'importance générale de la classe cinquante-quatre, contenant les machines-outils.

Parmi les différentes sortes de machines extrêmement ingénieuses qu'on y rencontre, j'ai choisi celles qui, par leurs applications variées, et leur mérite incontestable, peuvent rendre les plus nombreux services aux différentes industries qui emploient le bois.

Notre opinion personnelle, qui se trouve être conforme à celle du jury, nous fait étudier de préférence les machines-outils de M. Périn.

L'industrie de cet exposant figure dans deux classes différentes : la classe cinquante-quatre, qui comprend les machines-outils, et la classe cinquante-huit, où se trouvent réunis le matériel et les procédés de la confection des objets du mobilier et de l'habitation. Notons que M. Périn, mécanicien distingué, construit des lames de scie sans fin, pour le bois en grume, pour le dédoublage, ainsi que les machines à faire les tenons et à faire les mortaises. Mais voici à quoi lui aura servi sa double exposition.

La grande difficulté de l'outillage mécanique est le découpage courbe; cette difficulté apparaît plus évidente encore par la juxtaposition de l'outil et du travail exécuté.

Quel que soit son mérite, comme constructeur de machines-outils, cet exposant eût certainement risqué de n'être point apprécié à sa juste valeur, vu l'extrême variété d'application des produits figurant dans la classe cinquante-quatre. Mais la classe cinquante-huit, en même temps qu'elle restreignait le nombre des outils admis, mettait mieux en relief leur spécialité. Aussi le jury, en assignant à M. Périn un rang honorable dans la construction des machines-outils en général, par le don d'une médaille d'argent, a pu rendre à l'exposant, pour sa scie à ruban et pour sa machine à faire les moulures, la justice qui lui était due, en lui accordant la première médaille d'or de la classe cinquante-huit.

À l'Exposition universelle de 1862, un rapport officiel constatait, dans le travail du bois, la supériorité française en face du travail mécanique des Anglais, tout en ajoutant que si nous étions supérieurs au point de vue de l'art, les Anglais nous primaient par le travail économique de leurs machines.

Nous pensons qu'à la suite de l'Exposition de 1867, la même réflexion ne viendra pas à l'esprit des rapporteurs, surtout pour ce qui concerne le travail du bois.

Ce progrès sera dû en grande partie aux travaux consciencieux de l'exposant qui nous occupe.

Ce qui a le plus frappé le spectateur dans la classe cinquante-huit, c'est le meuble découpé à la scie qu'y a exposé M. Périn. C'était, avouons-le, la manière la plus éloquente qu'on pût choisir, pour prouver la délicatesse et la perfection de l'outil, que de mettre sous les yeux les tours de force de découpage exécutés avec son aide.

Les scies circulaires de M. Périn seront surtout très-utiles à l'ébénisterie, car elles permettent

non-seulement d'aborder la plupart des travaux réservés jusqu'ici à la main seule, mais encore de les exécuter avec une plus grande précision et une plus grande rapidité.

L'un des plus grands mérites des scies à lames sans fin est la possibilité de tailler facilement, et avec une exactitude rigoureuse, les courbes les plus délicates, quelles qu'en soient les applications.

Ces applications ne se bornent pas à l'ornementation d'un meuble; la marine, les arsenaux, les ateliers de chemin de fer, les grandes usines et les industries privées se servent journellement de cet excellent outil.

Les diverses gravures qui accompagnent ce chapitre représentent un certain nombre d'outils les plus intéressants construits par M. Périn.

La première est une scie à lame sans fin pour le bois en grumes. Ce système de scies que l'on a vu fonctionner pour la première fois en 1855, sous le nom de scies à ruban, est devenu, depuis, l'outil indispensable de toutes les usines où on travaille le bois. Pendant longtemps elle ne fut employée que pour les débits à la main, les chantournements, les découpages, les traits droits comme sciage, dirigés par la main de l'homme.

L'Exposition de 1867 sera la date de l'accomplissement d'un nouveau progrès, par ce système de scies demeuré trop longtemps inconnu. Je veux parler des sciages de grumes, de toute espèce, comme de toute dimension ; la première gravure représente le type de la disposition de ce genre d'outil employé pour la première fois industriellement, avec les avantages qui incombent à son action continue.

La deuxième gravure représente une machine servant à faire des moulures et qu'on appelle toupie ; la mèche tourne rapidement, se déplace au gré de l'ouvrier et suit toutes les sinuosités des dessins les plus compliqués, préalablement tracés sur le bois.

Notre troisième gravure représente la scie à lame sans fin, telle qu'elle a été exposée en 1855 ; la suivante, dont le mécanisme d'acier s'avance en tournant comme un météore, mord dans les bois les plus durs aussi facilement qu'un couteau s'enfonce dans une pâte tendre ; elle est composée d'une mince lanière de métal, dont chaque dent parcourt mille six cents mètres par minute.

C'est une véritable tempête mécanique, qui laisse bien loin la vitesse de nos trains express qui lui est inférieure de plus d'un tiers. Aussi ne voit-on pas de sciure, mais seulement de fins copeaux qui jaillissent comme par enchantement.

Notre dernière gravure représente une mortaiseuse portative d'un petit modèle. Cette machine creuse des trous prismatiques ou cylindriques. Rien n'est plus curieux à voir que la rapidité et la

MACHINES-OUTILS. — Fig. 2. Machine à faire les moulures.

MACHINES-OUTILS. — Fig. 3. Scie à lame sans fin; modèle de 1855.

MACHINES-OUTILS. — Fig. 4. Scie à lame sans fin; modèle de 1867.

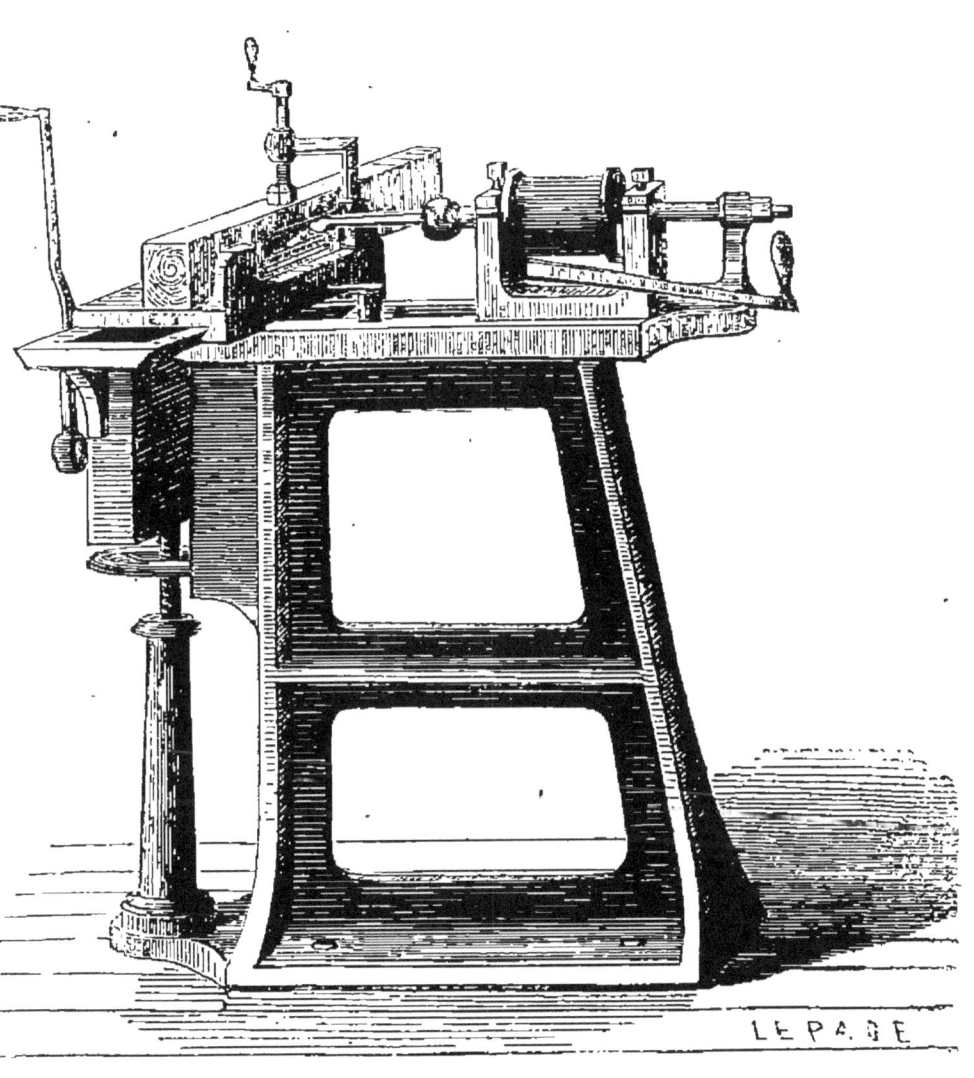

MACHINES-OUTILS. — Fig. 5. Mortaiseuse portative.

justesse avec laquelle se fait une mortaise à l'aide de ce petit appareil, dont les formes mécaniques ont une certaine originalité.

Il y a seulement dix ans que M. Périn s'est révélé comme constructeur ; et puisque nous avons fait l'éloge de la fabrication, nous demandons la permission de dire aussi un mot du fabricant.

La mention portée sur la liste des récompenses au nom de M. Périn est ainsi conçue : « De simple « ouvrier est parvenu à une supériorité remar-« quable comme constructeur-mécanicien, et a « rendu des services exceptionnels à l'industrie des « meubles. »

Si les ouvriers veulent bien se souvenir de ce fait et s'inspirer de ce modèle, plus que tous autres ils sont à même d'arriver au premier rang.

Et pour cela, l'instruction est le premier outil.

§ III. — *Les machines à vapeur verticales.*

J'ai eu souvent l'occasion dans le cours de cet ouvrage de préconiser l'emploi des moteurs à vapeur dans une foule d'industries.

Le premier résultat direct est une plus grande puissance de production conduisant à une consommation plus économique.

Dans le nombre infini de machines exposées au Palais du Champ de Mars, bien peu m'ont paru réaliser complétement le type des machines *pra-*

tiques, mieux que celles de MM. Hermann-Lachapelle et Ch. Glover.

En examinant la classe cinquante-trois aussi bien que la classe soixante-six, j'ai posé les principes généraux dont l'application constitue la plus grande perfection des machines. Ces principes sont parfaitement appliqués dans la machine verticale dont je donne la gravure.

Ils se résument ainsi dans le cas qui nous occupe :

Isolement de la chaudière, cylindre à enveloppe et à circulation de vapeur, détente variable dans de larges proportions, et échauffement de l'eau d'alimentation par la vapeur d'échappement.

En construisant des machines portatives verticales à chaudière non tubulaire munie de bouilleurs avec foyer intérieur et montées sur socle bâti-isolateur, MM. Hermann-Lachapelle et Ch. Glover, ont évité de faire supporter à la chaudière le poids et les trépidations des organes du mouvement groupés autour d'elle. Ils ont en outre évité l'échauffement de toutes les pièces, desséchant l'huile dans les godets et compliquant le graissage. Tel est surtout le but du bâti-isolateur.

Dans les chaudières verticales ordinaires, il est un endroit des foyers intérieurs qui est seul exposé aux coups de feu. Dans celles dont je m'occupe, cet endroit, où se forment le plus ordinairement les dépôts, est absolument protégé contre les brûlures par suite de la disposition spéciale de la chaudière, qui contient à cet endroit une couche d'eau d'une épaisseur considérable.

J'ai annoncé un mérite *pratique* spécial à ce genre de machines ; c'est l'extrême facilité de la manœuvre qui permet la suppression du mécanicien ; c'est, en outre, la place restreinte qu'elles occupent, puisque les plus petites forces ne tiennent pas plus de place qu'un poêle ordinaire.

Voici du reste la description de la gravure représentant la machine à vapeur verticale ; cette description corroborera les assertions qui commencent cette étude :

Socle-bâti-isolateur. — 1. La machine entière est montée sur un *socle-bâti-isolateur* en fonte, qui reçoit la chaudière dans son intérieur et porte à l'extérieur les différents organes du mouvement et la pompe d'alimentation agencés sur ses colonnes et son entablement.

Ce *socle-bâti-isolateur* se divise en quatre parties, s'emboîtant les unes dans les autres et fixées ensemble par quatre boulons. 1° le socle ; 2° la colonne droite ; 3° la colonne gauche ; 4° la traverse ou entablement.

2. — *Le socle* dans lequel se place, sur des consoles disposées à cet effet, le cercle qui porte la grille du foyer, sert d'entre-toise à la base des deux colonnes qui viennent s'y adapter de chaque côté. Une partie est coupée en voûte et forme

l'ouverture du cendrier X. La chaudière y est commodément assise et isolée de tous les organes du mouvement.

3. — *La colonne droite* porte le cylindre D et la boîte de distribution P'; — *la colonne de gauche* porte la pompe d'alimentation G.

Ces colonnes sont surmontées des paliers dans lesquels fonctionne l'arbre-moteur.

4. — *La traverse* ou *entablement* s'emboîte dans le chapiteau des colonnes auxquelles elle sert, en haut, d'entre-toise.

Elle porte, fixé à son milieu et sur le devant par deux vis, le cercle ou cadre en fonte dans lequel se meuvent les deux boules du régulateur.

Arbre-moteur. — 5. *L'arbre-moteur*, forgé d'une seule pièce avec sa *manivelle*, fonctionne dans des coussinets en bronze dont sont munis les paliers qui surmontent les colonnes.

La bielle motrice, articulée sur la tête de tige du piston, se fixe au bouton de la manivelle et lui transmet les poussées du piston.

A l'extrémité droite de l'arbre se trouve, après la manivelle, le noyau d'excentrique qui, par une bielle à collier en bronze, transmet le mouvement au tiroir de distribution.

L'extrémité gauche porte : 1° Le noyau d'excentrique qui donne par un collier en bronze le mouvement à la bielle de la pompe d'alimentation ; 2° le volant ; 3° la poulie motrice ; le moyeu du volant est coupé en partie par une entaille; deux boulons en rapprochant les deux côtés de cette fente servent à le serrer au besoin sur son axe et son clavetage.

Les dimensions de la poulie-motrice sont déterminées par le service qu'on veut demander à la machine.

Au milieu de l'arbre est adaptée une roue dentée dite hélicoïde, qui communique le mouvement au régulateur à pendule.

Organes indicateurs et de sûreté. Pièces desservant la chaudière et adhérentes à ses parois. — 6. A. Bouchon à vis dans le support des soupapes de sûreté servant à introduire l'eau dans la chaudière, chaque fois qu'on la remplit après son nettoyage ou sa vidange complète.

B. *Tube jaugeur* en cristal formant *le niveau d'eau*. Derrière ce tube se trouve fixée, sur les parois de la chaudière, une petite plaque en cuivre portant ces mots: *Niveau de l'eau*, et indiquant la hauteur normale de l'eau dans la chaudière.

C. C'. Robinets portant les cages dans lesquelles se place le tube jaugeur et les mettant en communication avec la chaudière sur laquelle ils sont fixés.

R. R. Petits bouchons servant à nettoyer l'intérieur des robinets du niveau d'eau.

S. Robinet purgeur du niveau d'eau, servant à s'assurer qu'il fonctionne bien.

T. Bouchon ou chapeau de la cage supérieure du niveau d'eau. Le sifflet occupe parfois cette place.

Deux *robinets de jauge* placés à droite des soupapes, l'un à cinq centimètres au-dessus, l'autre à trois centimètres au dessous de la ligne normale du niveau de l'eau dans la chaudière, servent à s'assurer de la hauteur de ce niveau, qui ne doit jamais descendre au-dessous du second ni s'élever au-dessus de celui du haut.

Il faut dans la conduite de la machine se guider sur les indications données par le tube et ne consulter les robinets que lorsque le *niveau d'eau* ne fonctionne pas.

M. M'. *Soupapes de sûreté;* la disposition de ces soupapes a été modifiée, elles sont placées maintenant sur la chaudière, et portent le sifflet.

K. *Manomètre* métallique à cadran, indiquant le degré de pression ; la machine fonctionne à son maximum de puissance, lorsque l'aiguille est placée entre les chiffres cinq et six.

L. Petit robinet *étalon* servant à vérifier la sensibilité et le bon état du manomètre.

Y. Gros tampon autoclave, dit *trou-d'homme.*

Z. Z. Petits tampons autoclaves du fond de la chaudière et des bouilleurs.

J. *Robinet d'alimentation* mettant la chaudière en communication avec la pompe, et servant à opérer sous pression la vidange de la chaudière. Sa clef est à trois ouvertures. Un petit bouton placé sur le côté du boisseau sert à nettoyer son intérieur.

F. Robinet de *mise en marche*, ou *prise de vapeur*, fixé sur la chaudière et contenant le papillon ou valve du régulateur.

E. Poignée du robinet de la prise de vapeur.

Un sifflet servant à donner les signaux est placé au haut de la chaudière ou sur le robinet C.

Mécanisme moteur, porté par la colonne droite du bâti. — 7. D. *Cylindre* à enveloppe à circulation de vapeur d'échappement, dans lequel se meut le *piston*.

P. *Boîte à vapeur* dans laquelle fonctionnent le tiroir de distribution et la détente variable.

P'. *Poignée* à aiguille de la *détente variable*.

Q. Petite vis sur l'aiguille de cette poignée servant à l'arrêter sur les points du cadran indiquant les degrés de détente.

V. Robinet *purgeur* du bas du cylindre. Un second est placé au haut du cylindre et sur le côté.

W. Tuyau purgeur de l'enveloppe du cylindre et de l'échappement de vapeur.

Le tuyau *d'échappement* de la vapeur est placé derrière et prend naissance au milieu de l'enveloppe du cylindre. Il se rend dans la cheminée, pour activer le tirage, après avoir traversé le *bac réchauffeur* de l'eau d'alimentation. On peut sans inconvénient faire passer le tuyau en dehors de la cheminée, et utiliser la vapeur d'échappement pour toute autre destination.

Pompe alimentaire portée par la colonne gauche du bâti. — 8. G. *Pompe alimentaire* en bronze.

G. Couvercle à vis permettant de visiter les clapets d'aspiration et de refoulement de la pompe. A demi-hauteur de la boîte des clapets se trouve un petit bouton dont la tige intérieure fait butoir au clapet d'aspiration. Ce bouton sert aussi à faire échapper l'air qui se loge parfois dans les chambres et forme matelas.

I. Robinet *régulateur d'aspiration,* communiquant avec le bac réchauffeur de l'eau d'alimentation placé derrière la chaudière.

J. Robinet *d'alimentation* mettant en communication la pompe avec la chaudière, et interceptant toute communication entre elles lorsqu'on veut visiter les clapets.

Régulateur à force centrifuge porté par la traverse ou entablement du bâti. — G. La pendule à boules du *régulateur,* à force centrifuge, se développe librement dans le cadre en fonte dans lequel son arbre vertical tourne sur ses deux pivots ; il reçoit directement le mouvement de l'arbre moteur par un engrenage hélicoïde.

N. Tige articulée avec le levier qui, obéissant à l'écartement plus ou moins grand des boules, règle le jeu de la valve en bronze, ou *papillon,* qui fonctionne dans le corps du robinet de la prise de vapeur F.

O. Douille à vis et à contre-écrou, réunissant les deux parties de la tige N, et servant à l'allonger ou à la raccourcir.

F. Robinet de prise de vapeur dans lequel le papillon règle la quantité de vapeur qui passe dans le tiroir de distribution et par conséquent la vitesse de la machine.

V

INDUSTRIES ALIMENTAIRES.

§ I. — Appareils de distillation.

Plusieurs motifs m'engagent à choisir parmi les appareils de distillation exposés au Champ de Mars, celui de M. Savalle.

Le premier c'est qu'il est sans contredit le plus parfait. Le second c'est que, adopté par la Prusse, il a, par sa seule application, relevé les trois-six prussiens très-peu estimés en France, enseignement qui ressort, pour nous, de l'examen des produits envoyés à l'Exposition universelle. Or le devoir d'un bon Français est de vulgariser dans son pays ses propres progrès, dont s'emparent ses voisins pour les tourner contre lui. Ajoutons enfin, en guise de corollaire à ces motifs, que l'appareil Savalle a obtenu la médaille d'or au grand concours international de 1867.

Comme la Prusse, la France, l'Angleterre et la Belgique doivent à M. Savalle les récompenses qu'ont obtenues leurs alcools, aussi consacrerons-nous une étude particulière à son remarquable appareil.

Le principe de la distillation est fondé sur la différence du point d'ébullition de l'alcool et des corps qui lui sont associés. Tandis que l'eau bout à cent degrés centigrades, l'alcool entre en ébullition à soixante-dix-huit degrés. En chauffant un mélange d'alcool et d'eau, du vin, par exemple, dès que la température approche de soixante-dix-huit degrés, les vapeurs alcooliques s'échappent en abondance, tandis que l'eau conserve son état liquide. Si les vapeurs d'alcool, ainsi dégagées, sont emprisonnées dans un vaisseau quelconque entouré d'un corps froid, elles se condensent et repassent à l'état liquide. Ce nouveau liquide représente l'alcool. Tous les appareils de distillation reposent sur ces faits, mais tous ne les appliquent pas avec le même avantage; qu'il provienne de la distillation du vin ou des jus sucrés, l'alcool n'est qu'un corps mélangé de substances diverses dont il importe de le débarrasser pour obtenir un alcool exempt de goût et d'odeur. Ces substances, en

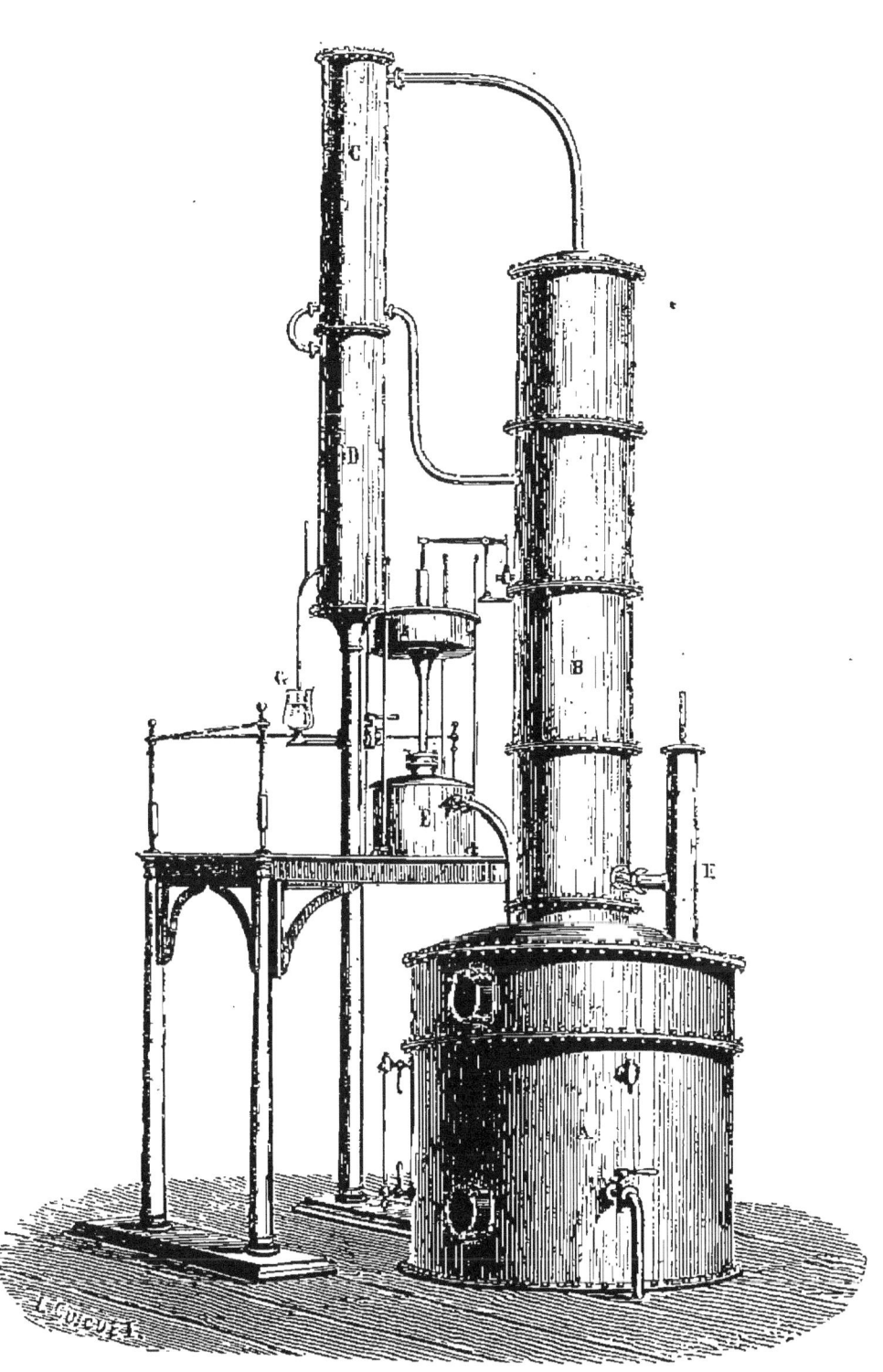

Appareil de distillation de M. Savalle. — Paris.

dissolution dans l'alcool, ont des points d'ébullition qui varient de vingt et un degrés pour l'aldéhyde, à cent trente degrés pour l'alcool amylique et les huiles essentielles ; d'autres ont un calorique spécifique intermédiaire ; mais, soumis ensemble à l'action du calorique dans un alambic, ainsi que cela se pratique pour les flegmes, les vapeurs des corps les plus facilement vaporisables, entraînent toujours une partie de ceux qui n'ont pas atteint leur dégré d'ébullition. Dans ce cas, le produit est infecté du goût et de l'odeur propres aux éthers, aux acides organiques et aux huiles essentielles. Pour remédier à ce grave inconvénient, on a imaginé de soumettre l'alcool brut à une épuration, à une espèce de raffinage connu sous le nom de rectification.

La rectification est une opération délicate, d'autant plus difficile que les alcools sont plus impurs. C'est de la réussite du raffinage, de la rectification, que dépend la bonne qualité de l'alcool. Tous les alcools, sans distinction d'origine, peuvent être amenés à l'état de finesse et de pureté absolues. Il n'y a pas d'alcool fatalement mauvais, il n'y a que de mauvaises rectifications.

Pour séparer l'alcool des corps étrangers qui lui communiquent du goût et de l'odeur, on a imaginé de soumettre les vapeurs, dégagées pendant la rectification, à des lavages multiples. Ces lavages s'opèrent sur les plateaux de la colonne dans des liquides alcooliques provenant de la condensation des vapeurs spiritueuses. En traversant les plateaux, les vapeurs rencontrent des obstacles qui les forcent à barboter dans le liquide, à s'y laver et à y abandonner les corps étrangers. Tandis que les matières étrangères sont en partie retenues dans le liquide laveur, l'alcool, plus volatil, se dégage et s'épure successivement de plateau en plateau ; les produits impurs sont ramenés dans la chaudière, d'où ils étaient sortis.

Tous les appareils de rectification agissent ainsi, ils sont basés sur le même principe. L'appareil Savalle ne se distingue des autres que par des combinaisons nouvelles plus appropriées à son but; à surface égale, il réalise cent fois plus de lavages que les appareils ordinaires, et le lavage se fait dans des conditions particulièrement favorables à l'élimination des corps infectants, puisque les vapeurs et les liquides laveurs, divisés à l'infini, sont en contact molécule à molécule. L'alcool est d'autant mieux épuré que son contact de lavage a été plus intime, plus fréquent, et que le bain laveur a été plus rapidement renouvelé par la grande quantité de produits alcooliques que le condenseur spécial y déverse sans cesse. La division infinitésimale de la vapeur dans les liquides laveurs, copieusement renouvelés par une puissante condensation, constitue le caractère essentiel et distinctif des appareils du système Savalle. Par des lavages continuellement renouvelés, molécule à molécule, cet appareil épure de grandes quantités de vapeur; il fait, dans l'unité de temps, cinq fois autant de travail que les appareils ordinaires; il est à leur égard ce qu'est la locomotive à grande vitesse aux anciennes diligences; c'est la rapidité réunie à la perfection, l'économie de temps et de dépenses ajoutée à la supériorité des produits.

Son résultat le plus direct, résultat dont la portée économique n'échappe à personne, c'est en enlevant d'une manière complète tous les goûts d'origine aux alcools de vin, de marc, de mélasse, de betterave, de pommes de terre, de grains et autres matières fermentescibles, d'approprier admirablement les alcools à tous les usages et de diminuer les prix onéreux, dans certains cas où le choix de la provenance est nécessaire.

Le rectificateur du système Savalle se compose : 1° d'une chaudière qui reçoit les flegmes à rectifier; 2° d'une colonne qui les épure, séparant l'alcool fin des mauvais produits, comme le crible sépare le bon blé des mauvaises graines; 3° d'un condenseur-analyseur tubulaire, d'une grande puissance sous un petit volume; 4° d'un réfrigérant qui ramène les vapeurs alcooliques à l'état liquide; 5° d'un récipient spécial pour la séparation et l'élimination des huiles essentielles et des produits mauvais goût; 6° d'un régulateur de vapeur et de pression.

La chaudière, chauffée à la vapeur, possède un organe intérieur qui commence à diviser les vapeurs et provoque leur analyse. Elle est pourvue de tous les instruments de précision et de sûreté nécessaires pour éviter les effets de la pression atmosphérique à laquelle les appareils ordinaires doivent quelquefois leur écrasement; des thermomètres habilement disposés, guident l'ouvrier chargé de la conduite de l'appareil.

La colonne se compose d'un grand nombre de plateaux superposés, de formes et de dimensions mathémathiquement calculées pour produire tout l'effet utile. Le passage des vapeurs alcooliques dans la colonne est multiplié à l'infini. On dirait une série de petites filières, au moyen desquelles les vapeurs se mettent en contact moléculaire avec les liquides qui descendent du condenseur. En traversant des milliers de fois le liquide de lavage, la vapeur alcoolique se sépare peu à peu des huiles essentielles et des corps infectants, que leur pesanteur spécifique entraîne dans le récipient spécial. Par ces lavages sans nombre, répétés sur chaque plateau, l'alcool s'épure rapidement. C'est là le secret de la force de ce système qui, à surface égale et dans le même temps, fait cinq fois autant de bon travail que les appareils des anciens systèmes.

Le condenseur-analyseur a aussi pour principe l'extrême division des deux forces antagonistes mises en jeu : la chaleur et le froid. Le calorique émis par les vapeurs alcooliques arrive en contact moléculaire avec l'eau froide chargée de l'absorber. En cédant rapidement sa chaleur, la vapeur se condense et l'alcool, en partie ramené à l'état liquide, rentre dans la colonne, tandis que la partie la plus volatile qui constitue l'alcool le plus pur, s'échappe du condenseur et se rend dans le réfrigérant. Là, l'extrême division de la vapeur à condenser et de l'eau de condensation saisit de toutes parts les vapeurs alcooliques et les ramène à l'état liquide, sous forme d'alcool, d'autant mieux épuré que les lavages ont été plus nombreux.

Pendant que l'alcool fin s'écoule du réfrigérant, les huiles essentielles et les corps denses, infects, évincés des plateaux, tombent dans le récipient spécial sans pouvoir se mêler de nouveau aux liquides de la chaudière.

Toutes les fonctions de l'appareil s'accomplissent avec une admirable précision ; grâce au secours d'un organe essentiel, le régulateur de vapeur. Le régulateur, c'est la boussole qui dirige l'appareil ; c'est lui qui transmet la chaleur et la pression, qui maintient l'équilibre des forces en activité dans la mesure exacte des besoins de l'opération. Sensible comme le levier de la balance, le régulateur obéit aux moindres efforts, et modère avec rapidité et sûrement tout écart qui pourrait se produire. Invariablement contenue dans les limites de température et de pression, la rectification se poursuit avec calme, sans soubresauts violents, et l'alcool s'écoule avec abondance, en un jet constant, régulier et au titre le plus élevé.

Le régulateur automatique de M. Savalle est une heureuse application des lois de la physique aux appareils de distillation. La force qui le fait agir, les résistances qu'il est chargé de vaincre, les résultats qu'il doit favoriser, tout est prévu, mathématiquement calculé conformément aux données de la science, et coordonné avec l'ensemble de l'appareil, de manière à produire la plus grande somme de travail avec la plus petite quantité de dépenses. On réalise ainsi de grandes économies de combustible, d'eau, de temps, de déchet, de coulage, d'évaporation, de main-d'œuvre et d'argent; la qualité du produit correspond à la bonté de l'appareil. S'il est impossible de dire jamais qu'on a trouvé le dernier terme du progrès, il est assurément permis d'affirmer que l'appareil Savalle est, au point de vue de la pureté des produits, de la rapidité et de l'économie du travail, l'expression la plus haute des perfectionnements introduits dans les appareils de distillation.

Aussi, je ne me suis pas contenté de donner à mes lecteurs sa description détaillée; mais j'ai appuyé cette description d'une gravure qui en facilitera l'intelligence.

Appareil pour les boissons gazeuzes, de MM. Hermann Lachapelle et Ch. Glover. — Paris.

§ II. — Appareils pour la fabrication des boissons gazeuses.

Il est peu d'industries qui aient produit plus de systèmes divers pour l'introduction de l'acide carbonique dans les boissons.

Ce ne sont point les systèmes ingénieux qui manquent, mais les systèmes pratiques. La pratique, tel est le *delenda Carthago* des constructeurs mécaniciens. C'est ce point de vue qui me guide sans cesse à travers mon examen analytique des objets exposés. Je donne la vue générale d'un appareil complet, fonctionnant à bras, pouvant fonctionner à la vapeur, pour la fabrication des boissons gazeuzes, conçu et exécuté par MM. Hermann-Lachapelle et Ch. Glover.

Cet appareil se compose d'un producteur en cuivre rouge glacé de plomb, avec un distributeur d'acide garni de platine, à côté est un épurateur où le gaz est lavé dans trois compartiments avant de se rendre dans le gazomètre, cet épurateur est surmonté d'un cylindre indicateur; après, se trouve le gazomètre à double suspension et en fer galvanisé.

Immédiatement à la suite, se trouve le bâti supportant le saturateur muni de sa roue. La sphère en bronze fondue d'une seule pièce est une véritable œuvre d'art; elle est glacée à l'intérieur d'une forte couche d'étain et essayée à trente atmosphères.

Les clapets et les billes des pompes sont en bronze.

L'absence de toute espèce de joints ou de boulons ou de soudures, rend les fuites ou les désordres impossibles. C'est dans la sphère garnie d'étain que le liquide fouetté par un agitateur à larges ailes absorbe l'acide carbonique et se rend ainsi dans les appareils de tirage à siphon et à bouteille, dont le robinet est à double effet et dont la pédale automatique agit sur le levier du siphon.

Il est facile de saisir au premier coup d'œil combien l'installation de cet appareil est simple et commode.

Ajoutons que la supériorité des appareils de MM. Hermann-Lachapelle et Ch. Glover a été consacrée en maintes circonstances dans les concours internationaux. Quoique cette description suffise à satisfaire les personnes initiées aux particularités de l'industrie des eaux gazeuses, il me semble nécessaire de joindre une courte appréciation des résultats produits par l'appareil dont je m'occupe, tant au point de vue de ses qualités scientifiques, qu'au point de vue de ses qualités économiques.

Deux systèmes sont en présence dans la construction industrielle des producteurs d'acide carbonique, pour son introduction dans les boissons : le système intermittent dit à compression chimique et le système continu dit à compression mécanique.

Ces seuls mots suffisent déjà à établir la supériorité du second système, qui est celui adopté et perfectionné par MM. Hermann-Lachapelle et Ch. Glover.

En effet, la compression chimique agit automatiquement par la seule force de l'expansion du gaz; n'est-ce pas assez dire que son fonctionnement est soumis à tous les caprices des réactions chimiques, c'est-à-dire aux dégagements exubérants et imprévus capables de faire sauter l'appareil, ce qui arrive trop souvent, ou aux dégagements irréguliers cessant à l'improviste, ce qui arrive non moins souvent, et ce qui ralentit le travail.

Or, le travail ralenti, c'est du temps dépensé, et par conséquent de l'argent perdu, que l'on ne rattrape pas si l'on n'augmente les prix de vente.

Dans la compression mécanique, au contraire, le gaz, au sortir du lavage, s'emmagasine, et sa sortie réglée mécaniquement avec l'entrée de l'eau qu'il doit saturer, assure un fonctionnement régulier, continu et sans danger : car toute cloche de gaz suppose un gazomètre, et le moyen de contrôler la pression existante.

Ce système perfectionné par les constructeurs qui nous occupent, permet d'obtenir à un et trois centimes, la même quantité d'eau gazeuse, que

MM. Payen et Rouget de Lisle ont évaluée à dix centimes avec les autres systèmes existants.

Les chiffres ont toujours une éloquence écrasante : donnons des chiffres.

Le prix du siphon obtenu par voie de compression chimique est de huit à douze centimes, et l'eau est saturée d'un gaz impur.

Avec les systèmes courants à compression mécanique, le siphon revient de cinq à huit centimes, mais le gaz est plus pur.

Enfin, avec le système perfectionné de MM. Hermann-Lachapelle et Ch. Glover, le prix est de un à trois centimes, le siphon, et le gaz est d'une pureté parfaite.

Ce sont là de précieux avantages, et ils ne sont pas d'un minime intérêt pour la santé et l'hygiène publique.

Fidèle à notre programme de vulgarisation nous sommes assuré de rendre service à nos lecteurs, en leur signalant ces améliorations, qui touchent aussi bien à la bourse qu'à la santé du consommateur.

§ III. — *Le Dictionnaire des Pêches*[1].

Le ministère de la marine a pris part lui aussi à l'Exposition universelle, et au rebours des autres

---

1. Ch. Delagrave et Cie, éditeurs, 78, rue des Écoles.

LE DICTIONNAIRE DES PÊCHES. — Étude des poissons.

expositions, que j'ai étudiées, ce n'est pas à l'exposant lui-même que s'adresseront mes éloges, mais au collaborateur de talent à qui il doit d'avoir montré aux yeux du public une œuvre colossale, exécutée dans ses moindres détails aussi bien avec une science profonde de la part de l'auteur du texte, M. de la Blanchère, qu'avec un talent admirable de la part de l'auteur des gravures coloriées, éclairant ce texte, et qui est M. Mesnel.

A l'Exposition, la pêche a été placée dans la classe quarante-neuf, et ses produits dans la classe soixante-quatorze. Le nombre des exposants était fort restreint, et si l'on excepte les aquariums, soit de mer, soit d'eau douce, qui n'ont donné qu'une faible idée des attrayantes curiosités que recèlent le monde aquatique, le reste n'offrait que très-peu d'enseignement sur le sujet qui nous occupe.

Combler cette lacune, voilà mon but.

L'ouvrage de M. de la Blanchère tel qu'il a été admis au Champ de Mars, comporte de magnifiques planches gravées ou coloriées, d'un grand format, où les poissons sont reproduits d'après des photographies prises sur nature.

Au compte rendu sommaire qui va suivre, je joins une des gravures dont je viens de parler, laquelle donnera une idée de la précision et de la fidélité qu'on a apportée à l'exécution de cette importante partie du *Dictionnaire général des pêches*.

L'industrie de la pêche qui occupe un nombre d'hommes très-considérable, à laquelle se rattachent des questions économiques du plus haut intérêt à côté des questions techniques qu'elle soulève, appelait évidemment un ouvrage sérieux comme celui que nous avons sous les yeux.

Il ne faut pas oublier, en effet, que la pêche est une source féconde d'alimentation, et qu'on ne saurait, à ce titre, trop lui prodiguer les encouragements.

Or, M. de la Blanchère a étudié, avec une incontestable autorité, les tentatives de repeuplement des eaux par l'établissement de frayères, ou par les procédés de fécondations artificielles; la multiplication des moyens de rendre plus accessibles aux poissons anadromes, et particulièrement aux saumons, les rivières dont ils ne pouvaient, sans le secours des échelles, franchir les embouchures; et enfin les récents efforts du gouvernement pour favoriser les pêches et leur rendre leur ancienne splendeur.

Abordant ensuite la partie technique, l'auteur consigne dans son ouvrage tout ce que la science moderne a réuni de documents nouveaux. Les hommes les plus versés dans l'art de la pêche trouveront encore à s'instruire en étudiant le Dictionnaire général de M. de la Blanchère.

Les novices, ceux qui ne sont pas familiers avec les nombreux engins dont se servent les pêcheurs, trouveront dans ce dictionnaire les renseignements les plus précis, les plus exacts et les plus complets. Tout a été étudié depuis l'épuisette ou l'échiquier qui sont les appareils les plus simples, jusqu'aux madragues qui sont les plus compliqués et les plus savamment disposés.

La pêche à la ligne n'y a pas été oubliée et révèle un pêcheur consommé dans son art. A côté de cela se déroule l'histoire de la manière dont le poisson de mer ou d'eau douce se jette sur l'appât; ceci fait l'objet d'un article ayant pour titre : l'attaque des poissons.

L'auteur nous y apprend quelles sont les ruses innombrables de cette intéressante classe d'animaux, comment il faut les déjouer, et, cela, avec un style, un entrain et un luxe de descriptions pittoresques pleines d'intérêt.

Quoique cet ouvrage porte le titre de *Dictionnaire*, ce qui, en lui donnant un caractère encyclopédique, semblerait annoncer une certaine aridité de style, commune aux ouvrages de ce genre, l'auteur a su très-habilement rompre avec les traditions, et exprimer dans un langage imagé et clair à la fois, tout ce que la science a d'exact et tout ce que l'art a de raffiné.

A ces études attrayantes sont venus se joindre les renseignements utiles, tels que le calendrier des pêches, c'est-à-dire l'indication des époques où l'on peut avantageusement entrer en lutte avec les poissons; l'aspect des eaux, c'est-à-dire la manière de juger leur profondeur, leur courant et leur population. Arrivent ensuite l'étude des lois sur la pêche, puis les détails d'ichthyologie où se trouvent condensées les études les plus remarquables sur la structure, l'anatomie et la physiologie des poissons. En résumé, l'Exposition universelle ne nous aura rien révélé de plus complet, de mieux conçu et de mieux exécuté.

VI

LA CHIMIE APPLIQUÉE AUX ARTS.

§ I. La silicatisation.

Plus nous avançons dans les siècles, plus nous sommes désireux de perpétuer à nos yeux le spectacle instructif des antiques chefs-d'œuvre d'architecture, que le temps, cet ennemi de toute gloire, semble prendre plaisir à ronger à belles dents.

Le sort de tant de monuments merveilleux nous fait aussi songer, par un sentiment d'égoïsme bien naturel, à reculer indéfiniment pour nos propres œuvres, l'heure des lézardes, ces rides de nos palais, que suit de près l'heure de l'écroulement.

Tel est le but que s'est proposé le perfectionneur de la silicatisation dont je vais m'occuper ici.

Les anciens Égyptiens, ces bâtisseurs de pyramides de granit, étaient animés de ce sentiment de perpétuité, qui, par une ironie de la nature, est la passion dominante de notre machine humaine si éphémère.

Mais le granit ne se trouve pas partout; et puis peut-on le plier à nos exigences modernes? Il était réservé à notre époque d'enchérir sur tout ce que nos pères avaient inventé.

L'embaumement des humains est aujourd'hui une science parfaite, et l'on conserve intacts après leur mort bon nombre de citoyens, ce qui, à vrai dire, ne me paraît pas d'une utilité incontestable; voici maintenant un savant qui conserve et éternise l'aspect de nos monuments modernes.

Cet embaumeur de pierres est M. Léon Dalemagne.

C'est en effet lui qui, le premier, appliqua, en les perfectionnant, les découvertes de Fuchs, savant chimiste de Munich, touchant la préparation des silicates de soude et de potasse qui sont la base de la silicatisation.

La pierre de taille et les diverses matières calcaires qui servent à exécuter nos œuvres d'art, sont, comme toutes choses terrestres, destinées à se décomposer.

Au milieu des richesses de la nature qu'elle nous

révèle, la chimie nous a expliqué la cause de la résistance de certaines pierres au pouvoir débilitant de l'air s'exerçant pendant des siècles sur les monuments. Donner à toute matière molle, plastique ou accessible au ciseau de nos sculpteurs, la dureté du silex, tel est le rôle de la silicatisation.

On a d'abord opéré par badigeonnage, c'est-à-dire à la manière des peintres; ce procédé était absolument contraire à l'essence même de la silicatisation, qui ne peut être sérieuse qu'à condition, non pas de modifier la surface des pierres, mais de pénétrer leur contexture et de les imbiber, molécule par molécule, de la solution conservatrice. Ce qui revient à dire qu'il s'agit, non de peindre, mais d'introduire dans la pierre l'élément qui lui fait défaut pour posséder les propriétés durables du silex.

C'est ce qu'a fait M. Léon Dalemagne. Aussi, ce qui sera plus concluant que toutes les théories chimiques, je dois constater que les résultats très-nombreux obtenus notamment à Notre-Dame de Paris, sous le contrôle d'un homme éminent et expert en matière de construction, M. Viollet-le-Duc, fournissent pour M. Léon Dalemagne les témoignages les plus irrécusables.

Citerai-je aussi les palais du Louvre, de Versailles, du Luxembourg, de Fontainebleau et autres, car j'ai sous les yeux un volume de noms que je ne puis consigner ici.

Je signale spécialement la silicatisation aux villes maritimes, qui, plus que toutes les autres, sont exposées aux actions corrosives des airs salins. Elle leur rendra d'immenses services.

J'ajoute que la silicatisation n'altère en rien l'aspect des édifices, n'entrave aucunement la dessiccation des monuments récemment bâtis, qu'en un mot elle n'est nullement un fard, mais une liqueur de vie qui pénètre la pierre.

En terminant, je ne dois pas omettre de féliciter M. Dalemagne sur ses travaux sérieux, et j'affirme que, grâce à eux, il n'aura pas seulement éternisé la pierre, mais aussi son nom.

§ II. — L'autographie vulgarisée.

En ce temps de déclaration, de dépôt, d'autorisation pour imprimer un journal comme pour imprimer une circulaire, il est merveilleux de trouver un fabricant qui ait su éluder la difficulté et supprimer les inconvénients que l'on attache à la profession d'imprimeur.

L'Exposition universelle nous a montré un petit appareil pour lequel il n'est besoin que d'un achat, et au moyen duquel il est facile à chacun de reproduire sa pensée, fût-ce à trente mille exemplaires.

Mais que l'on se tranquillise; telle n'est pas l'ambition de l'expéditif Ragueneau, c'est le nom de son inventeur.

Pour tirer à trente mille exemplaires, il faudrait

une machine, et M. Ragueneau ne nous fournit qu'un râteau, manœuvré à la main, ce qui, du même coup, simplifie l'usage de l'appareil et rassure les exécuteurs des lois, car son intérêt répond de la modération du possesseur de l'expéditif.

Avec cet expéditif, on peut facilement, en une heure, tirer cent vingt exemplaires d'une lettre ou d'un prospectus.

Tout se résume à ceci : écrire sur du papier autographique avec de l'encre autographique ; poser cette feuille sur la plaque de métal ; presser, en rabattant un carton sur cette feuille; la retirer en la mouillant, ce qui laisse sur la planche l'écriture parfaitement adhérente.

Cette opération ne se fait qu'une fois.

Il ne s'agit plus ensuite que d'humecter la planche, d'y passer un rouleau chargé de noir, et d'y poser une feuille blanche, pour la retirer après deux pressions légères, parfaitement remplie de l'écriture qu'on avait décalquée préalablement comme je l'ai indiqué.

Un coup de rouleau et une nouvelle pression, telle est l'opération à laquelle se réduit la reproduction de chaque exemplaire que l'on veut obtenir.

Lorsque Senefelder inventa l'autographie, c'est-à-dire l'art de déposer des traits gras sur une surface plane, et de ne rendre sensible au noir du rouleau que la partie de la plaque où existent les traits gras, il ne prévoyait pas, sans doute, qu'un jour on enfermerait dans une boîte portative, facile à introduire dans une malle, tout un appareil à autographier.

C'est ce qu'a réalisé M. Ragueneau.

Ajoutons que pour les autres procédés, l'achat d'une presse nécessite de fortes dépenses et des autorisations préalables, tandis qu'ici avec soixante ou cent francs on est quitte de tout embarras.

C'est bien donc, comme je l'ai dit en commençant, l'autographie vulgarisée, c'est-à-dire, un soulagement immense apporté au travail si ingrat de la copie, contre lequel, pour peu qu'on ait été obligé de s'y soumettre, même pour soi, il est impossible qu'on n'ait pas un peu maugréé.

§ III. — Photographie.

J'ai annoncé, dans ma lettre sur le département des Bouches-du-Rhône, quelques innovations très-ingénieuses dues à M. Geymet, natif de Mouriès, ainsi qu'à son collaborateur et associé, M. Alker, tous deux établis à Paris.

En effet, si dans la galerie consacrée à la photographie on découvre de fort belles épreuves, et même des gravures héliographiques très-réussies, c'est surtout dans la vitrine de MM. Geymet et Alker que les nouveautés les plus inattendues se font remarquer.

Il y a d'abord un procédé qui permet d'introduire l'usage de la photographie dans l'exécution de ces enluminures, à applications d'or et d'argent, qui font la beauté de nos anciens missels et de nos livres du moyen âge. Rien ne peut rendre l'harmonieux effet produit par ces photographies d'un nouveau genre. Tantôt une statue se détache en sépia foncée sur un fond d'or, d'argent, d'azur ou de pourpre; tantôt c'est un bronze qui se détache de la photographie avec toutes les teintes et nuances d'un bronze naturel; tantôt, enfin, les nuances sont réparties dans le dessin lui-même et marquent les chairs, les draperies et les fonds.

Il est impossible de prévoir où s'arrêteront les ressources de ce procédé, dont la perfection est telle qu'il peut à lui seul servir de base à une industrie.

M. Geymet n'est pas seulement habile photographe, il est aussi un remarquable électricien. Sa vitrine renferme un appareil électrique dont le but est de remplacer la main de l'homme et sa présence, pour fermer l'obturateur de l'appareil en train de fonctionner; voici comment:

Chacun sait que le temps de pose varie selon l'intensité de la lumière, et que l'intelligence de l'opérateur est seule apte à l'apprécier. Nonobstant, MM. Geymet et Alker se servent de l'électricité pour régler le temps de pose, et ce temps écoulé, fermer l'obturateur au moment opportun où l'action de la lumière a été complète.

Une aiguille folle que l'on place dans une direction correspondante au temps de pose nécessité par l'intensité de la lumière, une fois mise à la place qu'elle doit occuper pendant une certaine période de la journée, on n'a qu'à tourner un bouton, et au même instant l'objectif se découvre, un pendule se met en mouvement, l'impression s'effectue, l'objectif se referme, et enfin une sonnerie vient, à son tour, avertir l'opérateur que la pose est terminée.

Cet appareil est fait en vue des expériences exactes sur la sensibilité des produits photographiques et des divers mélanges. Il est également très-avantageux — et c'est là un point très-important, — pour les reproductions qui demandent souvent un temps de pose prolongé, ainsi que pour les observations météorologiques dans lesquelles la pose est encore longue.

Je veux signaler en terminant, outre des photographies transparentes sur verre, et divers autres spécimens remarquables de photographie, une jumelle en apparence exactement semblable à celle dont on se sert dans les salles de spectacle ; seulement, si avec la jumelle de MM. Geymet et Alker on lorgne un paysage, on apercevra d'un côté ce paysage renversé, tel qu'il a coutume de se peindre sur la plaque dépolie d'un objectif ordinaire, tandis que de l'autre côté, où l'œil ne peut pénétrer, ce même paysage se fixera sur une plaque photographique de petite dimension qu'on y a préalablement introduite.

Avec ce petit appareil, qui ne pèse pas, accessoires compris, plus d'un kilogramme et quart, on peut chercher de l'œil un point de vue quelconque, et instantanément, à l'aide d'un mouvement du petit doigt, permettre à la lumière d'exécuter l'opération mystérieuse de la reproduction : c'est, en quelque sorte, la sténographie du regard.

FIN.

CONCLUSION.

LA CLOTURE DU 5 JANVIER 1868.

De même que j'ai commencé ce volume par les récompenses, de même il était écrit que par elles je le finirais.

L'intrigue nouée le 1ᵉʳ juillet a eu son épilogue le 5 janvier. C'est, en effet, ce jour que l'Empereur a distribué solennellement les récompenses des groupes huit et neuf, et des classes cinquante-deux et quatre-vingt-quinze.

A mots couverts, avec les circonlocutions d'usage, le Ministre a indiqué dans son discours que non-seulement cette répartition nouvelle était le complément prévu de celle du 1ᵉʳ juillet, mais encore qu'elle contenait *d'autres mérites d'un caractère particulier*. Aussi a-t-elle été longue, et en bien la scrutant, on y découvre des distinctions que l'on pourrait faire remonter à d'autres groupes déjà récompensés[1].

Le grand prix de l'agriculture a été décerné à

---

1. Parmi les décorations, nous remarquons celle de M. Hortolès, à Montpellier; parmi les médailles d'or, celle de M. Bertrand des Balances, à Montpellier; et parmi les médailles d'argent, celle de M. Sicard, à Marseille.

la France, et le grand prix de l'horticulture à la Belgique.

Ajoutons que le peuple français tout entier a reçu aussi de la bouche de l'Empereur sa récompense dans les paroles suivantes, qui sont un présage de paix :

« J'espère que ces encouragements porteront leurs fruits, que l'agriculture et l'industrie continueront leur marche ascendante, que ceux qui travaillent à féconder la terre et à transformer la matière verront leur sort s'améliorer, et que la France, enrichie par leurs efforts, sera toujours au premier rang dans les voies du progrès et de la civilisation. »

Allons, tout est bien — tout est mieux, hors un point, celui-ci : l'espoir, assurément louable, de notre souverain trouvera-t-il, cette année, une réalisation plus catégorique que par le passé ?

Ces encouragements porteront-ils leurs fruits? L'agriculture et l'industrie continueront-elles leur marche ascendante, malgré la nouvelle loi militaire qu'on leur a imposée? Et *la France, enrichie par leurs efforts*, compensera-t-elle les charges du budget de la guerre par ses sueurs et ses travaux, pour être *au premier rang dans les voies du progrès et de la civilisation?* Il faut le désirer avec l'Empereur; de pareils vœux trouvent un écho sincère dans tous les cœurs français. Mais, ô paroles harmonieuses, paroles dorées et charmantes, ne soyez pas de simples paroles et empruntez au pouvoir exécutif qui vous prononce un peu de cette exécution prompte et positive qui caractérise la confection des lois militaires.

L'Exposition universelle s'est élevée au bruit du canon de Sadowa; puisse-t-elle ne pas mêler le bruit de ses démolitions au fracas des Chassepots et des Dreyses!

L'Exposition universelle a solennellement posé, à la barre de l'opinion publique, ses conclusions contre les réglementations économiques maladroites, les idées étroites et le despotisme; qu'avec le dernier pilier de ses galeries, ne s'écroule pas aussi son échafaudage logique de civilisation, et, surtout, qu'avec le dernier morceau de fer de ce temple de paix, on ne forge pas le premier morceau de fer de la guerre!

Pendant sept mois, le Champ de Mars s'est fait Champ de Minerve; pendant sept mois, il a été la *trêve de Dieu* de l'Europe; tous les souverains y sont venus serrer la main au travail : toutes les haines s'étaient assoupies, tous les tonnerres suspendus!

Et maintenant qu'elle n'est plus, voici les crises : la crise industrielle, la crise commerciale, la crise politique.

Crevez donc, orages! nous soutiendrons le choc; mais, pour Dieu, plus d'incertitude!

TABLE ANALYTIQUE.

Acclimatation du coton, 57.
Agriculture, 99.
Ailhaud, conseiller municipal, 90.
Aix, 211.
Alcools, 373.
Angleterre, 108.
Arles, 216.
Armand, président de la chambre de commerce de Marseille, 193.
Arts industriels, 326; — mécaniques, 347.

Beaux-arts : Leur situation à Marseille, 19, 25.
Bédarieux, 261.
Belgique : Importation de bougies, 68, 69; — sa supériorité, 103, 108; — rivale de la France, 117; — ses industries, 304; — ses libertés économiques, 313.
Berryer, 177, 196.
Bière, 180.
Bon marché, 201, 230, 260.

Caselli (Télégraphe), 118.
Centralisation, 78, 119.
Céréales, 174.
Châles, 226.
Chemins vicinaux, 99.
Cheveux, 227.
Chevreul, chimiste, 66.
Classement, 15, 107, 108, 129.
Constructions navales, 130 ; — progrès effectués, 133; — militaires, 144; — commerciales, 147.
Cotons anglais et américains, 58.
Dauriac, 193.

Décentralisation, 34, 40.
Délégations ouvrières, 42.
Déplacement des usines, 51, 76.
Dupuy de Lôme, 145.

Échange, 35, 76.
Économie domestique, 267, 342.
Économie politique, 185.
Engins de guerre, 132, 217.
Engrais, 323.
Entrées : Discussion au Corps législatif, 9 ; — leur produit, 11.
Épargne, 143.
Exposants : Leur nombre à Marseille, 15; — Bouches-du-Rhône, 210; — à Nîmes, 220; — Gard, 232; — Hérault, 240; — Vaucluse, 270; — Var et Alpes-Maritimes, 285, 286.
Exposition : Son caractère, 93; — son but, 241 à 243.

Falsifications, 81, 86, 259.
Filtres, 123.
Fonte anglaise et franç^{se}, 45, 46.
Fromages, 298.

Gravures : 78, 144, 160, 170, 322, 328, 336, 340, 341, 352, 355, 356, 360, 392, 363, 364, 365, 368, 376, 382, 386.

Houille, 45 ; — composition des lignites, 47; — leur prix, 48, 74, 234, 247; — sa découverte, 310.
Hugues. Télégraphie, 118.
Huiles, 60, 65; — Machines, 104.
Hygiène : Travaux d'assainissement de la Seyne, 138.

TABLE ANALYTIQUE. 401

Imitations de vins, 258.
Impôts, 54, 254.
Institutions économiques et philanthropiques, 140 à 143, 318.
Instruction primaire, 142, 185 à 188, 193, 195, 237, 260 ; — professionnelle, 189, 300.

Jésuites, 282.
Jurys, 4, 6, 7, 93, 169, 199, 258.

Langue provençale, 195.
Laurent Déonna, 137.
Leblanc, 80.
Lecointre, 138.
Liebig, 79, 178.
Lodève, 261.
Logements à bon marché, 206, 315.
Loi militaire, 183, 398.
Loubon, 20.
Luxe, 55.
Merson, 244, 245.
Mirès, 207.

Ollagnier, 217.
Oudiné, graveur, 25.
Outils agricoles, 280.

Papier, 274.
Presse hydraulique, 103.

Récompenses : La cérémonie, 2. — Discours de l'Empereur, 3. — Leurs effets, 5 ; — protestation, 6 ; — blocus industriel, 8 ; — leur nombre à Marseille, 13 ; — à propos des produits chimiques, 69 ; — des constructions navales, 130 ; — leur signification, 208 ; — diverses, 113, 200, 202, 209, 219, 231, 238, 397.

Reybaud (Louis), littérature, 79.
Rogier, homme d'État belge, 319.
Roubaix, 261 ; — sa situation, 262 à 266.

Salaires, 75, 109, 266, 317, 321.
Saturateur des parfums, 293.
Savonnerie, 79 ; — sa situation, 80 ; — fraudes, 81, 86 ; — drawback, 83 ; — exportation et importation, 84 ; — opinion du conseil municipal de Marseille, 90.
Say, 35.
Self-Governement, 54.
Semoule 176.
Sirven (Alfred), écrivain, 261, 326.
Soies, 223 à 225, 228, 248, 277.
Statistique, 210, 220, 231, 240, 252, 253, 270, 271, 285 à 287, 314.
Stéarine : Sa découverte, 66.
Surchauffeur, 153.

Talabot, 115, 118.
Tanneries, 91.
Tarifs de chemins de fer, 65.
Taxes d'octroi, 49 ; — opinion de M. Rouher, 52 ; — de Napoléon Ier, 52 ; — Sully et Henri IV, 53 ; — diverses, 177, 201, 234, 254, 307.
Tissus, 222, 273.
Traités de commerce de 1860, 72, 92.
Transmission circulaire, 102.

Verlaque, 138.
Vins, 237, 281.
Vitraux, 275 à 277.

RÉPERTOIRE DES EXPOSANTS.

Abaurit et Vincent....... 235
Alexis................... 279
Almairac 251
Amic.................... 296
André................... 229
Arnavon................. 87
Arnaud-Gaidan 222
Arnoux et Fournon...... 283
Arts et Métiers (Aix)..... 215
Aubert 213

Baculard 237
Baisselance 289
Barral (Georges)......... 257
Barral (Louis)........... 256
Barrois.................. 233
Bandassé-Cazotte 246
Beau.................... 235
Beaume (Joseph)........ 20
Beaux - Mabistre, Rousset
  et Estanove........... 278
Bègue................... 160
Belladina................ 41
Bellon Balme 89
Bénezech................ 257
Berger-Cadet............ 280
Bergeron 229
Bermont................. 294
Bernard-Hœn 222
Bernier (Paris)......... 347
Berton 281
Bertrand des Balances... 257
Blanc et Rochas......... 278
Boccardo 298
Boisselot................ 30
Bon de Chabran......... 278
Bonat-Lamoureux........ 230
Bonfils.................. 281
Bonnegrace.............. 288
Bonnet.................. 280
Bonniol................. 179
Bordone................. 214

Bouchet................. 257
Boudet.................. 234
Boudon................. 233
Boulenger (Auneuil)..... 344
Boyer................... 257
Brémond................ 283
Brès, Fabre, Rouverol.... 234
Brest (Fabius)........... 21
Brunel ét Cie........... 226
Brunet 173-176-177-203

Cabanel 241
Cadel................... 226
Caisergne............... 251
Cambon (Beaucaire...... 236
Cambon (Montpellier)... 251
Cappeau................ 237
Carénore et Bonifas..... 235
Carvin.................. 122
Causse.................. 237
Caussemille............. 33
Cauvet............. 43-203
Cavalier 246
Cazalis......... 241-249-257
Cazalis-Foudoux........ 250
Chabert et Cie.......... 168
Chabert (Draguignan).... 299
Challier-Guérin......... 257
Chambon............... 234
Chameski............... 237
Champsaur......... 128-129
Chancel 27-273
Charbonnage des Bouches-
  du-Rhône.............. 213
Chardounaud et Ducros
  Odrat.................. 229
Châteauneuf............ 257
Chrétien................ 257
Chiris.................. 293
Clausel................. 236
Comité agricole de l'Hé-
  rault 258

Comité du département du Var............ 303
Compagnie de Gressesac. 247
Compagnie des forges et chantiers... 130 à 153. 170
Compagnie des mines de charbon des Alpes..... 47
Compagnie des mines de Servas................ 235
Constantin............. 279
Coq................... 212
Cordouan.............. 287
Corneille et Fabre....... 294
Corradi............... 157-158
Coste................. 123-125
Coupin................ 212
Crespe................ 279

Dalemagne (Paris)....... 388
Dalmas................ 123
Daniel................ 69
Dardenne.............. 257
Daumezon............. 222
Delafond et Corradi. 153 à 156
Dellard............... 257
Dreher............... 181-182
Ducros et Robert....... 226
Dufresne.............. 290
Dumas................ 227
Dumas et Martin....... 223
Dumont et Massip...... 230
Duron (Paris).......... 333
Dussart............... 126-128

École chrétienne (Alais).. 237
École chrétienne (Béziers). 260
École chrétienne (Marseille)................ 193
École maritime (Toulon). 300
École des mousses (Marseille)............ 189-190
Espirat................ 125-126
Estrangin de Roberty. 60-89

Fabisch............... 211
Fabre................. 279
Fabre et Marie......... 173
Falconis.............. 273
Fau................... 261
Faucon................ 213
Faulquier............. 248

Féline................ 236
Fesquet............... 212
Flaissier.............. 222
Fontaine.............. 29
Forges et chantiers de la Méditerranée, 130 à 153-170
Formis................ 249
Fouque............... 295
Four (maison Roche).... 37
Fournier.............. 67
Fournier et Vallot....... 261
Fraissinet et Cⁱᵉ.. 110-160 à 167
Franquebalme.......... 278
Fremier............... 95

Galinier............... 36
Galliena et Cera........ 289
Garnier-Lombard........ 225
Gat................... 278
Gayet et Gourjon...... 71-77
Germain fils........... 227
Geymet et Alker (Paris) 216-393
Gibelin............... 233
Givan et F. de Diesbach 170-297
Giraud (à Aniane)....... 249
Giraud (à Toulon)....... 299
Glaize................ 245
Gouin (E.)............. 115
Granel................ 257
Gras.................. 246
Gravier............... 222
Gros et Maury......... 250
Guerdon.............. 195
Guérin-Laget et Cabanis. 225
Guibal................ 257
Guilbert Danelle........ 275
Guirard............... 230
Guiraud, président de la Chambre de Commerce. 230

Haas.................. 212
Hermann-Lachapelle et Ch. Glover (Paris).. 365-381
Hessé......... 103 à 107-108
Hortolès.............. 247
Houchard............. 213
Hugues............... 293
Huot.................. 211

Imer.................. 272
Isnard Maubert........ 294

Jalabert, peintre 221
Jourdan (Aix) 214
Jourdan, peintre (Nîmes). 221
Jourdan-Brive 38-178-179
Jullien 96

Kœster 257

La Blanchère (de). Paris. 384
Lacrouzette et Bellonet... 257
Laforce 284
La Grand'Combe (mines de) 236
Landré-Gras 90
Lanet 247
Laromède (de) 265
Lassarige 278
Latil 295
Laurel 257
Laurens, peintre 273
Laurent (à Gange) 246
Lautier 294
Ledoux 236
Lefebvre 299
Leignadier 257
Lepaute (Henri) 249
L'Espinasse (de) 237
Lespine (Marquis de) 279
Lichère 237
Lion 63
Lombard 289

Marès 253-257
Maria 61
Martelli-Escoffier 294
Martin et Cie 233
Marijeols 230
Massonaud 257
Mathieu (Paris) 246
Maybon 120
Maifredy 215 217
Mayrargues 295-297
Meissonnier 274
Melchion et Chappaz 204
Mélissy (Comte de) 281
Merle 235
Méro et Boyveau 293
Mey 213
Meynard 278-280
Michel (D.) 49-120
Milliau (fils) 89

Milliau (jeune) 88
Mines d'Aups 295
Mines de schiste de Fréjus. 296
Miquel 246
Monestier 278
Monteynard (de) 237
Mora 222
Mousset (Paris) 339
Muraour et Raynaud 294
Musso 299

Nayral 257
Nègre 289
Nègre Fielder 223
Ninck 289
Nourigat 247

Pallier 225
Pascal 295
Perin, mécanicien (Paris). 360
Pernod 279
Perre 280
Perret et Olivier 272-279
Petri 230
Peyrne 296
Pille 237
Piver (Paris) 293
Poitevin 213
Ponson (Raphaël) 22
Pourcin 212
Poujol 251
Prade-Foule 226
Prévost 248
Puech 261

Ragueneau (Paris) 391
Rancé 294
Ranque 89
Raynaud 257
Redon 274
Régis 59
Regnault (François) 24
Renard et Boude 72
Revoil 212
Richier 281
Rieux 279
Rimbaud 296-299
Riondé 299
Roman (Arles) 216
Roman (Gard) 226
Roques 249

RÉPERTOIRE DES EXPOSANTS.

Roullier............ 300-301
Roulet et Chaponnière... 86
Rouquayrol et Denayrouse. 172
Rousseau............... 281
Rouvière-Cabane..... 222-229
Roux (Charles).......... 88
Roux (à Sorgues)........ 278
Roux (F.).............. 297
Rouverive (de).......... 229
Ruas................... 234

Sabattier.............. 257
Sagnier............ 249-250
Sagnier-Teulon.......... 226
Sahut.................. 247
Salette................ 159
Sanguinède............. 248
Santi................... 31
Saunier................ 274
Saurel................. 226
Sautel................. 281
Sauvan................. 297
Sauvrezy (Paris)........ 326
Savalle (Paris)...... 259-373
Sehet.................. 250
Seméria................ 294
Sennequier............. 295
Serres-Monteil (Baron de). 281
Sicard................. 56
Simmler................ 171
Sipierre............... 257
Société agricole et horti-
   cole de Grasse........ 295
Société d'agriculture de
   Montpellier........... 248
Société anonyme de l'éclai-
   rage au gaz de Marseille 44

Tavernier.............. 233
Teisserenc-Visset....... 261
Teissier............... 227
Teissier-Ducros......... 234
Theron................. 249
Thibaud................ 248
Tombarelli Escoffier.... 294
Tournemine............. 288
Trotalas............... 299
Truphème............... 211

Vallagnosc............. 39
Velten...99 à 101, 180, 181-182
Vernet................. 234
Vernière............... 248
Viala.................. 257
Vidal............... 214-221
Villarel............... 261
Villaret (Mme).......... 230
Villazel............... 295
Vincent................ 257

Wallery................ 30
Warchter............... 257
Warrick................ 294
Winberg et Edwerd...... 257

TABLE DES MATIÈRES.

	Pages.
Préambule indispensable a lire.	I
LETTRE I. Critiques générales	1
I. Les récompenses	1
II. Les entrées	8
LETTRE II. Le département des Bouches-du-Rhône	13
I. Marseille, Récompenses:	13
Groupe I. Les œuvres d'art	19
II. Matériel et application des arts libéraux	26
III. Meubles et autres objets destinés à l'habitation	33
IV. Vêtements et objets portés par la personne	38
V. Produits bruts et ouvrés des industries extractives.	42
Classes 40-43	42, 56
Classe 44. Produits chimiques et pharmaceutiques	65
Classes 45-46	91
Groupe VI. Instruments et procédés des arts usuels	98
Classes 47-54	98, 99, 101, 103, 107
Classe 55-65	109, 112, 115, 118, 119
Classe 66. Matériel de la navigation et du sauvetage.	130
Classe 66 *bis*. Navigation de plaisance	169
Groupe VII. Les aliments	172
Classe 67. Céréales et autres produits farineux, etc.	172
Classes 68-73	177, 178, 179
Groupes VIII et IX. Produits vivants et spécimens de l'agriculture et de l'horticulture	183
Classes 74-88	183
Groupe X. Objets spécialement exposés en vue d'améliorer la condition physique et morale des populations.	185

TABLE DES MATIÈRES.

Pages.

Classes 89 et 90. Matériel et méthode de l'enseignement des enfants. — Bibliothèques et matériel de l'enseignement donné aux adultes dans la famille, l'atelier, la commune ou la corporation.......... 186

Classe 91. Meubles, vêtements et aliments de toute espèce, distingués par les qualités utiles unies au bon marché................................. 199

Classe 92. Spécimens de costumes populaires....... 204

Classe 93. Spécimens d'habitations caractérisées par leur bon marché uni aux conditions d'hygiène et de bien-être................................. 205

Classes 94 et 95. Produits de toutes sortes exposés par les ouvriers chefs de métier ; instruments et procédés de travail qui leur sont spéciaux....... 207

II. Les autres villes des Bouches-du-Rhône.......... 209

LETTRE III. Le département du Gard................. 219
  I. Nîmes... 219
  II. Les autres villes du Gard....................... 231

LETTRE IV. Le département de l'Hérault.............. 238
  I. Coup d'œil général............................. 238
  II. Beaux-arts et industries diverses............... 244
  III. Les vins de l'Hérault......................... 251
  IV. Le groupe X................................... 260

LETTRE V. Le département de Vaucluse................ 269
  I. Coup d'œil général............................. 269
  II. Beaux-arts et industries artistiques........... 272
  III. Industries diverses........................... 277

LETTRE VI. Les départements du Var et des Alpes-Maritimes.. 284
  I. Coup d'œil général............................. 284
  II. Beaux-arts et industries artistiques........... 287
  III. La parfumerie................................. 290
  IV. Industries diverses............................ 294

LETTRE VII. Au précepte l'exemple..................... 302
  I. Préambule nécessaire........................... 302

	Pages.
II. La Belgique à l'Exposition.....................	304
§ 1. Coup d'œil général........................	304
§ 2. Le parc belge............................	309
§ 3. Le trophée des ateliers d'apprentissage.......	318
§ 4. Les roches calcaires à nitrification..........	322
III. Les arts industriels...........................	326
§ 1. L'ébénisterie d'art........................	326
§ 2. La bijouterie et la joaillerie................	333
§ 3. L'orfévrerie..............................	339
§ 4. Les mosaïques d'Auneuil...................	344
IV. Les arts mécaniques...........................	347
§ 1. Le Treuil parachute.......................	347
§ 2. Les machines-outils.......................	360
§ 3. Les machines à vapeur verticales...........	365
V. Industries alimentaires.........................	373
§ 1. Appareils de distillation...................	373
§ 2. Appareils pour les boissons gazeuses........	381
§ 3. Le dictionnaire des pêches.................	384
VI. La chimie appliquée aux arts...................	388
§ 1. La silicatisation..........................	388
§ 2. L'autographie vulgarisée...................	391
§ 3. La photographie..........................	393
Conclusion......................................	397
Table analytique.................................	400
Répertoire des Exposants.........................	402

FIN DE LA TABLE.

9772 — Imprimerie générale de Ch. Lahure, rue de Fleurus, 9, à Paris.

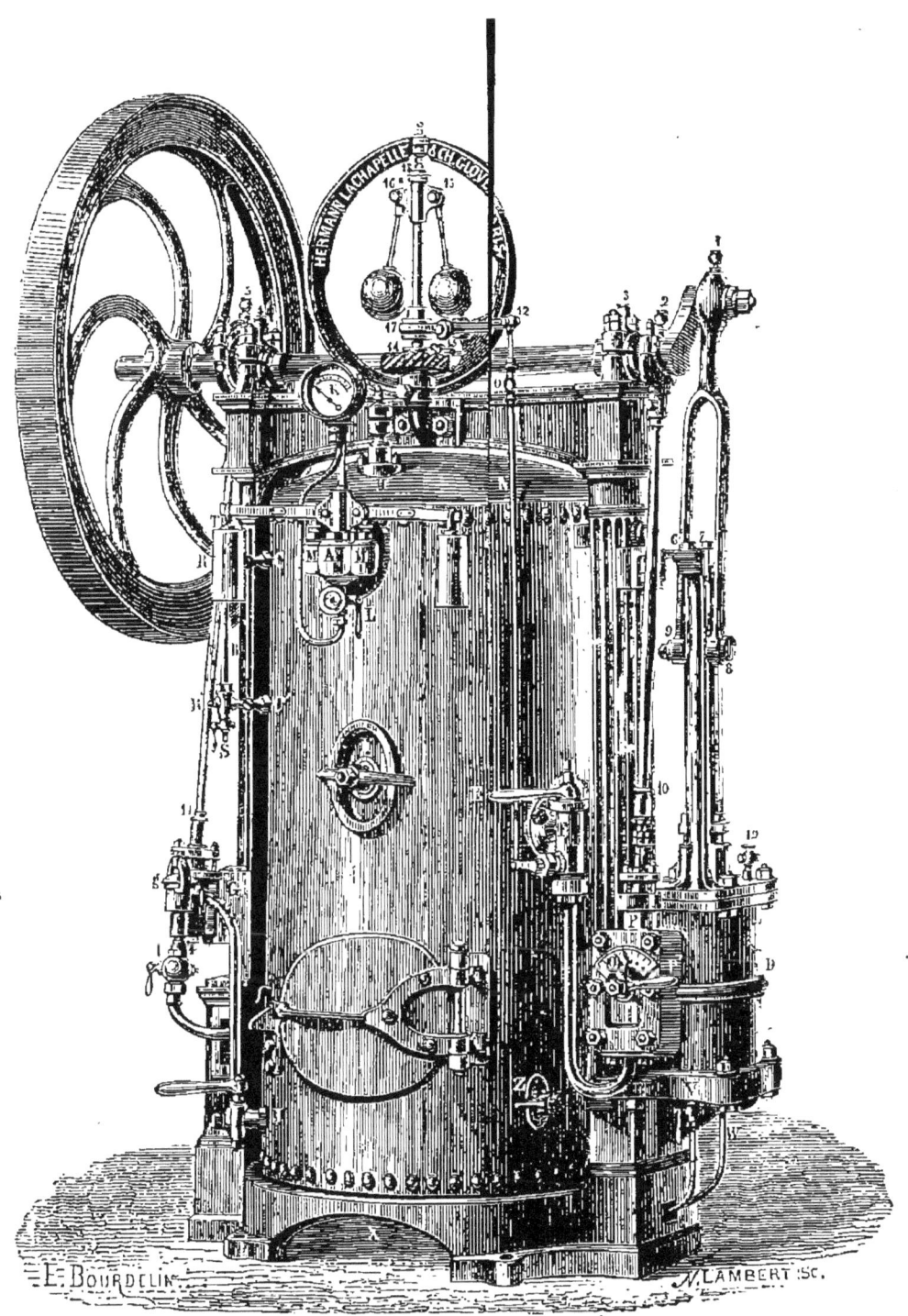

Machine à vapeur verticale de MM. Hermann Lachapelle et Ch. Glover. — aris.

www.ingramcontent.com/pod-product-compliance
Lightning Source LLC
Chambersburg PA
CBHW071102230426
43666CB00009B/1794